申報

近代中文第一报

上海图书馆历史文献研究丛刊

上海图书馆 编

主 编：黄显功 黄嫣婉

撰 写（以姓氏笔画为序）：

王曼隽 计宏伟 邓 昉 刘明辉 吴 敏 李卉卉 李 琼

陈 蕾 黄显功 黄 薇 黄嫣婉 解舒匀 樊兆鸣

上海科学技术文献出版社

图书在版编目（CIP）数据

近代中文第一报《申报》/ 上海图书馆编．—上海：上海科学技术文献出版社，2013.6

ISBN 978-7-5439-5864-7

Ⅰ.①近… Ⅱ.①上… Ⅲ.①报纸—新闻事业史—研究—中国—近代 Ⅳ.①G219.295

中国版本图书馆 CIP 数据核字（2013）第 117532 号

责任编辑：倪文君　张靖伟
封面设计：何　旸

近代中文第一报《申报》
上海图书馆　编
出版发行：上海科学技术文献出版社
地　　址：上海市长乐路 746 号
邮政编码：200040
经　　销：全国新华书店
印　　刷：常熟市人民印刷厂
开　　本：787×1092　1/16
印　　张：20
字　　数：250 000
版　　次：2013 年 6 月第 1 版　2013 年 6 月第 1 次印刷
书　　号：ISBN 978-7-5439-5864-7
定　　价：78.00 元
http://www.sstlp.com

《上海图书馆历史文献研究丛刊》
编委会名单

目　录

导　言 / 001

第一章 《申报》历史概述 / 017

一、美查与《申报》的创办 / 019

1.《申报》初创 / 019

2.《申报》初期的特点 / 021

3. 美查的报业集团 / 024

4. 后美查时期的改革 / 026

二、席子佩与《申报》过渡时期 / 028

1. 产权转让 / 028

2. 过渡时期的改革 / 030

3.《自由谈》问世 / 031

三、史量才与《申报》全盛时期 / 033

1. 史量才接手《申报》/ 033

2. “新闻纸”与“新闻人” / 035

3. 60 周年的改革计划及成果 / 038

4. 黎烈文与《自由谈》的改革 / 044

5. 史量才遇害 / 045

四、《申报》的衰落和终刊 / 047

1. 抗战时期的《申报》/ 047

2. 抗战后至终刊 / 048

五、《申报》的影响 / 048

1.《申报》与政治 / 049

2.《申报》与社会生活 / 051

3.《申报》与报业经营 / 053

第二章 《申报》人物 / 058

一、美查 / 058

二、史量才 / 060

三、席子佩 / 066

四、张蕴和 / 067

五、黎烈文 / 068

第三章 《申报》与中国新闻史 / 070

一、《申报》首创的新闻传播形式 / 070

1. 最早连载长篇翻译小说 / 071

2. 开中国报纸号外先河 / 073

3. 首先派遣驻外记者 / 074

4. 第一份石印时事画报《点石斋画报》/ 074

5. 第一条战地通讯 / 077

6. 第一篇电讯新闻 / 078

7. 第一张通俗报纸——《民报》/ 079

二、《申报》新闻报道中的重大事件 / 081

1. 中国首次连续性重大新闻报道——杨乃武冤狱案 / 081

2. 中国新闻史上第一起名誉纠纷案 / 088

第四章 《申报》副刊
——以《自由谈》、《春秋》为中心 / 092

一、前副刊时期的《申报》(1872—1911)/ 095

二、消闲副刊时期的《申报·自由谈》(1911—1932)/ 099

1. 王钝根与《自由谈》的创办 / 101

2. “五四”前的《自由谈》/ 103
3.《自由谈》史上任期最长的编辑——周瘦鹃 / 106
4. “游戏其文字，救世其精神” / 109
三、站在时代前列的《自由谈》(1932—1937) / 111
1. “议长论短，妄谈大事”——《自由谈》革新前期 / 112
2. “投枪”与“匕首”——鲁迅与《自由谈》杂文 / 115
3. “多谈风月，少发牢骚”——《自由谈》革新的艰难时期 / 117
4. “萧规曹随”——《自由谈》被迫停刊 / 121
四、周瘦鹃与前期《春秋》(1933—1937) / 123
1. 周瘦鹃与《春秋》的创办 / 124
2.《春秋》影响力的扩大 / 126
3. 精彩纷呈的《申报》副刊与《春秋》风格的转变 / 128
五、战时及战后的《自由谈》与《春秋》(1937—1949) / 130
1. 太平洋战争爆发前的《自由谈》(1938—1941) / 130
2. 日伪时期的《自由谈》和《春秋》(1941—1945) / 133
3. 抗战胜利后的《自由谈》(1945—1949) / 135
4. 王进珊与《春秋》的结束 / 137

第五章　《申报》与文学 / 141
一、《申报》与中国近代文学 / 141
1. 诗词、论说文和小说——从中国报刊文学开创

者到报载小说巨擘 / 141
2. 作为大众传媒的《申报》对中国近代文学之影响 / 146
二、《申报》与中国现代文学 / 150
1.《申报》与通俗文学 / 150
2.《申报》与新文学 / 156
三、《申报》中的翻译文学 / 160
1.《申报》最早刊载的 3 部翻译小说 / 161
2. 申报馆出版的中国第一部汉译小说 / 164
3. 民国时期《申报》的翻译推介 / 167
4.《申报》早期小说征文和译介活动及影响 / 170

第六章 《申报》广告 / 174
一、走俏的舶来品：由《申报》广告看西风东渐 / 175
1. "万国机器小舞台" / 175
2. "万国靓颜小舞台" / 177
二、寻常生活的变迁：由《申报》广告看文化交融 / 179
1. 当长衫马褂遇到西装衬衫 / 180
2. 中餐桌上的传统菜式与牛奶、面包 / 181
3. 从"石库门"招租广告说起 / 182
4. 令人赞叹的"道奇车"推广意识 / 184
5. 从《申报》广告看西医"牛痘术"到西药盛行 / 186
三、从文明结婚到集团婚礼——由《申报》广告看民国婚仪演变 / 189
1. 蒋宋"文明婚礼" / 189
2. 民间集团婚礼 / 190
3. 嫁妆及饰品 / 194

第七章　《申报》与社会文化教育 / 196
一、申报流通图书馆 / 196
1. 创办宗旨 / 196
2. 读者与藏书 / 198
3. 服务方式与特点 / 200
4. 读书指导 / 203
5.《读书生活》与《量才月刊》/ 208
二、其他教育机构与组织 / 210
1. 申报新闻函授学校 / 210
2. 申报业余补习学校 / 213
3. 申报妇女补习学校 / 214
4. 量才奖学基金团 / 215
5. 申报读者助学金 / 217

第八章　申报馆出版物 / 222
一、经营出版的背景 / 223
二、图书 / 226
1.《申报馆丛书》/ 226
2.《古今图书集成》/ 233
3.《最近之五十年：申报馆五十周年纪念》/ 240
4.《申报年鉴》/ 242
5.《申报月刊社丛书》/ 247
6.《申报丛书》/ 251
7.《申报社评选》/ 264
8.《申报上海市民手册》/ 264
三、期刊杂志 / 265
1.《瀛寰琐纪》、《四溟琐纪》和《寰宇琐纪》/ 265
2.《申报星期增刊》/ 269
3.《常识》/ 270

4.《汽车增刊》/ 271
5.《教育与人生》/ 271
6.《本埠增刊》/ 272
7.《申报图画周刊》/ 272
8.《申报月刊》/ 273
9.《文学周刊》/ 273
四、画报:《寰瀛画报》/ 275
五、地图 / 280
1.《中华民国新地图》/ 280
2.《中国分省新图》/ 281

第九章 《申报》与上海图书馆 / 282
一、上海图书馆所藏《申报》/ 282
二、《申报》的影印出版 / 288
三、《申报索引》的编制 / 295

参考文献 / 301
后　　记 / 309

导　言

2012年是《申报》创办140周年和史量才接办《申报》100周年。我们在此将《申报》称为近代中文第一报，并不是说它是中国近代创办时间最早的第一份中文报纸，而是特指《申报》的出版延续时间最长，是晚清以来社会影响最大的报纸。

中国近代报纸是西学东渐的产物，早期报纸的创办与经营者均是来华的外国人。当这种新的媒体成为信息闭塞的中国社会中舆论和事件的载体后，中国传统的人际交往与信息传播形式随之发生了变化。来华的外国人不论出于何种目的，他们所兴办的报纸作为一种社会工具，从19世纪起逐渐深入地影响了中国人的社会生活，促进了信息的交流。尤其是19世纪中期之后，随着殖民主义者在华势力的日益强大，不仅中国的政治、经济面临着重重压迫，文化上也经历了前所未有的挑战。鸦片战争后，上海与香港成为外国人控制的中国新闻中心，在一系列外文报纸纷纷创刊的同时，中文日报也应运而生，诞生了多种影响广泛的中文报纸，其中创刊于上海的《申报》在中国新闻史上占有重要地位和影响。因此，以《申报》为对象的研究将有助于我们认识中国近现代报纸发展的历史与特点。

中国新闻学研究始于19世纪与20世纪交替之际，它是随着中国报业的发展和西方新闻学译介而发展起来的。《申报》创办于1872年，但正式见之于专著介绍与评论的文字始于1917年姚公鹤所著《上海闲话》中的《上海报纸小史》中。之后随着《申报》影响的不断扩大，在上世纪二三十年代的一系列著作中有关《申报》的论述日趋多见。当1949年5月《申报》停刊后，学术界对于《申报》的研究只见于少数几部新闻报刊史著作，专题论文的数量屈指可数。

由于《申报》前后纵贯晚清与民国两个风云变幻的重要历史时期，其新闻报道、副刊和广告共同谱写了波澜壮阔的历史长卷。该报所蕴含的史料价值十分引人关注，直到1987年上海书店根据上海图书馆徐家汇藏书楼所藏《申报》底本影印出版后，《申报》影印本成为学术界重要的资料宝库，极大地促进了《申报》与相关专业的研究。因此，以《申报》影印本的出版为标志，产生了一批以《申报》为研究对象的论著。除《申报》影印本之外，《申报索引》和《申报月刊》等申报馆出版物的分批出版，给研究者提供了资料和检索便利，《申报》研究成果呈现连年增长的趋势，2000年以来的增速尤为明显。可见，《申报》研究具有鲜明的时间性特点，且不仅在中国如此，在国外也具有相似性。如有人曾做过不完全统计，日本期刊上的《申报》研究论著共有45篇，其中44篇发表于1987年之后。①

近20年来，《申报》已成为新闻、文学、史学等专业硕博士关注的研究重点，2000年以来的硕博士论文已近120篇。其论述的范围不仅仅是《申报》本身的新闻、广告、副刊，在内容上更深入到晚清民国时期的社会史、文化史、思想史等领域。这是因为“《申报》是近现代报业改革先驱，在中国新闻事业发展史上居于重要地位，所刊载的稿件广泛涉及社会、政治、经济、文化等多方面，内容丰富，记载翔实，人们视为研究中国近现代

---

① 戎子卿《日文期刊文献中〈申报〉研究的概况》，载上海市历史学会等编《史量才与〈申报〉的发展学术研究研讨会论文集》，2012年4月。

历史的‘百科全书’”[①]，为各专业提供了大量鲜活的资料，有力地促进了学术研究。

本书是上海图书馆和上海科学技术文献出版社拟开展的“中国近代报刊研究”系列中的一部通俗性学术著作，试图综合性地对《申报》78年来的历史从有关几个专题予以叙述和评论。在此就《申报》的研究状况从新闻、副刊与文学、广告几个方面将相关已出版的专著成果作简略的回顾。

一

作为新闻史研究对象的《申报》，在1917年出版的姚公鹤《上海报纸小史》中，是首先被提到的上海中文报纸。他说：“中文报纸，上海当以《申报》为最先。”[②]事实上最早诞生在上海的中文报纸是《上海新报》，而姚公鹤将《申报》视之首创，足见其在当时社会上的影响力。在中国新闻史研究奠基者戈公振的《中国报学史》中，他一针见血地指出美查创办《申报》的目的是“以营业为前提”[③]。即以商业盈利为目标，是美查商业活动的继续。《申报》的特色是“言论不加束缚，有时且自撰社论，无所偏倚”。对美查所开创的军事通讯员、电报传递新闻等举措，虽“均当时所深为诧怪”，但“美查开路之功，不可没也”[④]。虽然全书对《申报》的论述篇幅不多，但对《申报》的特色与创新给予了充分肯定。

在上海早期新闻史研究中，胡道静曾著有《上海的日报》、《上海新闻事业之史的发展》和《新闻史上的新时代》等著作，对《申报》曾有重点介绍。在1935年的《上海的日报》一书中有“申报”专篇，系统叙述了《申报》的变迁历程，对其报业改革的特点与影响作了扼要的概述，是一篇《申报》新闻史专论。

---

① 贾树枚主编《上海新闻志》，上海社会科学院出版社2000年12月版，第106页。
② 姚公鹤《上海闲话》下册，商务印书馆1917年版，第106页。
③④ 戈公振《中国报学史》，商务印书馆1927年版，第13页。

1933 年，胡道静在上海通志馆任职时，奉命到徐家汇藏书楼，用半年时间将 60 余年的《申报》通览一遍后，“即立志纪录其版面改进之沿革，人物组织之变迁，旁搜博访，参考旧典，究同异，正舛误”[1]。5 年后在参与“上海文献展览会”的筹办中，有缘过目了 56 件《申报》文献，对“申报旧事，益有新知。辄欲奋笔载纪，以示报史长编之范，以见报业进取之渐”[2]，于是完成了《申报六十六史》，这是《申报》新闻史研究的第一部重要专著，为后人研究《申报》奠定了基础。自史量才接办《申报》之后，虽然也重视报史资料的积累，并有相关出版物的问世，如《最近之五十年》大型纪念册，《申报》二万号纪念特刊等，但对《申报》史的记载，在胡道静看来“类皆语焉不详，率多浮面表扬之辞”[3]，其部分文字叙述也不够准确和客观。

胡道静在《申报》研究中纠正了戈公振《中国报学史》和申报馆《最近之五十年》中对《申报》创办人美查名字的误写。他在《美查兄弟（申报创办人考）》中指出，以往把安纳斯特·美查（Ernest Major）的原名误写为了其兄腓力德立克·美查（F.Major）的名字。[4] 此番正本清源的考证成为《申报》创办人定论。

新中国建立之后第一部完整而影响大的报刊史著作是方汉奇所作的《中国近代报刊史》。他认为鸦片战争后外国人办的中文日报“目的都是为了更直接地在中国人民当中，进行欺骗和麻醉性的宣传，以消灭中国人民的伟大的爱国心和革命性”[5]，因此对美查所办《申报》多持批评的态度；而在讨论《申报》的新闻业务时，对其受西方的影响在报刊的编辑出版业务上的改进、版面的变化给予了客观的叙述，如指出《申报》重视新闻

---

① 胡道静《新闻史上的新时代》，载《胡道静文集·上海历史研究》，上海人民出版社 2011 年 12 月版，第 519 页。
② 胡道静《新闻史上的新时代》，载《胡道静文集·上海历史研究》，第 520 页。
③ 胡道静《新闻史上的新时代》，载《胡道静文集·上海历史研究》，第 519 页。
④ 胡道静《上海研究资料（续集）》，载《胡道静文集·上海历史研究》，第 707 页。
⑤ 方汉奇《中国近代报刊史》，山西人民出版社 1981 年版，第 39 页。

的采访报道和新闻文体的创新。中国最早的战地采访、中文报纸上的第一条新闻电讯、中文日报所发行的第一批“号外”、中文报纸上的最早的一批“通讯”，最早的新闻画等都首先诞生在《申报》。这些研究对明确《申报》的新闻史地位无疑是有帮助的。由于断代的局限，该书对民国时期的《申报》未作讨论，评论的观点有明显的时代局限性，正如作者在后记中所说：“还有不少‘左’的观点的影响和思想束缚的痕迹。”①

在之后由方汉奇主编的《中国新闻事业通史》中，对《申报》的评论逐渐趋于中肯。如对于美查办报目的，该书指出：“他决不是为了宣传自己的政治观点而办《申报》的。”②《申报》与当时不以牟利为宗旨的宗教报刊不同，也与某些用来推动报纸主人所从事的商业的盈利，而不计较本身赚钱与否的报纸不同。因此“像《申报》这样以营利为宗旨的报纸的出现，是我国近代商业报纸发展的一个重要动向，一个新的发展进程开始了”③。对《申报》所开创的一系列新闻报道、改革报纸的经营管理、申报馆的文化出版事业给予了充分的肯定。

20 世纪 80 年代之后《申报》研究不断深入，其中宋军的《申报的兴衰》是最完整的一部专著，该书系统地论述了《申报》78 年的历史变迁。作者认为《申报》是“洋人出钱，秀才办报的一种特殊形式”，“正是这些秀才们，引进西方新闻纸形式有益的东西使之中国化，奠定了近代报纸的雏形。”④因此，该书主要研究了“那些秀才主笔们在社会思潮演变中，他们的思想矛盾和冲突。最后又是如何走上民主、进步的过程。”作者指出《申报》办报人的一个显著特点是多为清末时期最后几批秀才中的一些秀才。他们“历尽沧桑，对国家、民族经受的磨难和不幸遭遇怀有强烈的忧患意识，为此他们有的也掷笔三叹，但基本

① 方汉奇《中国近代报刊史》，第 760 页
② 方汉奇主编《中国新闻事业通史》第一卷，中国人民大学出版社 1992 年版，第 323 页。
③ 方汉奇主编《中国新闻事业通史》第一卷，第 333 页。
④ 宋军《申报的兴衰》，上海社会科学院出版社 1996 年版，第 1 页。

上是随着社会思潮的变化和发展前进，表现了民主、进步和爱国主义精神”[①]，在政治上给予了积极而正面的肯定。不仅如此，在报业经营方面，作者认为《申报》是“中国近代化开始最早的报纸，它是商品市场经济的产物”[②]，它的成功和发展“遵循着市场经济、报业竞争的正常途径”[③]。所以，该书通过《申报》在中国近现代历次重大历史关头的表现与改革创新，修正了《申报》是“以老牌殖民者的意志为意志，殖民色彩和西方文化十分浓厚的报纸”的观点，对《申报》作了客观的研究和评论，具体地分析了《申报》历史上的重大事件和影响。这部著作的附录“《申报》七十八年大事记”首次较完整地概括了《申报》的历史脉络。《申报的兴衰》是迄今《申报》研究最重要的论著之一，是近十余年来《申报》研究的主要参考书。

同年出版的马光仁主编《上海新闻史（1850—1949）》是全面系统论述上海地区近现代新闻事业产生、发展与变化历史的著作。本书对《申报》的不同时期分别在有关章节中作了论述，特别对早期的美查与《申报》的研究较为详尽。对于《申报》的成功，作者主要采取与《上海新报》的比较研究法，归纳了《申报》一系列特点，指出“在中国新闻事业发展史上，《上海新报》仅完成了舶来新闻纸的‘中文化’，而《申报》问世，才达到‘中国化’的水平”[④]。对《申报》在中国近代新闻史上的地位给予了具有标志性的评价。之后，马光仁在《从〈申报〉发展看中国近代报业的发展规律》中强调“研究中国近代新闻史，不能不研究上海近代新闻史，研究上海近代新闻史，不能不研究《申报》，研究《申报》，不能不研究史量才”，认为在中国近代报馆如林的竞争中，《申报》基业长青主要是办报人史量才遵循办报规律，即把新闻信息放在突出地位，为开拓读者而向杂志化

①② 宋军《申报的兴衰》，第2页。

③ 宋军《申报的兴衰》，第3页。

④ 马光仁主编《上海新闻史（1850—1949）》，复旦大学出版社1996年11月版，第62页。

发展，经营管理向集团化发展三个方面。[1] 这些报业规律对于市场经济条件下的现代新闻媒体同样发挥作用。

在《中国报业史话》中，《申报》是唯一被列专章作专题研究的报纸，对这份“历史最长、影响最大”的近代报纸“名牌”和“寿星”，作者从诞生、新闻业务的个性、报纸经营特点、锐意改革的兴旺之道、重大社会新闻几个方面作了探讨，扼要地总结了《申报》的一系列特点，指出《申报》的“新闻、言论、文艺（副刊），再加广告，成为《申报》四项必备内容。从此，中国近代报纸的模式，也就开始形成。这是《申报》对我国报纸业务发展的有益贡献”[2]。《海派报业》一书也同样将《申报》特立专章讨论。作者认为：“海派报业的特色就是在《申报》的发展进程中逐渐形成的。”[3] 而海派报业的特点一为历史悠久，是东西方文化交融与碰撞的产物，二为报纸种类繁多。并认为在海派报业的形成过程中，美查有很大的贡献。“他让《申报》形成了具有现代报纸的雏形”[4]。

史量才是《申报》新闻史研究中最受关注的人物。他自 1912 年收购《申报》之后，锐意创新，开辟了《申报》发展的新时代，使《申报》成为执中国报界之牛耳的著名大报，史量才也成为执掌《申报》22 年的报业大王。研究史量才的论著主要集中在新世纪以来的十余年间，论文达一百余篇，有专著和论文集 6 种，分别是庞荣棣的《史量才：现代报业巨子》和《申报魂》，方舟著《一代报王史量才》，论文集《仰望史量才：全国纪念中国报业泰斗史量才诞辰 130 周年学术讨论会论文集》、《史量才与〈申报〉的发展学术研讨会论文集》。

在《申报》新闻研究中，不少论著对《申报》的新闻业务、

---

① 马光仁《从〈申报〉发展看中国近代报业的发展规律》，载上海市历史学会等编《史量才与〈申报〉的发展学术研讨会论文集》，2012 年 4 月，第 16 页。
② 朱锦翔、吕凌科《中国报业史话》，大象出版社 2000 年 8 月版，第 70 页。
③ 吉建富《海派报业》，文汇出版社 2010 年 5 月版，第 77 页。
④ 吉建富《海派报业》，第 78 页。

经营管理、办报人物等也作了较多的研究，对其特点与成就均有总结与评述，特别对《申报》史上的重要新闻事件有较集中的叙述与分析。如有的研究者提到，《申报》对杨乃武案的系列报道是我国首次“社会新闻”的连续性主题报道，此举的舆论监督作用在晚清不仅具有新闻史意义，还体现了报纸的社会价值。在《申报》新闻史研究中，人们较为重视美查时期和史量才时期。这两个阶段的研究成果特别令人瞩目。对《申报》后期的研究则显得较冷落。在报业比较研究方面，也仅限于早期与《上海新报》的对比分析，缺乏与其他大报的比较研究。

二

《申报》副刊是人们研究的重点之一。副刊是刊登文艺性、知识性和学术性文章的报纸固定版面，是中国近代报纸发展的独特产物。中国报纸“副刊”之名始见于 1925 年 10 月 1 日的《晨报》，是徐志摩接办《晨报副镌》后改为《晨报副刊》而得此名。在戈公振的《中国报学史》中曾以“附张”相称，其他还有“附刊”、“副张”之称。在中国近代报纸史研究中，主要以《字林西报》1897 年 11 月 24 日起逐日随报赠送的“附张”——《消闲报》——作为副刊的源头。实际上报纸刊登副刊性的文章却要早得多。《申报》正是其中发表文艺类文字最早的报纸之一。在《申报》创刊之初，办报者即主动在首期《申报》上的《申报馆条例》中公开征稿：“如有骚人韵士有愿以短什长篇惠教者，如天下各名区竹枝词及长歌记事之类，概不取值。”对此，我国第一本论述报纸副刊学的专著《中国报纸副刊学》的作者认为：“这是目前所见在中文报纸上最早征求文艺性稿件的启事。”[①]此后，诗词文稿纷纷投寄到《申报》，以致在报纸版面刊登不完的情况下，申报馆还另出刊物《瀛寰琐记》、《四溟琐记》予以发

① 姚福申、管志华《中国报纸副刊学》，上海人民出版社 2007 年 6 月版，第 58 页。

表。这种对文艺性文稿的重视正反映出早期报纸新闻来源少、版面缺少稿件而不得不用非新闻类的诗词等文章作补充的实际窘境。这种状况催生了中国报纸副刊的形成，培育了中国报纸读者的阅读取向，迎合了一部分知识分子的趣味。在早期《申报》历史上，虽未形成固定的副刊，但副刊性文字在一定程度上是体现《申报》竞争能力的一个方面，为早期《申报》赢得市场认可发挥了作用。当《申报》在19世纪90年代因新闻增多，一度停刊此类文字，而致使《字林沪报》积极刊登文艺性作品引起读者广泛关注后，《申报》迫于竞争，恢复刊登了副刊性文字，并不断增辟多种增刊与专版，使非新闻性的文艺版在《申报》上的地位得到了强化与巩固。因此，《申报》副刊是近代报纸中影响最大、关注度最高的研究对象。

在中国报纸副刊源流史的研究中，人们特别重视对《申报》早期副刊形式的探讨。冯并的《中国文艺副刊史》是一部丰富而完整的中国报纸副刊史专著，他指出："要说副刊性文字的有意识地出现，并在编者、作者与读者之间发生频繁的联系，还应该从《申报》创刊以后算起。"① 因为《申报》上副刊性文字作品的创作者一般为当时的文人，而且"从《申报》开始，副刊性文字已经作为一种经常性的题材，被有意识地带上了报纸"②。那时，《申报》副刊性文字主要有诗词歌谣、笔记文、书院题词、试场参考的八股范文和试帖诗等。此类文字的不断刊登，产生了"不完全形式的副刊"。《申报》从1872年11月11日开始增出的《瀛寰琐记》和之后的《四溟琐记》、《寰宇琐记》属于"第一种不完全形式副刊"，而《申报》附印的《瀛寰画报》、《点石斋画报》既是国人最早创办的画刊，也是一种不完全形式的副刊。冯并的《中国文艺副刊史》对早期《申报》在我国报纸副刊史上的影响与地位给予了充分的肯定。

① 冯并《中国文艺副刊史》，华文出版社2001年5月版，第55页。
② 冯并《中国文艺副刊史》，第57页。

《申报》副刊中影响最大者是1911年8月24日创刊的《自由谈》和1933年1月10日创刊的《春秋》。对于这两个副刊，人们从新闻与文学两个方面作了探讨，是《申报》研究中的主要议题，以文学研究为主。研究者普遍认为中国近现代文学的发展与报刊的兴起密切相关。大众传媒作为文学的载体，是文化传播的主要工具，尤其对中国近现代文学的发生、发展及特征产生了重要影响，是我们从文学的“外部”来研究文化背景、文学环境、创作现场，从文学的“内部”来认识文学生产、文本生成、文体特征的主要视角。

《自由谈》创刊后的早期四位主编王纯银、吴觉迷、姚鹓雏、陈蝶衣主持的副刊以游戏文章为主，“是典型的消闲副刊”①。在周瘦鹃接掌《自由谈》12年期间，在风格上仍以消闲为主，刊登了许多言情小说，但“对副刊编辑有所贡献，主要体现在副刊的形式的完善和编辑技巧”②。面对20世纪30年代的局势变化，史量才深感报人的社会责任是积极关注现实，于是对《申报》的专栏、专刊进行了改革。1932年聘用28岁的留法青年黎烈文主编《申报·自由谈》，使副刊面貌为之一新。因此，黎烈文执编之后的《自由谈》成为人们研究的重点，其主要因素是杂文的成熟与鲁迅的投稿。

随着报纸传媒的发展，文学文体也发生了变化，“尤其是杂文的出现，呈现出现代文体的独特性，也呈现出知识分子的现代意识和话语意识，表现出知识分子文体的现代转型”③，而《自由谈》上的杂文正如唐弢所说：虽然每篇只有千字左右，但“其影响之大确是空前的”。一大批著名作家和青年作者纷纷通过杂文阐述见解，百家争鸣，杂文以其独特的文体魅力，在文人之间和社会上形成了强烈的共鸣，引起人们的共同关注。因此，

① 冯并《中国文艺副刊史》，第156页。
② 冯并《中国文艺副刊史》，第277页。
③ 周海波《现代传媒视野中的中国现代文学》，中华书局2008年5月版，第11页。

“《自由谈》作为一个报纸副刊，在文化界的地位更加巩固，它对青年群众的吸引力也跟着不断地、空前地提高和加强了”[1]。

《申报·自由谈》既是左翼作家的主要阵地之一，也是鲁迅重要的杂文发表园地。鲁迅自1933年1月30日在《自由谈》第一次刊出杂文起，用了40个笔名，先后发表了128篇文章，这是他在报纸上集中发表文章数量最多的阶段。这些犀利的杂文后被编入《伪自由书》、《准风月谈》、《花边文学》等文集中。鲁迅在《自由谈》上所刊登的文章“创造了一种进步的独特文体，影响了一代青年。从此，杂文不再被视为‘鸡零狗碎，而成为一种独具光彩的新型文体，在报刊上确立了不可动摇的地位。而《自由谈》可以说是杂文发展的一个里程碑”[2]。在目前最具规模的杂文史专著《20世纪中国杂文史》中，作者姚春树、袁勇麟对鲁迅的杂文创作史作了系统的研究，将其分为5个时期，而《申报·自由谈》上所发表的杂文正是“鲁迅杂文的成熟期”，“杂文创作出现了飞跃”。[3] 作者认为：“杂文创作，是作为伟大的文学家、伟大的思想家和伟大的革命家的鲁迅毕生的最重事业，是他心血的主要结晶，创造力的最重要标志。正是他的博大精深和具有永恒的艺术魅力的杂文创作，确立了他在中国现代思想史、文化史、灵魂史和文学史上无与伦比的地位。”[4]

对于《申报·自由谈》的重视不仅体现在对文本内容与文体形式、作者与编者的研究，而且在资料整理方面也有突出的成果。1981年，在上海文化局领导方行策划下，上海图书馆影印出版了《申报·自由谈》合订本两册。上海鲁迅纪念馆编印了《申报·自由谈索引》，唐弢先生为此特撰序言。这篇史料与研究兼备的文章成为后人讨论《申报·自由谈》时引用率很高的重要作品。1982年唐弢采纳方行主张从《自由谈》上选编

[1] 《申报·自由谈》影印本序言，上海图书馆编印，1981年。
[2] 陈昌凤《蜂飞蝶舞——旧中国著名报纸副刊》，福建人民出版社1999年9月版，第45页。
[3] 姚春树、袁勇麟《20世纪中国杂文史》上册，福建教育出版社1997年版，第287页。
[4] 姚春树、袁勇麟《20世纪中国杂文史》上册，第292页。

文章出版一本杂文集的建议，邀请陈子善、王锡荣负责实施。上海文艺出版社在1987年出版了《〈申报·自由谈〉杂文选：1932—1935》，此书既收录公认的名篇，又发掘了一批佳作。上述资料的出版极大地便利了人们的研究。

《申报》与文学的研究除了人们特别关注的副刊之外，学者们结合副刊研究对《申报》的翻译文学和小说创作作了较为深入的探讨，在较多的文学史与翻译史著作中对其多有涉及，对于《申报》在中国近现代文学史上的贡献多持积极的肯定。因为《申报》从创刊之日起即将发表文学作品视作办报的宗旨之一，以此招徕读者，扩大发行，客观上促进了中国传统文学向近代文学的转型。在《申报》上诞生了诸多中国近代文学史之最。如《申报》是近代中国至今可见的第一份刊登小说和翻译小说的报纸，《申报》作为一个出版机构创办了中国第一份文艺期刊《瀛寰琐记》，是近代中国最早以现代印刷技术印制出版小说的机构等等。在公开出版的《申报》文学专题研究中，文娟的《结缘与流变——申报馆与中国近代小说》[①]一书首次系统而深入地分析了《申报》对中国近代小说发展的贡献，对1872年《申报》创刊至1912年40年间的我国近代小说从萌生到成长和繁盛的过程，通过《申报》这个文献案例作了全面研究，对《申报》参与和见证中国近代文学的发展所取得的成果作了较全面的揭示。

三

《申报》在商业经营上相当成功，广告是其重要的收入来源。广告在《申报》上所占的篇幅在三分之一至二分之一左右，愈往后其递增的比重愈明显。所以，在《申报》研究史中，广告是人们关注的一个重要方面，有多部专著从广告史、经济史和文化史的视角对之作了研究。第一部全面考察《申报》广告的

① 文娟《结缘与流变——申报馆与中国近代小说》，广西师范大学出版社2009年版。

专著是林升栋所作的《中国近现代经典广告创意评析——〈申报〉七十七年》，此书的作者曾组织人员通览了全部《申报》，搜集了3000多张广告图片，将《申报》的广告分为8个时期，选出约400张具有创意和代表性的广告作了研究，归纳了各个时期的广告特点。对170余个广告案例进行了点评，列出了《申报》广告之最，如1872年9月20日出现了第一则图文广告，1876年11月12日出现了第一条标题带有花边的广告等。该书还首次对《申报》的分类广告、香烟广告和名人广告三个专题作了大跨度的研究，以统计学的方法进行了特征分析，是一部侧重于广告史料研究的著作。①

此后，林升栋在此基础上又深入研究了《申报》广告史料，在《20世纪上半叶：品牌在中国——〈申报〉广告史料（1908—1949）研究》一书中，对15个国际著名品牌商品和9个民族品牌商品进行了个案研究，并对当时品牌广告中喜用的连环画、国货诉求和读者来信这三种广告诉求或表达方式进行了专题论述。这是我国第一部系统研究20世纪上半叶品牌在中国的商业活动的著作，特别对于国际品牌和民族品牌在《申报》上的广告采用比较研究和内容分析法，将同一国际品牌在20世纪上半叶的早期外国广告与《申报》广告作比较，寻找不同地域之间的“异同”；对于本土的民族品牌则比较同一行业的类似品牌，寻求跨越时代的“相似性”。此项研究集中体现了《申报》广告在研究中国早期品牌活动中的史料价值，填补了研究空白。②

除了从新闻传播学的角度以广告的实体来研究《申报》广告外，从文化史、社会史、思想史的角度研究《申报》广告则更进一步开阔了视野。王儒年《欲望的想象——1920—1930年代〈申报〉广告的文化史研究》一书通过图像史的研究方法，探讨

① 林升栋《中国近现代经典广告创意评析——〈申报〉七十七年》，东南大学出版社2005年版。

② 林升栋《20世纪上半叶：品牌在中国——〈申报〉广告史料（1908—1949）研究》，厦门大学出版社2011年5月版。

了《申报》广告“如何参与建构上海市民消费主义意识形态过程”[①]。通过《申报》广告与近代上海社会的世俗化、多元化之间的关系，从一个独特的视角观察了整个上海社会的转型。庞菊爱的《跨文化广告与市民文化的变迁——1910—1930年〈申报〉跨文化广告研究》一书把《申报》视为“西方跨文化广告的商战阵地”，以此探讨了“跨文化广告如何参与近代上海市民文化的建构过程”，认为“近代上海的西方跨文化广告具有很强的文化扩张力，它是促进近代上海市民文化变迁的重要动因之一。”[②]近年来，《申报》广告研究的专题论文不断涌现，推进了相关史料的挖掘和内容研究，是《申报》研究的一个热点。其相关成果对现实的广告创意与经营不无启迪意义。

对《申报》广告的研究，也涉及中国近现代文学的内容。文学史研究者对《申报》上刊登的各种各样的征求小说、推销小说和反盗版的广告与小说编刊发行的消息也给予了特别的关注，以此作为资料实证《申报》对文学发展的作用和申报馆与文学之间的联系。在文娟所著《结缘与流变——申报馆与中国近代小说》中有《近代〈申报〉小说广告研究》专章，通过对《申报》上的小说广告的类型分析和统计，揭示了《申报》上的小说广告形式“在无形中所发挥的推动近代小说发展的作用”[③]。作者以十余万字的篇幅将《申报》上有关内容辑录编写了《近代〈申报〉小说广告编年》，首次对《申报》的小说广告作了系统研究和广告资料的全面整理，为人们集中认识《申报》的文学类广告梳理了较完整的线索，对开展出版史研究大有裨益。

《申报》广告具有十分丰富的内容，是中国近现代广告史最完整的研究标本之一。近年来对此所作的研究呈日益深入之

---

① 王儒年《欲望的想象——1920—1930年代〈申报〉广告的文化史研究》，上海人民出版社2007年3月版，第10页。

② 庞菊爱《跨文化广告与市民文化的变迁——1910—1930年〈申报〉跨文化广告研究》，上海交通大学出版社2011年1月版，前言。

③ 文娟《结缘与流变——申报馆与中国近代小说》，第255页。

势，除上述专著外，专题论文不断涌现。从已出版的《申报》研究专著考察，广告专题著作数量最多，成为《申报》研究成果最丰富的领域之一。

报纸研究通常属于新闻史范畴，而《申报》的研究却不仅限于新闻史，它具有更广阔的视野、更多样的专业关注。这是因为大跨度、大容量的《申报》是中国晚清至民国时期影响最大的报纸。它的办报性质的民间性，使之具有较强的新闻客观性；它积极开拓、应时而变的创新性，使之别开生面，具有内容的丰富性；它延绵半个多世纪的历时性，使之资料的积累具有完整性；它生存环境的时代性，使之具有复杂的多元性。所以，当人们以现代传媒的视野去观察这份具有历史代表性的报纸时，其学科的触角必然是发散性的。从《申报》研究的论著内容来看，社会史、文化史、文学史的专业论著数量和规模均大于新闻史的研究。特别是进入新世纪以来，《申报》研究更趋于活跃，领先于其他近现代报纸的个案研究。其中一个不容忽视的原因是，30卷《申报索引》的陆续问世和全文检索版《申报》数据库的推出，极大地方便了学者们的使用，使《申报》研究呈现出一种“马太效应”式的趋势，吸引着更多人以此为选题，以《申报》为资料源。以至于人们欲知近代以来的百年史事报道时，总是言必称“查《申报》去”，有如当年的读者把报纸统称为“申报纸”一般，所以在图书馆中，《申报》影印本是人们利用率最高的报纸之一。此外，申报馆的附属出版物也是当代出版社关注的目标，如《申报年鉴》先后被国家图书馆出版社和上海书店出版社影印出版，《点石斋画报》曾被反复重印，有多个版本，并被制成全文数据库，其选本也有多种。上海书店的“《申报》出版工程”，不仅以按需形式再次印刷全套《申报》，还将回溯编制1872—1918年《申报索引》。因此，《申报》研究将会随之继续深入推进，出现更多的成果，补充以往研究的缺失与不足。

除了以报纸新闻文献为载体的新闻、副刊和广告外，《申报》研究还涉及申报馆的出版物和社会文化教育活动等方面。作为中国近现代报纸个案研究，《申报》无疑是最受人们关注的对象之一，它不仅是新闻媒体的研究，更是中国近现代社会演变的历史载体，其成果的多元性正是《申报》价值被不断发掘和展现的结果。在晚清和民国史研究中，报纸的文献价值将更加受到人们的重视。本书是我们对《申报》文献整理工作的初步成果，希望以此发挥图书馆所藏资料的作用，更好地为读者服务。

第一章 《申报》历史概述

在中国古代，基本上只有中央政府直接控制的官报，由京师向地方政府抄发。地方上无权办报，而只能流通传播邸钞和《京报》等类官报。[1]19世纪起，传教士马礼逊等人在澳门、广州等地编辑、出版中外文报刊，近代意义上的报纸开始在中国出现。

鸦片战争后，上海被迫开放，并迅速成长为一个新兴的商业都市。同时，东西文化的交流也日趋活跃。1850年8月3日，《北华捷报》(*North China Herald*)在上海问世，标志着又一承载着西方文化的舶来品——近代新闻定期出版物——在上海的出现。1861年年底或1862年年初，字林洋行发行的《上海新报》创刊[2]，成为近代上海第一份较为正规的商业性中文报刊。其内容大半译自《字林西报》，部分转录《京报》及香港报纸。

近代报刊是资本主义发展的产物。商品经济的发展需要市场信息，人们在经济贸易中交往频繁，需要借助报纸作为传送信息的媒介。19世纪中叶起，商品经济在中国东南沿海地区，

① 陈伯海主编《上海文化通史》(上卷)，上海文艺出版社2001年版，第448页。
② 马光仁主编《上海新闻史(一八五〇—一九四九)》，第36页。

尤其是上海快速发展，形成了近代报纸发展的社会环境和经济基础。

1872 年，英国商人美查在上海创办了《申报》这一商业报纸，到 1949 年终刊，前后经历了 78 年，发行了 25599 号，成为中国近代发行时间最长、影响最大的中文报纸。

从创办时间来看，《申报》在近代的中文报纸中虽不是最早的，但它在漫长的发行岁月中，记载了我国近一个世纪的朝代更迭和风云变幻。从中法战争、甲午战争、日俄战争、戊戌维新、义和团运动、八国联军侵华，到辛亥革命、俄国十月革命，以至两次世界大战，这些重大历史事件通过新闻、评论等形式，一一见诸《申报》。暂不论其观点是否客观、公正，但以文字形式保留丰富的历史素材，其作用是毋庸置疑的。《申报》记录了从清末到新中国成立前这 78 年间政治、军事、经济、文化、社会等各方面的情况，甚至还有不少市井琐闻，堪称中国近代史史料之宝库。

《申报》在中国新闻发展史上，也占据了举足轻重的地位。其首创了多种新闻传播新式，如最早使用电讯传递新闻、首先派遣驻外记者、发行中文报纸第一份“号外”等等。而《申报》本身的发展过程也是中国近代新闻史的缩影。

此外，《申报》的文艺副刊《自由谈》、《春秋》可以说是中国报纸副刊史上巅峰性的代表。申报馆出版的《申报馆丛书》、《瀛寰琐纪》、《四溟琐纪》、《寰宇琐纪》、《申报月刊》、《寰瀛画报》等图书、期刊也颇为引人瞩目。

无论从史料价值，还是从其在新闻史、文学史上的地位，我们都不难看出，《申报》这份商业报纸被称为“近代中文第一报”，可谓名副其实。

一、美查与《申报》的创办

1.《申报》初创

《申报》的主要创办人美查（Ernest Major）是一位英国商人。19世纪60年代初他来到上海，与其兄菲尔德利克·美查（Frederick Major）一起从事进口贸易。他们最初经营布匹与茶叶生意，后因上海市场进口商品饱和，再加上经营不善，生意陷入亏本的境地。此时，美查的买办陈莘庚观察到，独占上海中文报纸市场的《上海新报》，虽销量不大，但登载广告的数量却相当可观，靠着广告的收入，《上海新报》仍旧赢利不少。精明的陈莘庚凭着其对市场的敏锐嗅觉，看出中文报纸在上海将有巨大的潜在市场，因而极力劝说美查创办一份面向广大上海市民的报纸。

《申报》创刊号

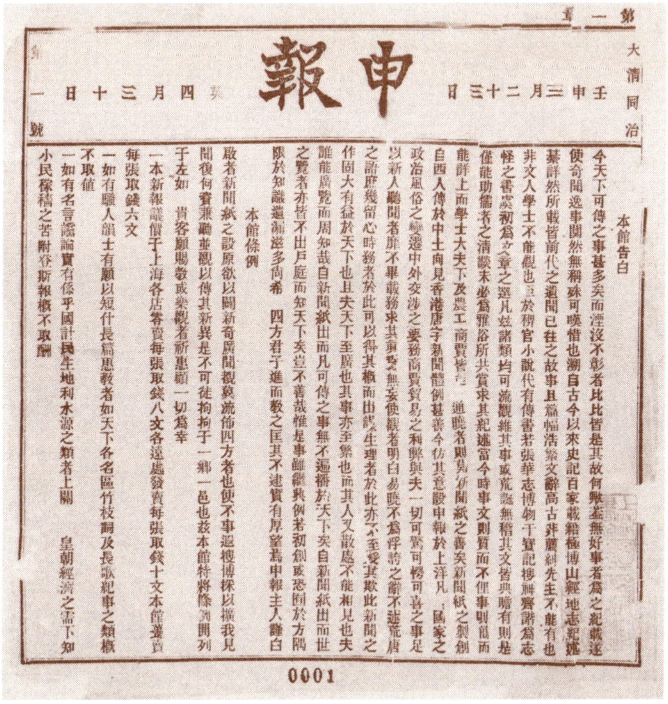
第一號

申報

大清同治壬申三月二十三日　英四月三十日

本館告白

今天下可傳之事甚多矣而湮沒不彰者比比皆是其故何歟蓋無好事者爲之紀載遂使奇聞逸事阒然無稱殊可嘆惜也溯自古今以來史記百家載籍極博山經地志紀述綦詳然所載皆前代之遺聞已往之故事且篇幅浩繁文辭高古非薦紳先生不能有也非文人學士不能觀也至於稗官小說代有傳書若張華志博物干寶記搜神齊諧爲志怪之書虞初爲文章之選凡茲諸類均可流觀維其事或荒誕無稽其文皆典贍有則是僅能助儒者之清談未必爲雅俗所共賞求其紀述當今時事文則質而不俚事則簡而能詳上而學士大夫下及農工商賈皆能通曉者則莫如新聞紙之善矣新聞紙之製創自西人傳於中土向見香港唐字新聞體例甚善今仿其意設申報於上洋凡國家之政治風俗之變遷中外交涉之要務商賈貿易之利弊與夫一切可驚可愕可喜之事足以新人聽聞者靡不畢載務求其真實無妄使觀者明白易曉不爲浮誇之辭不述荒唐之語庶幾留心時務者於此可以得其概而出謀生理者於此亦不至受其欺此新聞之作固大有益於天下也且夫天下至廣也其事亦至繁也而其人又散處不能相見也夫誰能廣覽而周知哉自新聞紙出而凡可傳之事無不遍播於天下矣自新聞紙出而世之覽者亦皆不出戶庭而知天下矣豈不善哉惟是事屬創興例若初創或恐囿於方隅限於知識遺漏滋多尚希四方君子進而教之匡其不逮實有厚望焉申報主人謹白

本館條例

啟者新聞紙之設原欲以闢新奇廣聞見藉流佈四方者也使不事遐搜博採以擴我見聞復何資兼聽並觀以傳其新異是不可徒拘拘于一鄉一邑也茲本館特將條例開列于左如　貴客願賜教或樂觀者祈惠顧一切爲幸

一本新報議價于上海各店零賣每張取錢八文各遠處發賣每張取錢十文本館躉賣每張取錢六文

一如有騷人韻士有願以短什長篇惠教者如天下各名區竹枝詞及長歌紀事之類概不取値

一如有名言讜論實有係乎國計民生地利水源之類者上關　皇朝經濟之需下知　小民稼穡之苦附登斯報概不取酬

0001

美查同治初年来华，经过了十来年，已精通中文，并对上海的情况有了相当的了解。基于此，他采纳了陈莘庚的建议，决定与友人伍华德（C.Woodward）、普来亚（W.B.Pryer）和麦洛基（John Machillop）四人，每人出银400两，共1600两，于1871年5月19日订立合约，以此为股本在上海创办一张中文报纸。合约规定，股本用以购买印刷机器、铅字及其他附属设备。股款虽由四人分摊，但因美查系负实际经营责任之人，故不论盈余或亏损皆划为三份，美查独得两份，三位友人合占一份。随后，美查在公共租界汉口路以东租赁了一所房子作为馆址。1872 年 4 月 30 日，《申报》创刊号问世了。

《申报》中的“申”表示是上海出版的报纸；为了区别于《邸报》等旧式报纸，满足读者求新心理，所以报纸取名《申江新报》，简称《申报》。初为双日刊，5 期后改为日刊，每逢星期日则休刊一天（自 1879 年 4 月 27 日起，星期日也照常出版，春节期间停刊）。每期一张，分 8 章（版），单面印刷。

《申报》的编排体例为：第一部分为论说；第二部分刊载新闻，包括本埠新闻、外埠新闻、选录香港新报①、译录西报，并转载《京报》及“宫门抄”（即邸报，清朝宫廷的官报）的内容；最后为广告及各货价格表、轮船出入日期表及各类商业声明，如失票、乔迁、倒账等。通体用四号字活体排印，标题也为同样字号；广告及价格表、船期表则用五号字体排印，版面不分栏，竖行直排到底。

作为一名西方来华的商人，美查为了要把《申报》办成适合中国人看的报纸，采用了本土化的市场策略。《申报》创办之初，美查就颇信任华人，第一任主笔邀请的是浙江杭州人蒋芷湘。蒋芷湘本名蒋其章，字子相，生于 1842 年，祖籍安徽歙县。② 襄理编辑业务的钱昕伯，浙江吴兴人（今浙江湖州市），王韬的女婿，《申报》创刊时，曾被美查派往香港考察商业性中文报纸，学习别人办报的先进经验。蒋芷湘离开《申报》后，钱昕伯接任总主笔。蒋芷湘的另一位助理何桂笙（1841—1894），

---

① 《申报》1872 年 4 月 30 日（第 1 号）有“选香港三月初九日新报”之语；1872 年 5 月 16 日（第 13 号）有“附录香港新报”等语。其中“香港新报”的正式名称应为《香港中外新报》，见陈玉申《晚清报业史》，山东画报出版社 2003 年版，第 33 页。

② 蒋芷湘生平可参见邵志择《〈申报〉第一任主笔蒋芷湘考略》，《新闻与传播研究》2008 年第 5 期，第 55—61 页。

名镛，以字行，别署高昌寒食生，浙江绍兴人。他在《申报》期间，长期撰写篇首论说。财务会计由美查的买办赵逸如兼任，其他工作人员也多为中国人。

2.《申报》初期的特点

虽说美查办《申报》最初的目的是为了赢利，但他谨慎而不失创新的经营方式，使《申报》成为中国近代成功的商业报刊的典型。

作为一份商业性的报纸，在追求商业利益的同时，《申报》恪守着新闻至上的原则。《申报》一创刊就强调自己是“新闻纸”，除了转载香港中文报纸的报道和选译西文报纸上的新闻，《申报》在创刊后不久便建立起自己的新闻网，设立了访员制度。早期的报社，不设专任的采访记者，报纸上的新闻主要由社外的“访员”提供。《申报》不仅在上海各租界招聘访员，采集本区域内的新闻，还在北京、南京、苏州、杭州、武昌、汉口、宁波、扬州等国内大中城市聘定访员，及时报道当地新闻。

为了实现新闻报道的真实性，《申报》还外派专职记者进行实地采访。如1874年6月，日本借口台湾土著杀戮琉球人及日本人，发兵进攻“番社”，《申报》特派记者前往台湾实地采访。1882年7月朝鲜发生“壬午政变”，中日两国都派兵入朝，《申报》特派该报原驻横滨及烟台记者各一人，赶往朝鲜作实地采访，采写有关朝鲜战乱情况的报道。1884年3月中法战争进入紧张阶段，《申报》派出记者分赴越南、香港、广州、宁波、福州、厦门、淡水（台北）等地采访。这实际上也是中国报纸历史上最早的几次战地采访活动。[①]

为了加强新闻的时效性，《申报》采用最新的通讯技术。1874年1月30日，《申报》刊出经由丹麦大北电报公司海底线

① 方汉奇《中国近代报刊史》，第51页。

路发来的有关英国内阁改组的“伦敦电”，成为中文报纸刊出的第一条新闻电讯。[①]1881 年 12 月 24 日，我国第一条电报线路自津至沪敷设完成。1882 年 1 月 16 日，《申报》驻京记者经由天津发回专电，报道清廷查办一渎职官员的消息，这是中国报刊上由记者拍发的第一条新闻专电。[②]

由于电讯来得快，一些重要的消息急需刊布，等不得第二天见报，于是产生了“号外”。1884 年 8 月 6 日晚 7 时，《申报》出版了它的第一份“号外”，刊布了半小时以前刚刚收到的该报驻福州记者发来的关于“驻榕法舰尚无动静”的专电。[③]

当时，新闻业界并无“社会新闻”一词，是《申报》开启了这一新闻业务的新领域。1873 年，浙江余杭县发生轰动朝野的“杨乃武案”，《申报》派员跟踪采访，从 1874 年 1 月起到 1877 年 4 月，连续报道该案审讯经过，历时 3 年有余，在社会上引起极大反响。由此，《申报》开启了连续报道重大社会新闻的先河。

当然，《申报》也曾因刊载不实报道而差点惹上了诉讼官司。1878 年 7 月 19 日，《申报》刊登了一篇题为《星使驻英近事》的通讯。该通讯转译自《字林西报》，而《字林西报》的报道则转载自伦敦的《每日电讯报》。在转载过程中，编辑编造了一些情节，引来了当事人清朝驻英公使郭嵩焘的极大不满，甚至要致函英国驻沪领事要求彻查，并诉诸法律。《申报》也从这一纠纷中吸取了刊载外报新闻要慎重的教训。

为了配合文字报道，1876 年 8 月 18 日，《申报》刊登了第一幅新闻插图。1879 年 5 月 24 日，为配合美国前总统格兰特访沪的文字报道，随报附赠了他的半身石印画像，这是我国报刊上的第一幅新闻人物画。[④]

《申报》自创刊之日起，几乎每天都在最显要的位置发表

---

① 方汉奇《中国近代报刊史》，第 52 页。
② 朱锦翔、吕凌柯《中国报业史话》，第 69 页。
③ 方汉奇《中国近代报刊史》，第 53 页。
④ 《总统小像分赠》，载《申报》，1879 年 5 月 24 日。

一篇论说文。把论说文放在头版头条，日后逐渐成为中文新式报纸的传统。《申报》的首版评论较为谨慎，不太直接评论时政[1]，但也联系实际生活，关注社会热点问题，如《拟易大桥为公桥议》、《拟建水池议》、《鸦片说》等等。为了获取华人读者的信任，《申报》也发表了不少替华人说话的言论。例如，上海租界工部局的议事权，向来全由外国人掌控，华人无权参与，对于这种情况，《申报》认为不公，发表评论指出：“上海租界仍为中国之地乎？乃未闻上海租界内之西人举行诸事而取议于华人也。”因此，工部局应“添公正殷实的华绅数人”参与议事。[2]

除新闻报道外，《申报》还注重刊载文艺作品，这也是《申报》的特色之一。以前的商业报刊偶也登些诗文、寓言之类的作品，但文学价值不高。《申报》专辟“文艺”一栏，充实内容，增加作品种类，使作品体裁更具综合性，由此“文艺”成为该报必备一栏，为报刊开“副刊”之始。另外《申报》的发刊条例中明确写道：愿意免费发表中国文人的诗词文赋。[3]

《申报》在发行上，注重降低成本，提高时效。用中国土产毛太纸、连史纸单面印刷，每份售价仅 8 文。为了推广《申报》，美查雇佣报童，沿街叫卖；在上海城内外，甚至周边地区，广设代销点，并请人给各商号上门送报。为了方便订户，还可先取报后收钱。

《申报》又是接受广告量最大的报纸之一。自创刊后，广告版面一般都在一半以上。为了招揽广告，苏杭等地的广告由卖报人代理，卖报人兼理广告业务，从中收取佣金。为了满足华人社交应酬的需要，《申报》还把广告范围扩大到刊出上海各戏

---

① 虽然《申报》首版评论不太评论时政，但也偶有切中时政要害之文，如 1872 年 8 月 24 日（第 100 号）《论治上海事宜》；1877 年 1 月 29 日（第 1460 号）《论中国日本效行西法事》；1877 年 2 月 3 日（第 1469 号）《论赈务》；1877 年 4 月 28 日（第 1535 号）《论京控案件不交原问官复审最为善政》等。

② 《拟上海租界仿照香港延请华绅会议地方事宜议》，载《申报》，1873 年 8 月 27 日。

③ 《本馆条例》，载《申报》，1872 年 4 月 30 日。

馆当夜上演的戏目，甚至发表《戏馆琐谈》之类的剧评性文字。此外还刊载为新开菜馆及新办游乐场所宣传的报道。这都是以往外国人所办报纸想不到的高招。

由是，新闻、言论、文艺（副刊），再加广告，成为《申报》四项必备内容，从此，中国近代报纸的模式开始形成。这是《申报》对中国报纸业务发展的有益贡献。

3. 美查的报业集团

美查在经营《申报》有盈余后，又投资出版了其他刊物，这些出版物又促进了《申报》本身的发展，使得美查的出版业经营规模越来越大。

由于“文艺”版面的稿源有多余，且有些作品篇幅过长，不适于在日报上发表，于是《申报》专门精选稿件创办了综合性的文学月刊——《瀛寰琐纪》。该刊于 1872 年 11 月创刊，是中国最早的文学期刊。每月一期，除了登载文人的诗词、散文、小说等作品外，还扩大到关于天文、地理的知识小品，以及略带新闻性的时事论文。从第三卷起还连载翻译小说《昕夕闲谈》，这是中国近代第一部真正意义上的翻译小说。①1875 年 2 月，改版出版巾箱本的《四溟琐纪》。翌年 2 月，又改刊名为《寰宇琐纪》，内容也局限于纯文学性质的作品。1877 年 11 月停刊。

申报馆为了进一步扩大读者群，吸引数量众多的下层市民，又创办了一份通俗性的白话报纸——《民报》，1876 年 3 月 26 日创刊，每逢周二、四、六出版，每月订价为 65 文。蔡尔康、沈毓桂任执行编辑，用通俗浅近的文字写作，首创标点符号，分明句读，刊载新闻和评论，使稍能识字者就可看懂，是非教会系统最早的通俗报纸。② 遗憾的是，由于当时社会上初通文字的人仍疲于奔命，无暇顾及读报，《民报》终因无法打开销路而停

---

① 马光仁主编《上海新闻史（一八五〇——一九四九）》，第 68 页。
② 马光仁主编《上海新闻史（一八五〇——一九四九）》，第 69 页。

办了。

1876 年 5 月，申报馆开始印售由外籍画师绘制的海外风景画。次年当又一批画稿抵沪时，开始装订成册，并定名为《寰瀛画报》，请副主笔蔡尔康加撰中文说明。从《申报》的发售广告里可以看出，该画报 1877 年出版了两次，1878 年出版了一卷，1879 年又出版一卷，第五卷到 1880 年 6 月才出版，此后便告停刊。

为了扩大出版事业，美查于 1874 年设立了申昌书画室，作为申报馆所出书籍的发行机构，后改名申昌书局。1876 年，美查又在偷鸡桥畔（今北京路浙江路口）开办了点石斋书局，购置石印全张机 3 部，采用照相石印方法印行经史子集以及中外舆图、西方书籍，故亦称“点石斋印书局”。[1] 点石斋书局隶属申报馆，但独立经营，光绪中叶以后发展为上海规模较大的出版机构，设有印刷总厂和分厂，并在北京、杭州、重庆、汉口等地设批销分店。[2]

由点石斋书局石印的《点石斋画报》（*The Illustrated Lithographer*）最初作为《申报》附送的刊物，于 1884 年 5 月 8 日创刊，每旬一期，刊登有关重大政治事件的新闻画、经济新闻画，但最多也最受欢迎的还是反映百姓市井生活的社会新闻画。画报一问世就轰动上海，主编吴友如、画师周慕桥等也由此成名。《点石斋画报》在新闻史上还有一个创举，就是在《招请各处名手画新闻》的启事中，首次提出“每幅酬资两元”，这是可见最早的投稿报刊有润的现象，比《申报》发刊之初的“概不取值”，又进了一大步。[3] 至 1898 年停刊时，《点石斋画报》共出了 528 期。

申报馆出版的图书中，重要的还有袖珍本《聚珍版丛书》

---

① 《上海出版志》编纂委员会编《上海出版志》，上海社会科学出版社 2000 年版，第 224 页。

② 范慕韩主编《中国印刷近代史：初稿》，印刷工业出版社 1995 年版，第 155 页。

③ 马光仁主编《上海新闻史（一八五〇——一九四九）》，第 70—71 页。

和《古今图书集成》。袖珍本《聚珍版丛书》以铅活字排印，开创了我国印刷业使用铅活字的风气之先，其版本可与武英殿聚珍本媲美。而被外国人称为“康熙百科全书”的我国大型类书《古今图书集成》，申报馆的图书集成印书局只用了4年时间（1885—1888）就将其全部用铅活字排版印成，共1628册。此版《古今图书集成》也被人称为“美查版”，是继雍正年间初版之后的第二次印本，对于中国古代典籍的保存无疑有重要意义。

这些文化出版事业，是在《申报》不断盈利的条件下兴办的；而它们的兴办又在经济上支持了《申报》，使申报馆的事业日益发达。申报馆到19世纪80年代中期以后，已发展成为上海较完备的新闻出版中心。

4. 后美查时期的改革

到了19世纪80年代末，申报馆已经发展成为以出版报纸为主的新闻文化出版企业，《申报》也成为当时中国影响最大、销量最多的报纸。但此时，美查也渐入老境，萌生了回英国的念头。他决定把自己经营的各种事业，包括工厂企业、申报馆、申昌书局、集成书局、点石斋书局等一起，改组为美查股份有限公司，全部资产为白银30万两。美查兄弟收回了本利，于1889年回国。

美查股份有限公司由董事四人组成：即埃皮诺脱、麦边、麦根治和中国人梁金池。《申报》事务由董事会主持，负全责的是英籍董事埃皮诺脱。由于四个董事中有一个是中国人，因此名义上报馆产权由英商独资变成了华洋合股，报纸的经营业务由当时担任会计（相当于经理职务）的席子佩主持，主笔为黄协埙。

19世纪末20世纪初，中国政局及世界形势发生了重大变化。这一时期，也是《申报》主笔变动较多的时期。到黄协埙任主笔时，《申报》立场日趋保守，从原来的同情和赞扬维新变法运动、客观报道运动的进展，转变为批判、鞭挞康梁。加之新兴报纸后来居上，报坛竞争激烈，几年中《申报》发行量不断下降，随之而来的广告收入也一落千丈。困境中的申报馆，不得不通过改革来寻求出路。

1905 年 2 月 7 日（旧历正月初四），《申报》以崭新的面貌出现在人们眼前。当时的总主笔为金剑华，并特聘刚从日本归国的张蕴和（张默）撰写社论。改版后的报纸，把原来的章、页改称为版，篇幅扩为正、附两张，分上下栏排版，标题用大号字排印，更加醒目。过去工、农、商、文和社会新闻都混在一起，改版后则分外交、政界、学界、军界和实业界等门类排列。

当天，《申报》在第一版刊登《本馆整顿报务举例》，宣布了改革方案与整顿措施，共 12 条。1. 更新宗旨；2. 扩充篇幅；3. 改良形式、纸张；4. 专发电报；5. 详纪战务；6. 广译东西洋各报；7. 选录紧要奏议公牍；8. 敦请特别访员；9. 广延各省访

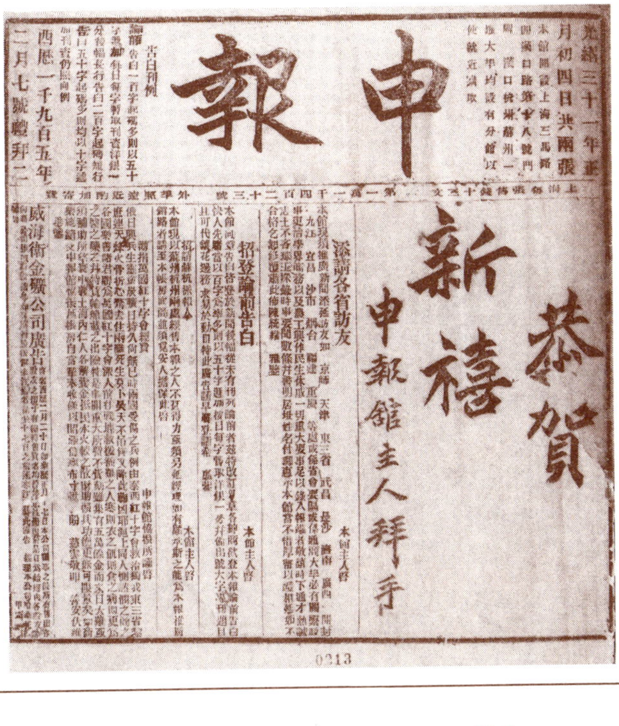
光緒三十一年正月初四日 共兩張
申報
西歷一千九百五年
二月七號禮拜二
恭賀新禧
申報館主人拜手
添請各省訪友
招登論前告白
威海衛金礦公司廣告

改版后的《申报》，1905 年 2 月 7 日

事；10.搜录商界要闻；11.广采本地要事；12.选登时事来稿。[①]

这次改革，可谓开启了《申报》的新时代。改革方案，从形式到内容，都为适应“世界进化，理想日新”的新形势而定：广辟消息来源，强化时事评论，增加新闻报道（包括国际、战事、政治、经济、地方新闻5个方面）。同时，报馆还革新了设备与技术。

我国近代新闻史上报纸样式从章、页演进到版，新闻文字从不用标题到采用大字标题，编排形式从书刊式进化到现代新闻纸式的过程，经历了30多年。这个演变过程主要也是1905年《申报》的改革完成的。[②]改革后，《申报》的论说改变了一贯的持重风格，政治态度有明显转变，使人耳目一新，大受读者欢迎。

二、席子佩与《申报》过渡时期

1. 产权转让

由于上海租界内外商办报纸众多，清政府感到难以掌控这股舆论势力，于是，1908年9月，上海在推行《大清报律》时，要求《申报》、《新闻报》等报馆辞退外国人的股份，未经辞尽的要呈明注册，以后新办报纸不应再招外股，否则要以禁止在上海地区以外邮递等办法处置。[③]清政府将《大清报律》推行到租界、辞退报纸外股的主意，在客观上促进了《申报》主笔们主张收买报纸外股，完全由中国人自己来经营的思想。当《申报》被点名应辞退外股之后，总主笔金剑华和雷瑨等乘机鼓动席子佩与英国董事埃皮诺脱谈判。

---

① 《本馆整顿报务举例》，载《申报》，1905年2月7日。
② 宋军《申报的兴衰》，上海社科院出版社1996年版，第69页。
③ 宋军《申报的兴衰》，第74页。

虽然经过1905年的改革，《申报》销量骤增，但美查有限公司的董事们还是觉得办报不如开药厂赚钱。出于利润优化的考虑，他们打算将申报馆股权出让，将所得资金去扩充利润更高的江苏药水厂。加之官方推行《大清报律》时希望各报辞退外股，种种原因共同促成了《申报》的转让事宜。时为《申报》经理的席子佩抓住时机，及时开始了收购工作。从1906年起，他逐渐得到了申报馆所属资产，最初主要是图书经营产业。1907年，席子佩将先期取得的图书集成局、点石斋印书局、申昌书局等《申报》所属图书公司，加上开明书店，合组为集成图书公司。[①]

席子佩，原名裕福，字子佩，青浦人，原籍江苏吴县，是《申报》的华人经理（按当时习惯被称为会计，实际工作是主持经营）。其兄席子眉也曾长年在《申报》任会计职。1897年12月，席子眉病故，经营会计的工作由席子佩继任。

在《申报》产权转让的过程中还有一段曲折。1908年，上海道台蔡乃煌想控制地方舆论，乘席子佩从美查公司手中收购产权之机，与其谈判，要求由南北洋联手共同给予申报馆津贴，将《申报》改由南北洋合办。席子佩因财力不济，同意将一半的股份让与蔡乃煌，实行官商合办。实际上，南北洋投入申报馆的津贴数也是不小的，据1910年10月的《南洋官报》所披露的材料，仅宣统二年二月的一个月中，江宁财政局垫款就达湘平银18900余两。[②]

1909年5月31日，席子佩与美查股份有限公司正式签订转让合同，以7.5万元的银价接办《申报》，[③]但仍聘翻译毕礼纳为总经理，名义上仍挂洋商的牌子，直至1912年史量才接办

① 杜新艳《〈申报〉的过渡时代》，《汉语言文学研究》2011年第2期，第25—26页。
② 马光仁主编《上海新闻史（一八五〇—一九四九）》，第351页。
③ 伍特公《墨衢实录》，黄炎培主编《最近之五十年》第三编，上海书店1987年影印本，第7页；《申报七十七年史料》记载为1907年，见徐忍寒《申报七十七年史料》，上海文史馆1962年版，第15页。

《申报》为止。其间的 3 年多，一般被称作席子佩时期，总体上属于《申报》的过渡阶段。

2. 过渡时期的改革

1909 年产权转让之后，金剑华和雷瑨离开了报馆，报纸总主笔由 1905 年改革时从日本留学考察回国后进报馆的张蕴和接任。产权转归国人所有，是《申报》历史上一个重大转折。

席子佩主持《申报》时期，也顺应报业发展趋势，进行了不少业务改革。1907 年起，报纸上的部分文字开始使用句读，以利阅读；篇幅增至三大张，1908 年又增至四大张；1909 年 1 月由单面印刷改为白报纸双面印刷，改过去的书册式版式为现代化报纸形式。1911 年 8 月，席子佩聘请张书通协助张蕴和撰写评论，以改进和加强评论。文章强调生动活泼、短小精悍；新闻报道强调开门见山、一目了然；并在北京等城市聘请特别访员以广见闻。

当时，报纸倾向革命的立场十分鲜明。1911 年 10 月 10 日，武昌起义爆发，自 10 月 12 日起，《申报》就在第一张第二版开始披露革命军起事消息；10 月 15 日又在第一张第四版“要闻”

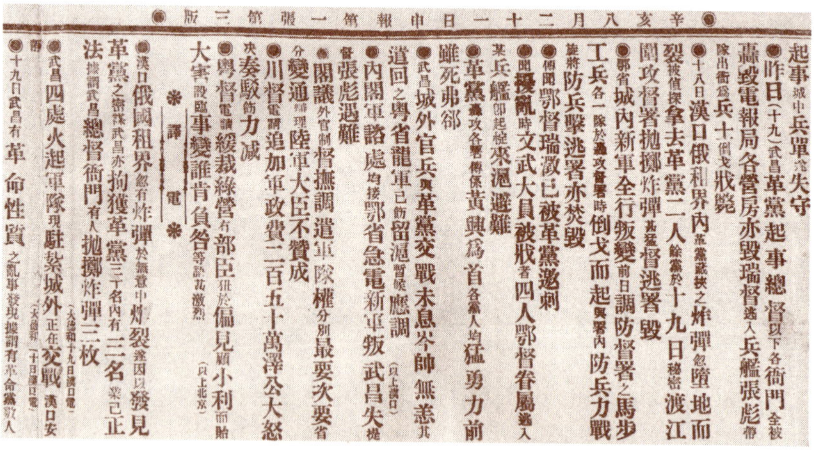
辛亥八月二十一日 申報 第一張第三版

起事城中兵單尤失守
●昨日（十九）武昌革黨起事總督以下各衙門全被轟毀電報局各營房亦毀瑞督逃入兵艦張彪帶隊出衛爲兵士倒戈戕斃
●十八日漢口俄租界內革黨藏挾之炸彈忽墮地而裂被偵探拿去革黨二人餘黨於十九日稔密渡江鬨攻督署拋擲炸彈甚猛督逃署毀
●鄂省城內新軍全行叛變前日調防督署之馬步工兵各一隊於攻督署時倒戈而起與署內防兵力戰旋將防兵擊逃署亦焚毀
●傳聞鄂督瑞澂已被革黨邀刺
●聞擾亂時文武大員被戕者四人鄂督眷屬逃入某兵艦卽起椗來滬避難
●革黨攻各署傳係黃興爲首各黨人均猛勇力前雖死弗郤
●武昌城外官兵與革黨交戰未息岑帥無恙其道回之粵省龍軍已飭留滬暫候應調（以上漢口）
●內閣軍諮處均接鄂省急電新軍叛武昌失提督張彪遇難
●閣議外官制督撫調遣軍隊權分別最要次要省分變通辦理陸軍大臣不贊成
●川督電請追加軍政費二百五十萬澤公大怒決奏駁飭力減
●粵督電請緩裁綠營有部臣狃於偏見顧小利而貽大害設臨事變誰肯負咎等語甚激烈（以上北京）

＊譯電＊

●漢口俄國租界忽有炸彈於無意中炸裂發因以發見革黨之徵蹤武昌亦拘獲革黨三千名內有三名業已正法據謂武昌總督衙門有人拋擲炸彈三枚（大陸報十九日漢口電）
●武昌四處火起軍隊現駐紮城外正在交戰漢口安靜（大陸報十日漢口電）
●十九日武昌有革命性質之亂事發現據謂有革命黨數人

《申报》关于武昌起义的报道，1911 年 10 月 12 日

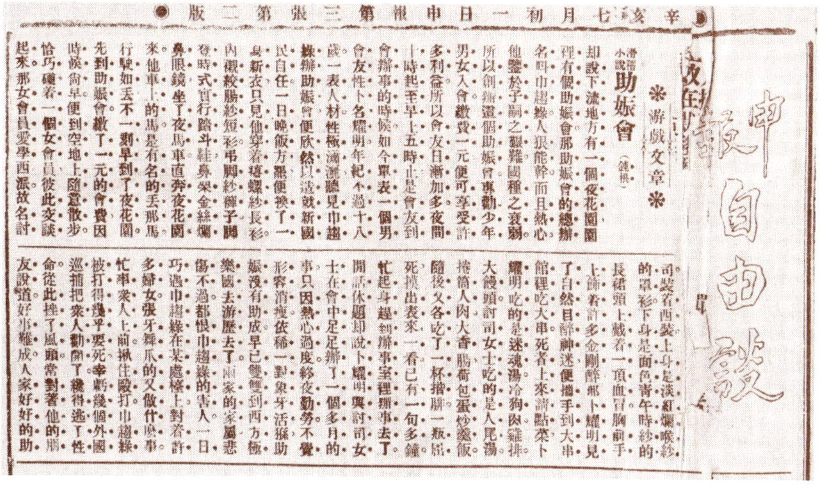
辛亥七月初一日 申報 第三張第二版

申報 自由談

※游戲文章※

滑稽小說 助娠會（鈍根）

却說下流地方有一個夜花園裡有個助娠會那助娠會的總辦名叫巾趨緣人很能幹而且熱心他鑒於子嗣之艱難國種之衰弱所以創辦這個助娠會專勸少年男女入會繳費一元便可享受許多利益所以會友日漸加多夜間十時起至早上五時止是會友到會辦事的時候如今單表一個男會友姓卜名耀明年紀不過十八歲一表人材性極瀟灑聽見巾趨緣辦助娠會便欣然以造就新國民自任一日晚飯方罷便換了一身新衣只見他穿着墉螺紗長衫內襯紋腸紗短衫弔脚紗褲子脚登時式寶行踏斗鞋鼻架金絲爛鼻眼鏡坐了夜馬車直奔夜花園來他車上的馬是有名的丟那馬行駛如丟不一刻早到了夜花園先到助娠會繳了一元的會費因時候尚早便到空地上隨意散步恰巧碰着一個女會員彼此交談起來那女會員愛學西派故名討司裴着西裝上身是淡紅爛喉紗的單衫下身是面色青午時紗的長裙頭上戴着一頂血冒胸前手上飾着許多金剛醉那卜耀明見了自然目醉神迷便攜手到大串館裡吃大串死者上來請點菜卜耀明吃的是迷魂湯冷狗肉雞排大饅頭討司女士吃的是人尾湯推篩人肉大香腸荷包蛋炒蠶飯隨後又各吃了一杯措腓一瓶屈死摸出表來一看已有一句多鐘忙起身趕到辦事室裡辦事去了閑話休題却說卜耀明與討司女士在會中足足辦了一個多月的事只因熱心過度終夜勤勞不覺形容消瘦依稀一對象牙活猻助娠沒有助成早已雙雙到西方極樂國去游歷去了兩家的家屬悲傷不過都恨巾趨緣的害人一日巧遇巾趨緣在某處樓上對着許多婦女張牙舞爪的又做什麼事忙率衆人上前揪住毆打巾趨緣被打得幾乎要死幸虧幾個外國巡捕把衆人勸開了纔得逃了性命從此挫了風頭常對著他的朋友說道好事難成人家好好的助

《自由谈》创刊号

栏连续刊载《革命军起事记》的长篇通讯。《申报》为了及时报道武昌起义的详情，投入大量人力、物力，形成报道高潮，其规模之大、篇幅之多、持续时间之长，为《申报》前所未有。

经过这几年的改革，至 1912 年，《申报》资产已由创刊时的 1600 两白银，增至 12 万两。①

3.《自由谈》问世

席子佩时期的另一个重大贡献，就是创办了《申报》影响最大的副刊——《自由谈》。由于受到正在兴起的文艺性小报的影响，为了“兼顾严肃活泼”的办报方针，使《申报》内容更丰富、形式更活泼清新，1911 年 8 月 24 日，综合性副刊《自由谈》问世。其影响之大，以至于谈中国现代文学史就不能不谈《申报》的副刊《自由谈》。

席子佩聘请了自己的青浦同乡王钝根出任第一任编辑。在编辑方针上，《自由谈》特别强调报纸要“丰富多彩、饶有趣味”，所以，当时《自由谈》的内容偏重趣味性，文字带有消遣

① 朱锦翔、吕凌柯《中国报业史话》，第 75 页。

性。开始时，内容多为滑稽小品和记叙风花雪月、奇闻轶事的文章、诗词歌赋以及小说连载，也登载时评短文，庄谐具备。设有“游戏文章”、“海外奇谈”、“岂有此理”、“慷慨悲歌”（诗词）、“心直口快”（讽刺性絮语）、“博君一粲”等栏目。也有些文章有倾向性，多为批判社会黑暗、抨击清廷腐败没落、揭露官场舞弊和丑闻、讽刺专制婚姻等方面的作品。

后来，王钝根见副刊文字有市场，便把《自由谈》的菁华集在一起，印行《自由杂志》。

王钝根善于利用副刊这个阵地以文会友和发掘、网罗人才，对无名小辈也十分热心，这使得《自由谈》的眼界较为宽阔，为这家老牌报纸赢得了不少新读者。《自由谈》把文艺写作形式引进报纸，开创了中国报纸定期运用文艺形式办综合性副刊的先例。《申报》很有影响，它的副刊《自由谈》也名噪一时。在它的广泛影响下，其他报纸也纷纷开设副刊。

1910 年 10 月，蔡乃煌正式退出了《申报》。但此时，申报馆不仅没有紧缩的迹象，反而开始营造新屋。1911 年 7 月 12 日，新馆舍落成，《申报》刊出了《本馆迁移大扩张广告》：“六月二十日为本馆新屋落成迁徙之期，若内部之纪载，若外观之形式，一俟部署既定，皆当大加扩张，以副变通通久之义。”①

所谓“席子佩时代”的《申报》，就产权而言，确实有所流失，但就经营而言，却并非完全失败。并且，席子佩对《申报》的影响是非常深远的。实际上，1909 年前后，席子佩一度处于非常有利的地位，但终因能量不支、决策不力，被迫接受外援，直到最终将《申报》产权拱手相让。

---

① 《本馆迁移大扩张广告》，载《申报》，1911 年 7 月 12 日。据杜新艳考，《申报》馆址的迁移如下：汉口路（即今山东路）157 号（1872 年）—三马路大礼拜堂南首汉口路 18 号（1882 年）—望平街 163 号（1907 年）—望平街 158—159 号（1911 年）—今山东中路汉口路馆址。参见杜新艳《〈申报〉的过渡时代》，《汉语言文学研究》2011 年第 2 期，第 27 页。

三、史量才与《申报》全盛时期

1. 史量才接手《申报》

自从官股抽走之后，《申报》资金周转发生困难，到了1912年更是陷入难以为继的状况，于是席子佩决定将《申报》资产转让他人。由于当时史量才手中并无资金，只能由张謇、赵凤昌、应德闳三人出资12万元，于1912年9月3日与席子佩签订合约，购进《申报》全部产权，10月20日正式移交。史量才任总经理，主持经营。史量才以重金聘请在《时报》任职的陈景韩为总主笔，原在报馆的张蕴和仍为主笔，席子佩仍留任为经理。1913年冬席子佩离开，由张竹平继任。

史量才接办《申报》后，条件十分困难，但还是果断地改变了报馆馆舍简陋、设备落后的状况。1918年，五层的新报馆大楼落成。大楼按报纸工作流程设计建造，是一座编辑业务、营业广告和排字浇铸、照相制版、机器印刷以及生活卫生设施一应俱全的现代化新闻大厦，底层还有印刷厂。[1]同时引进了美国先进的印刷机，馆内的铸字机、纸版机、铅版机以及铜版机等相应设备，也全部更新。1921年1月起，报纸文字编排开始采用标点符号：新闻采用逗点，评论用句点，《自由谈》等副刊文字用双句点。这样的标点符号虽然还比较简单，可这是自19世纪60年代中国有近代报纸以来文字编排上的一次革新。[2]技术和设备的更新，使得《申报》经营规模不断扩大，在报业现代化的道路上也迈出了成功的一大步。

为了适应日益激烈的竞争环境，吸引不同层面的读者，《申报》不断增加新的栏目。1919年8月出版《星期增刊》两张，

---

① 宋军《申报的兴衰》，第91页。
② 宋军《申报的兴衰》，第92页。

申报馆馆舍变迁图

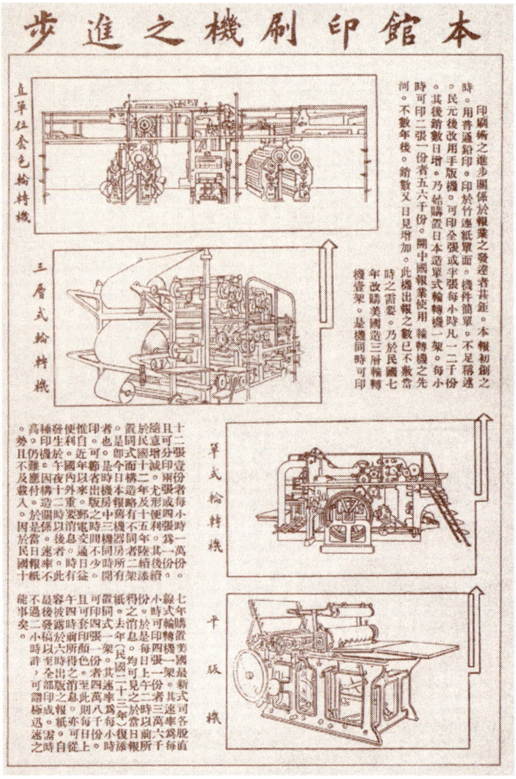

申报馆印刷设备的演进

专门翻译国外报章杂志的论文摘要及要闻，满足了关心国际形势的读者的需要。1920 年增辟《知识》专栏，刊载介绍各类知识的文章，深受一般读者欢迎。1921 年 11 月，设《汽车增刊》，每周一期，随报附送，专刊提倡道路建设、汽车利用的消息和文章。1924 年 2 月，特辟《本埠增刊》，每日出版，为本市读者服务。同年 10 月，增《商业新闻》专栏，每天发刊。1925 年 9 月，在《本埠增刊》内辟《艺术界》专栏。通过这些专栏、专刊的设置，《申报》扩大了读者面，增加了发行量。

为了增加赢利，史量才积极开展广告业务，聘请了善于经营的张竹平为经理，增设了广告推广科，其下又设外勤组与设计组，在广告的招揽、设计等方面加以改进。经过一番努力，客户纷至沓来，使得《申报》刊载的广告篇幅大大增加，广告成为该报赢利的首要来源。同时，在报刊发行方面，设立报纸推广科，除在上海广征订户外，还向外地发展，派人到全国各地征集订户，同时加强邮递服务。《申报》广告与发行工作的加强与改革，使其业务蒸蒸日上。

2.“新闻纸”与“新闻人”

新闻是《申报》的立报根本，记者是《申报》的最大财富。为此，《申报》开始在全国各地广建新闻网，由《申报》派出的记者、特派员、通讯员遍及全国各主要城市，进而在国外，如伦敦、华盛顿、东京、巴黎、罗马、柏林、日内瓦等大城市，都有《申报》的特约通讯员，以提高《申报》的新闻覆盖面和采集速度。在这些特派记者中，黄远生、邵飘萍可谓佼佼者。

由于北京是当时政局变更的中心，派往北京的记者尤为重要。黄远生（1885—1915），江西九江人。原名黄基，字远庸，笔名远生。清末进士，后留学日本。回国后，为京沪等地报刊撰写国际时事的评论文章。辛亥革命后，黄远生脱离官场，全身心投入报业，先后担任《时报》、《申报》等报的驻北京特派记者。他凭借敏锐的新闻触觉和丰富的采访工作经验，发表了许多尖锐泼辣、亦庄亦谐的“远生通信”，使之成为《申报》最受欢迎的专栏之一。

黄远生像

黄远生之后，史量才又聘邵飘萍为《申报》驻京特派记者。邵飘萍（1886—1926），祖籍浙江东阳，生于金华，谱名新成，又名镜清、振青，笔名飘萍。从浙江高等学堂毕业后，在金华中学任教。教学之余，邵飘萍为《申报》写通讯，后被聘为特派记

邵飘萍像

者，长驻北京，担任新闻采访和新闻专电的拍发工作。《申报》上的“飘萍通信”，很快便打响了牌子，赢得江南读者的广泛欢迎。邵飘萍的通信，报道京城重大时事新闻，揭露北洋军阀反动统治的黑幕。其采访能力之高，写作文笔之妙，深受读者赞许。因此，为了先睹为快，当时往往《申报》一出，很快就被读者抢购一空。

除了新闻记者外，史量才更离不开报纸经营上的助手——经理张竹平，和新闻业务上的重要助手——总主笔陈景韩。在他们的大力支持下，《申报》业务如日中天。

陈景韩（1878—1965），又名陈冷，笔名冷、冷血等，生于江苏松江（今属上海），清季秀才。1900年经钮永建介绍，进武昌武备学校，[①]后赴日本早稻田大学攻读文学，回国后任上海《大陆报》记者。1904年《时报》在上海创刊，陈景韩受聘成为该报主笔，努力进行业务革新，除创设“专电”、“特约通讯”、“副刊”等专栏外，还将新闻分类，奠定了现代报纸的基本版面形式。此外他还开创了“时评”专栏，每日写一短评，通常不超过300字，就当天重大新闻发表议论，短小精悍，令人耳目一新。

陈景韩像

史量才接管《申报》后，陈景韩于1913年受聘任该报总主笔。他对于新闻采写，主张短而精，反对报流水账。他还强调新闻要确切、真实，迅速、及时，广见、博闻。这一观点一度成为当时报界记者的守则。[②]从1913年到1929年，几乎每日都可在《申报》上见到陈景韩的时

① 一说光绪二十三年（1897），参见彭倩《犀利峭拔的冷血体——陈景韩及其时评研究》，暨南大学硕士学位论文，2010年，第5页。

② 彭倩《犀利峭拔的冷血体——陈景韩及其时评研究》，第10页。

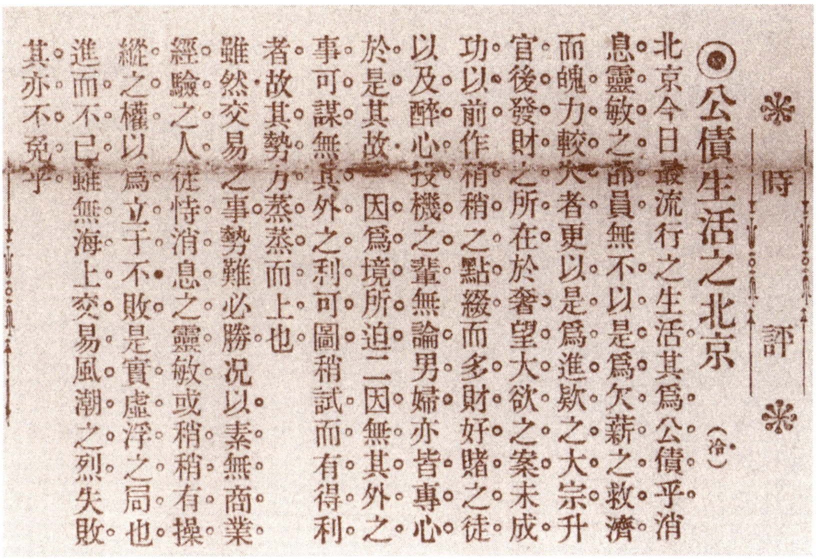
時評

◉公債生活之北京（冷）

北京今日最流行之生活其爲公債乎消息靈敏之部員無不以是爲欠薪之救濟而魄力較大者更以是爲進欵之大宗升官後發財之所在於奢望大欲之案未成功以前作稍稍之點綴而多財好賭之徒以及醉心投機之輩無論男婦亦皆專心於是其故一因爲境所迫二因無其外之事可謀無其外之利可圖稍試而有得利者故其勢力蒸蒸而上也

雖然交易之事勢難必勝況以素無商業經驗之人徒恃消息之靈敏或稍稍有操縱之權以爲立于不敗是實虛浮之局也進而不已雖無海上交易風潮之烈失敗其亦不免乎

评。“二次革命”时期，陈景韩用一系列时评对张勋进行了猛烈攻击。袁世凯称帝时期，陈景韩的时评又痛斥了袁的倒行逆施。

陈景韩在《申报》工作的10多年里，兢兢业业，为《申报》赢得广泛的读者群，使《申报》成为全国影响最大的报纸。然而到1927年，陈景韩的时评已经没有了激情和斗志，也少了对时局的关注。由于对当时蒋介石的新闻控制政策保持沉默，与史量才时有争论。1930年，陈景韩离开《申报》，改办实业。1945年抗战胜利后，重回申报馆，担任该报报务委员会委员。次年5月《申报》成立新董事会，陈景韩任常任董事兼发行人。

张竹平（1886—1994），字竹坪，江苏太仓人，上海圣约翰大学毕业。1913年被史量才聘为《申报》经理兼营业部主任。在申报馆期间，张竹平充分发挥了其报纸经营管理的才能，无论建筑新馆大楼、购置印刷机器，还是选购纸张油墨、规划印刷发行，都周详计划，努力经营。尤其是设立了广告科和推广科，使得《申报》广告业务蒸蒸日上，发行渠道日益畅通，销售数量逐年递增。张竹平因其卓越的报业经营管理才能与业绩，受到史量才器重。1924年，张竹平联合《申报》和《时事新

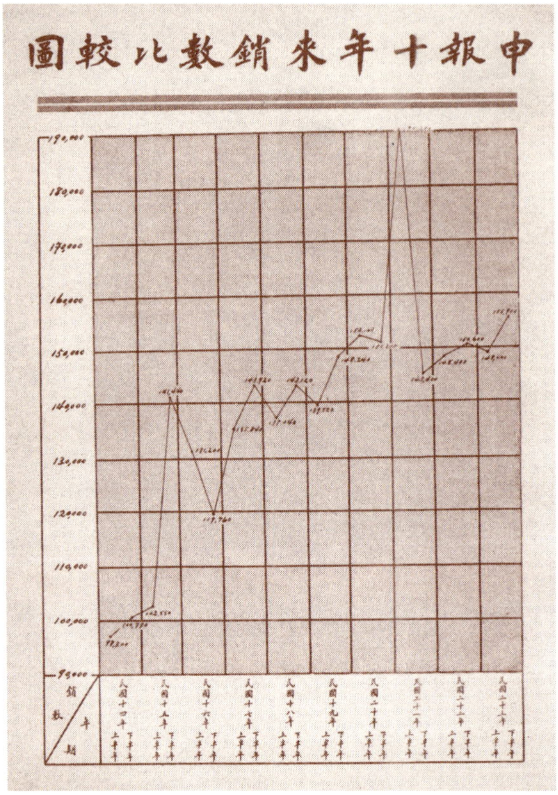

《申报》销售比较图（1925—1934）

报》的资源成立了“申时电讯社”。1928 年张竹平等人购得《时事新报》股权，张竹平任董事长兼经理。1930 年，他离开申报馆，与友人合作接办上海英文日报《大陆报》。1932 年又与他人合股创办了《大晚报》。

《申报》的销售量，1912 年为 7000 份，5 年后（1917 年）达到 2 万份，此后稳步上升，1920 年 8 月是 3 万份，1925 年突破 10 万份，1926 年突破 14 万份，1933 年超过 15 万份，[1] 创造了《申报》的黄金时代。后来，史量才又购进《时事新报》和《新闻报》股份，成为旧中国最大的报业资本家和真正的报业巨擘。

3. 60 周年的改革计划及成果

1）改革计划

《申报》创办 50 周年的时候，以出版大型纪念册的方式，回顾了《申报》50 年来的变化发展。史量才约请了海内外专家学者撰文，同时也总结了这 50 年间世界与中国的变化。

到了《申报》60 周年纪念的时候，史量才接办《申报》也已 20 年了。这 20 年中，《申报》在革新设备，改革和加强新闻传播，振兴评论，实行报纸企业化、现代化方面取得了重大进展。同时，国际和国内的形势也发生了深刻的变化。于是，史

① 徐忍寒《申报七十七年史料》，第 51—52 页。

量才萌生了借《申报》创刊60周年这一契机进行一次改革的念头。他的愿望得到了黄炎培、陶行知、戈公振等人的支持。黄炎培曾先后几度参加《申报》工作，并在1922年主编了纪念《申报》创刊50周年的纪念册《最近之五十年》。通过他的介绍，史量才与陶行知取得了联系，并共同探讨《申报》的改革。戈公振1930年加入《申报》工作，创办了《星期画刊》，并担任主编。

为了让改革计划收到切实的效果，1931年1月，《申报》成立了总管理处，统辖一切馆务。史量才是总经理兼总务部主任，经理马荫良兼副主任。总管理处下设设计部，黄炎培为主任，戈公振为副主任。陶行知则是不对外公开的总管理处顾问。[①]

1931年9月1日，《申报》在《本报六十周年纪念宣言》中明确表示："以积极之行动，努力于本报之改进，努力于应负之责任，不徘徊、不推诿、不畏缩，尽我绵薄，期有以自效，是为本报同人深自体念后最大之决心"，"肩荷此社会先驱、推进时代之重责"，"使社会进入合理之常轨"，"使我民族臻于兴盛与繁荣"。[②]

经过多次商谈后，史量才决定在报纸业务上进行重大改革，将报纸今后努力的方向公诸社会，以取得社会公众和读者的响应和支持，使报纸的改革和振兴有广泛的群众基础。1932年12月15日出版的《申报月刊》上，刊发了《申报六十周年革新计划宣言》，称"新闻事业为推进社会最有力的工具"，力图"传达公正舆论，诉说民众痛苦"，并提出了12项全方位的具体革新计划，包括加强新闻和评论、广告编排、国内外通讯，改革副刊《自由谈》，以及创办《申报月刊》、成立社会服务部、申报流通图书馆等。[③]

---

① 宋军《申报的兴衰》，第135—136页。
② 《本报六十周年纪念宣言》，载《申报》，1931年9月1日。
③ 《申报六十周年革新计划宣言》，载《申报月刊》，第1卷第6号。

各部情況
↑校對科
↑編輯部一角
照片儲藏室←
↑營業部
長途電話室→
↓銅模間
↑發行處
↓會議室
↓雜誌儲藏室

↑排字拼版
↓鉛版機
↑鑄字
↓打紙版準備
↑字架
↓澆成鉛版
↓運報汽車
SHUN PAO
機房一角→

申报馆内各部门情况

2）改革成果

经历改革之后，《申报》在新闻报道方面态度鲜明，加强了政治时事评论。如迅速报道了“九一八”事变，呼吁民众奋起反抗；通过报道全力支持淞沪抗战；发表宋庆龄批驳国民党反动派的文章；积极支持中国民权保障同盟的成立和活动等。

除此之外，申报馆在出版和文化教育方面的成果尤为丰富。

首先，各类出版物层出不穷，以下择要述之。

为了纪念申报60周年而创办的《申报月刊》，于1932年7月出版了第一期。这是一份阐明国际形势、论述国内时事、介绍学术思想、提倡生产事业的期刊。在黄炎培推荐下，由俞颂华、张梓生、黄幼雄担任月刊编辑，其中俞颂华为主编。后因世界局势瞬息万变，每月一期的间隔时间太长，决定改出周刊。1935年12月15日出版的《申报月刊》第4卷第12号，是最后一期月刊，后改出周刊。1938—1942年因战争停刊。1943年《申报》复刊后，仍改出《申报月刊》，卷期另起。

1936年1月，《申报月刊》改为《申报周刊》，仍由俞颂华主编，每逢周日出版，注重对一周内时事的记述。除零售订阅外，还随《申报》附送，因此销路更广。以周刊补日报之不足，把办报与办刊相结合，是俞颂华办报思想的一个显著特点。由于他主编的《申报周刊》图文并茂，精编精干，因而深受广大读者的青睐，成为当时全国发行量最多的刊物。[①]1937年抗战全面爆发，《周刊》也不得不停办。

《申报月刊社丛书》是《申报月刊》编辑社编辑发行的丛书，共出12种，第一种为翁照垣将军所述的《淞沪血战回忆录》，刊于1932年11月，曾多次再版。其余为《苏联研究》、《人体美之研究》、《创作小说选初集》、《一年来中国经济概

① 方汉奇《报史与报人》，第462页。

况》、《赣皖湘鄂视察记》、《创作小说选二集》、《中国经济现势讲话》、《印度丛谈》、《小品文选》、《杝庐所闻录》和《世界经济现势讲话》等。

《申报丛书》由《上海文库》编辑，申报馆发行，从 1933 年 6 月开始陆续编印，内容大部分属于国际情势以及世界知识，其中尤以介绍日本和苏联的著述为多，共出版 40 余种。

《申报年鉴》是按照史量才“以史为鉴”的主张编撰的，是 1922 年年鉴式《最近之五十年》的继续。年鉴将一年来国内政治、经济及社会重要问题等，作以系统的叙述，附以各项统计资料，成为我国国情的编年史。从 1933 年起，到 1936 年止，每年编印一册，加上 1944 年出版的一册，共为 5 册。

《申报》编制地图集，是出自地理学家丁文江的倡议，史量才表示赞许和支持，由丁文江、翁文灏、曾世英三人一起统计汇编，1930 年冬开始编制，到 1933 年冬全部完成。1934 年 4 月 20 日出版《中华民国新地图》，为 8 开一大册。① 由于《中华民国新地图》规模较大，且价格较高，丁文江等人将其缩制，于 1933 年 8 月 16 日先行出版了《中国分省新图》，② 供学校学生和一般人使用。这两种地图准确清晰，尤其在印制上以颜色的不同和深浅来区分不同的地形，使人一看就能区分山河湖海和各区域的地形地貌，在我国地图印制中是一创举。③

《教育与人生》周刊，于 1923 年 10 月 15 日发刊，单独发行。刊有论文、学术讨论、教育消息、调查报告、新刊物的介绍与批评和演讲录等，主要讨论教育问题，发表教育新闻。此外附设“体育”和“青年之友”两个专栏。每逢星期一出版，出至 1924 年 9 月 29 日止。1924 年 12 月改刊名为《教育消息》。

1935 年 4 月旧儿童节开始，《申报》除每逢儿童节辑印儿

---

① 一说 1932 年出版，见宋军《申报的兴衰》，第 159 页。
② 徐忍寒《申报七十七年史料》，第 39 页。
③ 宋军《申报的兴衰》，第 159 页。

童节纪念册外，另出版《儿童之友：申报儿童专刊汇编》，每年一集，共出三集，至全面抗战后暂告停止。1937年6月间，《申报》曾出版儿童通俗读物多种，印刷精美、图文并茂。同年7月，出版通俗科学读物多册，专供儿童阅读。

除了出版事业外，《申报》兴办的文化教育事业也欣欣向荣。

按照史量才与黄炎培、陶行知当时的共同商议，除经营新闻出版事业外，在《申报》60周年纪念后，同时致力于社会文化事业，先后成立申报流通图书馆、申报新闻函授学校、申报业余补习学校、申报职工子弟学校以及服务部等。史量才遇害后相继停办。

1932年12月1日，申报流通图书馆成立。该馆是为《申报》60周年而兴办的三项社会服务事业之一，主持人为李公朴。图书馆开馆时的藏书均为当代普及性出版物，社会科学著作和文学作品占主要地位。读者主要是店员、学徒、工人及一般失学青年。

1933年3月13日，申报业余补习学校成立。开始时仅是在申报流通图书馆的馆址上辟教室两间，学生80余人。之后随着学生数量增加，又另设分校。不到两年时间，学生就增至2000多人，分校也多达五处。

《申报》为了弥补外省市记者和通讯员的不足，于1933年1月成立申报新闻函授学校。学校以训练各地新闻工作人员的新闻采访通讯技能、培养报馆管理和报刊编辑人才为宗旨。这项培训工作，就《申报》本身而言，固然有不少收获，对各地新闻人才的培养和新闻教育的普及，亦贡献良多。

另有申报职工子弟学校，1931年创立，用以减轻职工教育负担，便利子弟升学就业。申报服务部，1933年6月11日成立，专门代内地读者购订书报杂志，颇受内地读者欢迎。

史量才借《申报》的事业不断发展之机，运用报纸来辅助

教育事业。同时，陶行知平民教育的思想也促进了史量才的这一补习教育事业，并收获了广泛的社会效益。1934 年史量才被害后，按照他的遗愿，捐献 16 万元作为补习学校的奖学金；后又设立基金团，补助清寒高中学生升入大学，并对大学毕业出国留学或学业特别优秀者给以奖励。

此外，《申报》全体职工与读者合作，从 1941 年夏季起，展开助学金运动，到 1945 年抗战胜利为止，前后历时四年半，《申报》共收到的捐款约有 4000 余万元，被资助的大中小各级学生在两万人以上。这一伟大的义举，在报馆和读者共同努力之下完成了。①

4. 黎烈文与《自由谈》的改革

副刊《自由谈》的改革是《申报》60 周年改革计划的重要组成部分，且《申报》这次全方位的改革中尤以《自由谈》的改革效果最为显著。

1914 年 6 月，《自由谈》的第一任主编王钝根为中华图书馆创办文艺周刊《礼拜天》，因感到难以身兼两职，于是辞去了《自由谈》职务。1915 年 3 月改由吴觉迷主编，他曾一度征求刊登军人词文，新辟“爱国丛谈”专栏，以激发国民的尚武精神。不多久后，又改由姚鹓雏主编。姚是南社成员，因而发表了不少南社成员的诗词。

到 1920 年 4 月，《自由谈》始由周瘦鹃主持。周瘦鹃是一个小说家，也是鸳鸯蝴蝶派的主要代表人物。他担任主编之后，设置了“闲话”、“笔札”、“笑林”、“杂录”、“新闻拾遗”、“文坛消息”等栏目。尽管这些栏目中也偶有揭露社会丑恶现象之作，但因内容大多含有儿女情长、缠绵悱恻的鸳鸯蝴蝶派气息，与“九一八”后全国救亡图存的大环境十分不协调。到 1932 年

① 徐忍寒《申报七十七年史料》，第 53 页。

《申报》创刊60周年的时候，史量才下决心要改革《自由谈》。是年12月，聘留学归来的黎烈文担任《自由谈》主编。

黎烈文虽然当时只有28岁，但有着比较强烈的民主进步思想，留学时专攻文学，又未曾参加过任何党派，因此史量才认为他是编辑和改进《自由谈》的合适人选。在他主持期间，《自由谈》改变了以“茶余酒后消遣”为目的的文风，约请鲁迅、瞿秋白、茅盾、陈望道、叶圣陶、巴金等进步作家为《自由谈》撰稿，呼吁救亡，针砭时弊，成为当时具有广泛影响的报纸副刊。

改革后，《自由谈》辟“短篇小说”、“长篇创作”、“谈言”、“常识”、“文艺”、“科学”等专栏，内容丰富多彩，主要为与时代脉搏紧密相连、反映社会精神生活的作品，尤其是具有高度思想性的社会批评。这与鲁迅的支持有很大关系。报纸副刊的诞生是从文艺介入开始的，但摆脱单纯的文艺性，则是报纸副刊的一次升华。这也是黎烈文对《申报·自由谈》所做的革新。

1933年1月，《申报》又另外创设了一个综合性副刊，名为《春秋》，由周瘦鹃编辑。在《自由谈》改革的促进下，周瘦鹃的编辑思想也有所改进，《春秋》的内容新旧兼有，图文并茂，讲究有意义的趣味性，辟有“新发明”、“小常识”、“小园艺”、“人物志”、“风物小志”、“世界珍闻”，“游踪所至”等栏目。张恨水的《东北四连长》，秦瘦鸥编译的《御香缥缈录》等小说都曾在《春秋》连载。副刊美工方面，由当时著名画家方雪鸥担任设计，由此形成了《申报》60周年报纸副刊专刊改进的另一特色。

5. 史量才遇害

早在1931年，史量才动员上海各报发表宋庆龄因邓演达被害而发表的宣言时，蒋介石就已怀恨在心。国民党当局先采取收买政策，给史量才以红十字会名誉会长、上海临时参议会议长等头衔，但史量才并不为此所动，反而，《申报》对当局的批评日益尖锐、激烈。1932年12月，史量才得悉宋庆龄等组织了民权保障同盟，与蒋介石的独裁统治作斗争，他一方面积极支持，另一方面在报上发表保障同盟及宋庆龄批评国民党的文章。《申报》还连续不断地发表短评，抨击国民党的军事“剿共”政策，并要求结束国民党的一党专政。

这些都使蒋介石深感不安，如芒在背。这时《申报》又报道了“中大学潮”的真相，把国民党统治集团的黑暗披露报端。于是，蒋介石下令禁止《申报》邮递。经史量才设法疏通后，邮递又得以恢复，但必须以撤换《申报》总编辑为条件。史量才一面同意接受蒋介石指定的总编辑人选，一面坚决拒绝中央宣传部派人前往“指导”，这更使得蒋介石对史量才起了杀心。

1934年10月间，史量才去杭州调养胃病。次月返回上海途中，路经浙江海宁县翁家埠附近时，被国民党特务枪杀身亡。

1935年时《申报》重要职员

史量才被害后，其子史詠赓继承父业，聘马荫良为总经理，负责经营管理。马荫良（1905—1995），字一民，江苏松江县（今属上海市）人，毕业于上海同济大学。进《申报》工作后任史量才秘书，1930到1934年间，任申报馆经理，与陶行知、黄炎培、戈公振一起，协助史量才革新《申报》工作。

迫于形势，《申报》言论又趋于保守。不久后，《自由谈》停刊；《妇女生活》脱离《申报》；新闻函授学校和服务部停办；流通图书馆和业余补习学校由进步人士独立经营，改名为量才流通图书馆和量才业余补习学校，以纪念这位中国近现代史上著名的报刊出版家。

四、《申报》的衰落和终刊

1. 抗战时期的《申报》

1937年，“八一三”事变发生，日军进攻上海，抗日战争全面打响。《申报》对此作了全面的报道，还有不少直接发自延安的专讯。1937年11月上海沦陷后，日方企图控制该报，《申报》拒绝其新闻检查，于1937年12月15日停刊。

1938年1月15日，《申报》在汉口复刊，同年7月31日又停刊。1938年3月1日，增加了香港版，至1939年7月10日停刊。上海成为“孤岛”后，《申报》于1938年10月10日在上海以美商哥伦比亚公司名义复刊。1941年12月8日，日军进入上海公共租界，以外商名义出版的华文报纸也被迫停办。一周后，在日军威胁下，《申报》复刊，完全为日军报道部所控制。1942年，日军军部突然派人查封《申报》。12月6日，日本海军派陈彬龢以“军管会”的名义接管《申报》，并任命其为社长。日本投降当天，陈彬龢潜逃，《申报》停刊。

《申报》复刊号，1938年10月10日

这个时期《申报》的副刊包括文艺副刊《春秋》以及1938年复刊后新创的若干专刊，如《战时青年》、《游艺界》、《大众周刊》、《国医与食养》等等。

2. 抗战后至终刊

由于战时《申报》为日军强占，于是抗战结束后，政府成立了以国民党要员潘公展为主任的《申报》报务管理委员会，以《申报》"附逆"为名对其实施接管，并将其设备封存。1945 年 12 月 22 日《申报》复刊，潘公展任指导员，立法委员陈训畬为总经理兼总编辑。从此，《申报》完全被国民党内以陈立夫、陈果夫兄弟为首的"CC 系"控制，成为一张维护国民党统治的所谓"民间报纸"。1946 年 5 月，国民政府强迫史詠赓出让 51% 的股份给政府，实行官商合办，彻底改变《申报》维持了 74 年的民营性质。同时，在此基础上改组《申报》董事会，调整报社工作机构。政府委派杜月笙任董事长，陈景韩任发行人，潘公展任社长兼总主笔，陈训畬任总经理兼总编辑，而史詠赓则转任副董事长。

申報

滬杭甬路全線打通

慈谿寧波均告解放

本市蘇州河北亦已肅清

山東及旅大地區

教育迅速發展

《申报》终刊号，1949 年 5 月 27 日

1949 年 5 月 25 日，解放军接管上海苏州河南岸市区，中共委派工作组进入报馆。由于此时《申报》已成为国民党官方报纸，因而终刊必在意料之中。5 月 27 日，《申报》出至第 25599 号后宣布终刊。

五、《申报》的影响

《申报》对近现代中国社会的影响不可谓不深远。关于《申报》在新闻、文学以及广告方面的影响，本书将辟专章予以介绍，此处先论及《申报》在中国政治、社会生活和报业经营三方面的影响。

1.《申报》与政治

《申报》从创办起，就是一张商业色彩浓郁的报纸，尤其是在美查主持时期，政治倾向并不鲜明，始终采取不偏不倚、两不得罪的报道策略。到 19 世纪末 20 世纪初由黄协埙担任总主笔时，政治态度更趋保守。

黄协埙（1851—1924），字式权，号梦畹，江苏南汇（今属上海市）人，1884 年进入申报馆工作，任主笔襄理笔政。1894 年，代理总主笔何桂笙逝世，总主笔钱昕伯又年迈多病，黄协埙遂继任总主笔[①]，至 1905 年被解职，先后主持《申报》笔政达 20 年之久。

戊戌变法时，黄协埙曾表示支持慈禧镇压维新势力。在 1898 年百日维新期间，《申报》多次发表无需设立议会、议政院的主张；戊戌变法失败后，黄协埙更是坚决地站在慈禧一边，著文批判“康梁邪说”。这样的观点一见于报端，立即引来笔仗不断。然而，黄协埙仍然坚持其保守立场，又连续发表了《奏设检书处议》、《文妖篇》等一系列文章，还于 1902 年 3 月刊出《议院不可行于中国说》，于 1903 年 1 月刊出《日皇解散议院草率书此》，表达反对设立议院的观点。

1905 年《申报》进行重大改革后，政治态度有了明显转变，开始赞成维新，但对资产阶级革命党人的活动仍持非议，在政治立场上倾向于立宪。

1911 年武昌起义爆发后，随着形势的发展，《申报》转而支持革命，对革命的迅速发展起了重大的作用。对于革命党人与袁世凯的妥协、议和，《申报》也多次报道，提醒军民保持清醒。并在 1911 年 12 月 26 日的副刊《自由谈》上发表题为《十不可和》的文章，声明反对议和。1913 年宋教仁被刺杀后，中国政局扑朔迷离，《申报》保持中立态度。一直到二次革

① 一说在钱昕伯和黄协埙之间，王韬也曾短期担任过《申报》总主笔。见黄晋祥《晚清〈申报〉的主笔和社评》，《光明日报》2007 年 6 月 15 日。

命初期，当革命的战火烧到上海时，《申报》又将矛头指向革命党人。

为了生存和发展，《申报》采取了重新闻、轻言论的办报方针。总体来说，言论态度平缓，但也不是没有倾向性。比如对袁世凯称帝就持反对态度；在“五四”运动中也表现出了爱国的立场；对于北洋军阀的内在卖国行为也给予了批评和谴责。

史量才接掌《申报》后，办报的核心思想是“自由”和“独立”，包括经济上的独立——不接受任何政治势力、军阀的津贴，政治上的自主——不听命于任何一个政治集团，不受官方或军阀操纵。然而史量才和《申报》持无党无偏、不带色彩的独立精神，并不代表他们没有自己的观点，只是这种观点是不从一个政党或集团的利益出发，而是从大多数人民的利益出发。①

北洋军阀混战时，《申报》政评甚少；蒋介石统治初期，《申报》采取了拥蒋的立场。直到 1931 年“九一八”事变后，随着民族危机日益加重，史量才不再保持沉默，抗日倾向日益明显。《申报》也在总管理处顾问陶行知的建议下，改变了言论不触及时弊的保守态度，转向爱国进步立场，要求国民党停止内战，一致对外，并开始对国民党的不抵抗政策进行抨击。1932 年 2 月至 10 月，《申报》开了 9 次天窗，以此抗议国民党的新闻检查制度。史量才还以《申报》未接受政府分文津贴为由，拒绝国民党官方派员进驻报社。

1932 年，“一・二八”事变爆发，日军进攻上海。1 月 30 日、31 日，陶行知执笔为《申报》撰写《敬告国民》和《国家的军队》两篇时评，号召全国军民团结起来，收复已失的河山。1932 年 6 月，蒋介石集结军队，发动第四次“围剿”。《申报》又连续发表 3 篇时评《剿匪与造匪》、《再论剿匪与造匪》、《三论

① 宋军《申报的兴衰》，第 109 页。

剿匪与造匪》，深刻揭露国民党枪口对内、剿杀人民的行为。不久，《申报》又发表时评《中大学潮评论》，披露了教育部长、原中央大学校长朱家骅克扣教师费用、挪用3万多元水灾捐款的丑闻。

此时，《申报》的政治参与度达到了高潮，但却直接导致了史量才的被害。

由于身处动荡的时代，《申报》作为新闻载体，不仅记录、反映了近现代中国的政治，也不可避免地投入到了轰轰隆隆的政治潮流中去。

2.《申报》与社会生活

《申报》从1872年创办，到1949年停刊，历经了从封建帝制到民主共和的转变，也目睹了后期连年不断的战争。这一时期，整个中国社会，尤其是《申报》的所在地上海的社会生活，经历了前所未有的剧烈变革。《申报》不仅见证了这些变化，也是这些变化的促成者和参与者。

鸦片战争后，西方人带来的近代工业文明如潮水般涌入中国，上海作为最早开放的通商口岸和最重要的港口城市，首当其冲。

社会生活的变化，最显著也最直观地体现在物质生活领域，也就是和日常生活息息相关的衣食住行。

在晚清的《申报》上，可以看到洋货行各种西洋纺织品的广告，品种包括各种羊毛织物、新式五彩花布、粗细斜纹洋布等；皮鞋也在这时悄然走入了人们的生活；各色洋袜、洋手帕等，也颇受欢迎。到了20世纪30年代，原来长衫马褂的上海人，已经相当习惯身着西装、脚蹬皮鞋的打扮了。欧美式样的女装在上海尤为盛行，西式的丝袜、手提包等配饰的广告，不仅在《申报》上，连在《申报月刊》上也时常可见。

饮食方面，上海人吃起了桂格麦片、葛兰素奶粉，牛奶、蛋糕摆上了餐桌，洋酒的广告在《申报》上也屡见不鲜。房屋租售方面，西式住宅尤为受宠，“洋房招租”、“卫生及电气设备均各完美”等广告语频见报端。出行方面，淞沪铁路建成、汽车出租、电车公司，甚至“欧亚航空公司”的广告也登上了《申报》。

除此之外，上海人的生活习惯也发生了改变。日常起居中，养成了现代卫生习惯：早晚刷牙，使用香皂、漱口水等卫生用品；鱼肝油、西洋参、维他命等西式保健品开始被逐步接受；钢笔取代了传统的文房四宝；银行取代了钱庄，仅在1933年12月一期的《申报月刊》内，即可见“美商友邦银行”、“美商美丰银行”、“浙江实业银行”等国内外银行纷纷刊登广告招揽储户；各种电灯、电扇等家用电器，照相设备等的广告也极为常见。

在精神生活上，西方式的娱乐活动、外语学习等蔚然成风。马戏、电影等的广告吸引着上海人的眼球；“夜教英语”、“英德法日口语”、“法文速成专科”等外语培训的广告不断出现。学习外语，在当时不仅是求职就业的需要，也是观念上的一大改变。

此外，《申报》分类广告的内容更是五花八门，有征求女友的，有解除婚约或发表离婚声明的，这些信息在中国传统社会中，都是相当罕见的。

《申报》的广告，充当了传播西方近代社会生活方式的媒介。其巨大的发行量，使得喜爱翻阅《申报》的上海市民耳濡目染，逐渐接受了这种生活方式。《申报》就这样在潜移默化中改变着近代上海的社会生活。

从另一个方面看，《申报》本身的活动，也是社会生活改变的一个组成部分。

报刊作为社会舆论的载体之一，其主要职责是关注民生、监督政府。以《申报》为代表的近代报刊在一定程度上担当起了这一角色。[1] 妇孺皆晓的“杨乃武案”，从案发后月余的 1874 年 1 月 6 日以《记禹航某生因奸谋命事细情》为题首次被《申报》披露，到 1877 年慈禧太后亲自下令命刑部重审，其间三年，《申报》对此案保持持续关注。经过《申报》的长期报道，“杨乃武案”引起了广大民众的关注。1876 年，浙江绅士联名公呈都察院，指出“杨案”实乃冤案。在强大的社会舆论压力下，杨乃武的冤情最终得以昭雪。

作为西方人创办的报纸，《申报》难免受到西方思想文化的影响，在报道“杨乃武案”的过程中，《申报》也同时揭露了中国传统司法制度的弊端。如对在审讯过程中滥施刑罚、官员对当事人进行秘密审讯等，进行了严厉的批判；对于审判背后折射出的官官相护的官场陋习，也毫不留情地予以抨击。《申报》的这种正义行为，引起了身卷其中的各级官员的恼怒。他们试图干涉舆论，但《申报》还是坚持住了公正客观的立场，抵制住了对“杨乃武案”报道的干扰。

《申报》对此案的关注和报道，不仅开了重大社会新闻连续报道的先河，也开了中国近代舆论干预社会生活、监督政府行为之先河。[2]《申报》在“杨乃武案”中所起的作用反映出，媒体舆论在社会生活中发挥了应有的功效。这种新闻媒体介入社会生活，并在社会事务中发挥舆论监督作用的尝试，本身就是中国近代社会生活变革的一种表现。

3.《申报》与报业经营

《申报》是中国近代商业性报纸的一个成功典范，78 年间虽然几易其主，经营状况也时有起落，但在同期同类报纸中一直走在前列，其经营理念和模式值得探讨。

---

① 刘力《近代报刊媒介：传统社会大一统公权体系之外的“第四种权利”——以〈申报〉对“杨乃武案”的关注为中心的讨论》，《宁夏社会科学》2011 年第 1 期，第 127 页。

② 刘力《近代报刊媒介：传统社会大一统公权体系之外的“第四种权利”—以〈申报〉对“杨乃武案”的关注为中心的讨论》，载《宁夏社会科学》2011 年第 1 期，第 129 页。

美查时期和史量才时期，是《申报》前后两个辉煌时期。纵观这两个时期的经营方式，有以下 4 点是两者兼具、且在报业经营中普遍值得借鉴的经验：

1）增强自身竞争力

注重报纸本身质量、提高竞争能力是报业经营成功的前提。报纸是以新闻为依托的产业，新闻报道的质量是报业经营的重要基础，它决定着报纸的发行量。因而，在美查时期和史量才时期，《申报》都十分重视新闻业务，力求打造高质量的新闻。

《申报》创刊之初，为了保证新闻的真实性，经常外派记者进行实地采访。为了体现新闻的时效性，采用了最新的新闻工具——电报。在报道范围上，《申报》扩大到了以往报纸并不涉及的社会新闻，并成就了“杨乃武案”这一典型。

史量才接手《申报》后，十分重视更新报馆的硬件设备，引进先进技术——优良的印刷设备和高超的印刷技术，保证了《申报》在时效上的优势。另一方面他又努力完善国内外的通讯网络。在国内，以重金聘请当时的一流记者撰写新闻通讯，以黄远生和邵飘萍的北京特约通讯而享誉全国；在国外，如伦敦、华盛顿、巴黎、罗马、东京、柏林等通都大邑，都聘请了特约评论员，捕捉所在国的新闻。史量才主持后期，还加大了时评的评论力度，明确表示了爱国、进步的立场。

拥有了高质量的新闻和评论，在激烈的市场竞争中，《申报》掌握了明显的优势。

2）大力开展广告业务

广告是支撑报业发展的支柱。报社靠广告获得利润，以增强经济实力、维持日常运营。反过来，广告也只有通过在大众传播媒介上发布才能发挥其商品促销作用。广告主向报纸等媒体支付广告费，报社也借此赢利。美查和史量才都认识到了广告收入对报纸发展的重要性。

美查办报之初就主动向社会争取报刊广告，积极宣传广告的作用，鼓励各界人士踊跃刊登。字数多、刊期长的，费用递减。创刊初期，《申报》的广告量不大，尤其是华人意识不到要在报纸上刊登广告。为了吸引华商，美查规定华人登广告的费用低于洋人。这样，《申报》上刊登的广告数量日益增多。为了争取更多的广告，《申报》还在邻近的苏杭地区设广告代理人，由当地卖报人接受办理。这些做法都帮助《申报》实现了经营利润最大化的目的。

史量才始终把广告视作报纸业务的重要环节。他接办《申报》后就聘请对广告业务相当精通的张竹平出任经理，设立广告推广科。派外勤人员四处招揽广告，内勤人员改进广告设计，这样做受到了工商界的普遍欢迎。因此，《申报》的广告量与日俱增，广告版面往往超过了新闻报道版面，广告收入成为该报赢利的首要来源。此外，《申报》还制定了广告章程，对广告的刊登方法、程序、价格、折扣等作明文规定，使广告经营有章可循。

广告是决定报纸经济状况的主要因素，所以正确的广告经营策略是《申报》取得成功的重要保障。

3）多种经营相结合

美查和史量才在办报之余，兼顾其他经营，以获得充足的资金来保证《申报》的进一步发展壮大。

多种经营在美查时期是《申报》追求商业利润最大化的一个举措。美查在经营《申报》获得丰厚利润的同时，开始经营多种出版事业，如发行各类期刊、兼营书籍出版等。有代表性的是综合性文学刊物《瀛寰琐纪》、通俗报纸《民报》、《寰瀛画报》、《点石斋画报》，还出版袖珍本《聚珍版丛书》和影印《古今图书集成》等。美查还不局限于新闻出版业的经营，投资了燧昌火柴厂、江苏药水厂，甚至还成立公司做房产生意。多种经营的模式有效地加固了《申报》的经济基础。

到了史量才时期，为了增强《申报》的影响力和知名度，也为了满足不同层次读者的需求，《申报》先后设立多种专刊、增刊及专栏；《申报月刊》、《申报丛书》、《申报年鉴》、地图等相继问世；流通图书馆、业余补习学校、新闻函授学校等一系列文化事业也蓬勃兴起。除此之外，史量才还与人在上海合办中南银行以及兴办其他实业。史量才的多元化经营为《申报》开辟了财源，提供了坚实的资本后盾。

4）树立良好的公众形象

报纸作为大众传媒，自身的形象建设尤为重要。具有公信力的报纸，才会受读者欢迎，也有利于报纸的经营。

美查时期，因《申报》初创，为了获取关注和信任，《申报》频频向外公布自己的办报方针和销量。同时，也不忘明确作为媒体的社会责任意识，在追求商业利益的同时，也加强言论。虽说是外国人办的报纸，但也主持公道，肯为中国人说话。在报道杨乃武一案的过程中，《申报》起到了舆论监督的作用，也因此增强了自己的影响力。《申报》通过这些手段，树立了自己的形象，提高了社会关注度。

史量才时期，《申报》运用更加成熟和多样的手段树立自己的公众形象。不仅创办了图书馆、学校等文化教育设施，而且在申报流通图书馆成立后，在《申报》开辟“读书指导”、“读书问答”专栏，选择读者读书中遇到的疑难问题加以解答，并以答问形式进行读书辅导。此外，《申报》内部的发展和变动，也以刊登启事的方式告知读者，并注重利用《申报》的重要纪念日，宣布报纸的方针、政策。值得一提的是《申报》体现出的尊重社会道义和关怀平民的意识：比如在收费较高的“紧要告白”广告版面中，为一些丢失幼童的贫民家庭免费刊登寻人启事等。①

① 谢丽佳、陶喜红《史量才时期〈申报〉的经营理念对当今报业的启示》，《湖北省社会主义学院学报》2002年第1期，第61页。

树立良好的公众形象并不是一蹴而就的，需要一个长期的积累过程。从美查到史量才，经过半个多世纪，《申报》已为社会公众接受和信任，这同时也推动了《申报》自身的经营。

《申报》的78年，不仅见证了中国从晚清到新中国成立的曲折历程，也记录了数量繁多的社会事件，甚至是市井琐闻。其内容在政治、经济、科学、教育、文化等各方面无不涉及，当之无愧地可被称为中国近现代史上“百科全书式”的文献资料宝库。

第二章 《申报》人物

《申报》作为中国近代影响最大的报纸，其成功离不开一代代经营管理者和兢兢业业的员工的贡献。从英商美查，到华人席子佩、史量才，《申报》经过这三代经营者的不懈努力，成长为具有广泛社会影响的报纸，也成为现代化的大型报业企业。《申报》的成功也同样离不开历任主笔和副刊编辑在报纸编辑业务上的贡献。本章将着重介绍美查、史量才、席子佩这三位《申报》的经营管理者和服务于《申报》时间最久的主笔张蕴和，以及主持改革《申报》副刊《自由谈》的黎烈文。

一、美查

美查（Ernest Major，1841—1908），英国商人，申报的主要创办者，同治初年（1861 年）来到上海经营洋布和茶叶生意。在经商之余，通晓汉语的美查感到“其时上海虽已通商，而报馆印刷诸业尚未发达”[①]，于是决定在上海创办一张中文报纸。

① 《报馆开幕伟人美查事略》，载《申报》，1908 年 3 月 29 日。

1872年4月30日，位于英租界汉口路江西路口的申报馆正式开张。取名“申报”，是因为民间以“申”字代表上海。美查认为用“申”字来冠名这张新办的报纸，使人一看就知道是在上海办的报纸。

美查夫妇像

创办伊始，《申报》就确立了明确的办报宗旨。根据生意场上的经验，美查深知中文报纸要想得以生存和发展，在内容上就必须符合中国人的要求。他提出：“所卖之报皆属卖与华人，故依持者惟华人，对国家使除其弊，望其振兴，是本馆所以为忠之正道。”[①] 正是以华人利益为考虑，美查聘任了举人蒋芷湘为总编，何桂笙为主笔，放手由他们主持笔政。

版面设计上，《申报》辟有新闻、评论、副刊与广告等栏目，基本确立了近代报刊的主要模式。美查尤其重视商业新闻和社会新闻的采访报道，在中国报界引起了广泛的反响。在美查与几位主笔的共同努力下，《申报》从形式到内容不断改进，很快战胜了其他竞争对手，销量从创刊时的600份，到美查离开时足足翻了10倍。

随着《申报》的成功，美查事业也不断扩展。除了申报馆外，点石斋印书局、燧昌火柴厂和图书集成印书局次第开办。1889年，年届50的美查功成身退，将包括申报馆在内的各企业改组为美查（兄弟）股份有限公司，售出股票后回国安度晚年。

① 《论本馆作报本意》，载《申报》，1875年10月11日。

1908 年 3 月，美查在英国病故。消息传到上海，申报馆“为之怃然者久之”，并刊登《报馆开幕伟人美查事略》一文，盛赞他为“识时务，开风气，兴实业，造时世之英雄”。[①]

二、史量才

史量才像

史量才（1880—1934），原名家修，祖籍江苏江宁县，1880 年 1 月 2 日生于上海青浦一个药材商人家庭。他从小接受传统教育，19 岁在松江应童子试中秀才，但因“冒籍”被取消功名，于是毅然放弃科举。1903 年，史量才从杭州蚕学馆毕业之后，在发展女学和实业教育的同时，积极投入当时风起云涌的政治活动。1905 年，他与黄炎培等发起组织江苏学务总会。1907 年，史量才参加了江浙两省绅商拒借外资保护路权运动。1908 年兼任《时报》主笔。辛亥革命爆发后，史量才结识了上海的革命党人陈其美等，参加响应武昌首义、谋求江苏独立的活动。

亲眼目睹辛亥革命的过程和政权的嬗变，史量才逐步看清了反动军阀争权夺利、尔虞我诈的真实面目，对革命抱着满腔热忱的他感到十分失望，从此把主要精力转向新闻事业，试图通过社会舆论力量来监督当局，激浊扬清。1912 年 9 月，史量才在张謇、赵凤昌等人的支持下，以 12 万银元的价格接办了当

① 《报馆开幕伟人美查事略》，载《申报》，1908 年 3 月 29 日。

时已亏损数年、发行量只有7000份的《申报》。

广告与发行是报纸起飞的两个轮子。为摆脱惨淡经营的局面，史量才首先致力于拓展广告业务。他起用对广告素有研究的张竹平主持经理部门，并设立了以招揽广告业务为主的广告推广科，向中外工商企业宣传广告对于促进商品销售的作用，帮助客户设计引人注目的广告文案。另外，还设立了分类广告专栏，将各种小型游艺广告拼在一起，这在我国新闻史上是一个创举。1914年，《申报》上还出现了产品的白话广告。到1915年4月，《申报》的广告版面超过了新闻、副刊的版面，达到了总版面的60%，广告收入大大增加。同时《申报》注重发行，成立报纸递送公司，将报纸递送到本埠订户手中。对于外埠订户，则采用邮局代发等形式尽量缩短递送时间，并且派人到全国征订，外埠长期订户最多时达1万户。通过这些努力，《申报》发行量不断上升，1928年发行2万号时，销量已超过14万份，报纸的盈利也达到每年10万元以上。

有了资金的支持，史量才则注重更新技术设备，致力于报业现代化。为改变《申报》原有的条件极为简陋的馆舍及落伍的设备，1918年他投资70万元在望平街三马路拐弯处新建了一座五层大厦作为申报馆的馆址，并从美国购进两台新式印刷机投入生产，其速度与4台普通印刷机相当，可同时印报18张，每小时印报3万余份。其他如铸字机、纸版机、铅版机、制铜版机和锌版机等亦全部加以更新，使《申报》成为当时全国设备最新、最完善的报纸。1921年11月，英国报界泰斗、《泰晤士报》的主人北岩勋爵来到中国，惊叹世界上唯有《申报》及《泰晤士报》有此现代化的规模与气势。

在改善技术设备、创新经营理念的同时，史量才锐意改革编辑部门工作。在与国内外新闻界人士的接触中，史量才了解到新闻就是报纸的生命。因此，接管《申报》后，他采取了一系列措施进行业务上的改革。首先，设立专职记者和专职编辑，

申报馆旧屋

申报馆新楼（1918 年）

申报馆制造照相铜版锌版室

申报馆铸字室

聘请特派员，并开始派出驻外记者。如1912年聘用黄远生为《申报》驻北京特派员，1913年聘请著名报人陈景韩为总主笔；1916年，著名报人邵飘萍回国，被先后聘为主笔、驻京特派记者，为《申报》采写了大量专电。他写的“飘萍北京特别通讯”，内容丰富，脍炙人口，成为各报效法的榜样。其次，在编辑业务和编排方法上进行重大改进。史量才向《新青年》学习，在《申报》上开辟了通讯栏，回答读者提出的问题，开展生动的讨论，体现了百家争鸣的精神；“五四”运动后，增设了“专栏新闻”，把同类新闻编辑在一起，方便专业读者阅读，很受欢迎；采用新标题法，使用多行题、眉题、主题、副题等，有时还用多层副题；在标题制作上也出现了很多花样，如字号分大小、讲色彩、有层次、分虚实、加花边。为了吸引更多的读者群、扩大影响，史量才还增办各类副刊。1919年出版《星期增刊》、1920年开设增刊《常识》、1921年创办《汽车增刊》。值得一提的是，1928年聘请进步作家黎烈文任副刊《自由谈》主编之后，连续刊登了茅盾、巴金、郁达夫、鲁迅等著名左翼作家的文章。仅1933年1月至1934年8月，就发表了鲁迅140多篇战斗性很强的杂文，使《自由谈》一度成为反国民党文化围剿的重要阵地，吸引了众多读者的关注。每逢“双十节”与新年，还必定出增刊。1922年在创刊50周年时，隆重推出了历时一年时间编纂、规模达百万字的《申报》50周年纪念册——《最近之五十年》，该书堪称“百科全书式的年鉴”。1933年起，又开始编印《申报年鉴》，这些更加扩大了《申报》在报界的影响。

在史量才的锐意改革、苦心经营下，进入20世纪20年代后，《申报》的发行量急剧上升，读者面不断扩大。以《申报》为基础，史量才不断拓展业务范围：1921年与南洋侨商合办中南银行；后又集股创办民生纱厂；帮助扩大五洲药房；协助复兴中华书局；1927年接办《时事新报》，之后购得其全部产权；1929年从美商福开森手中收购《新闻报》大部分股权，使《申报》一跃成为上海乃至中国新闻界最大的报业集团，史量才本人也成为当时中国最大的报界企业家。

就在史量才和《申报》事业如日中天的时候，“九一八”事变爆发了，这一事件不仅改变了中国社会的历史进程，同时也改变了史量才的办报思想。《申报》素以“公正报道，不偏不倚”自诩，表现为：“国家人事很少触及，专谈小问题，而且文笔曲折，兜圈子，耍笔头，不伤脾胃，不管痛痒，有人比之为《太上感应篇》。”① 史量才接手办报之后仍然主张“无偏无党”、“经济独立”、“以报传史”，他认为：“日报者，属于史部而更为超出史部之刊物也。”今天的新闻，即是明天的历史。客观、真实地记载今天所发生的事，就是为明天保存信史。因此他主张用治史的态度办报，以对历史负责的精神来报道新闻。在“以报传史”的思想指导下，史量才接手《申报》之初，便做了一件对后世功德无量的事情——斥巨资从一名老读者手中收购完整保存的前 40 年的旧《申报》，为以后的新闻史研究留下了珍贵的史料。“九一八”事变后，史量才认识到，不争取言论自由，报纸是没有出路的，加上进步人士对他思想的影响，他开始倾向革命。在继续推进报社经济独立的同时，他将重心逐渐转向社会效益。他告诫报社同仁：“人有人格，报有报格，国有国格。三格不存，人将非人，报将非报，国将不国！”由此《申报》的风格也转向以“传达公正舆论，诉说民众痛苦”为己任。②

在史量才的主持下，20 世纪 30 年代初的《申报》俨然成为了宣传抗日和进步力量的喉舌。1931 年 12 月，在蒋介石被迫下野前秘密杀害了国民党左派领袖邓演达后，宋庆龄义愤填膺，撰写了《宋庆龄为邓演达被害宣言》。她认为，“国民党已经不是一个革命的集团”，对蒋介石的暴行更予以了严厉谴责和抗议。史量才得知此事，认为如果上海各日报同时刊发，影响会更大，

---

① 胡太春《中国近代新闻思想史》，山西人民出版社 1987 年版，第 263 页。
② 徐培汀、裘正义《中国新闻传播学说史》，重庆出版社 1994 年版，第 237—238 页。

于是他便以上海日报公会会长身份连夜召开会议。在史量才的说服动员下，除《民国日报》外，12 月 20 日上海各日报都在显著位置发表了这篇宣言。次年，宋庆龄、蔡元培、杨杏佛等在上海发起成立“中国民权保障同盟”。在与宋庆龄、杨杏佛、陶行知等爱国民主人士的频繁接触中，史量才迸发出强烈的民族情感和爱国精神，思想日趋激进。他冲破新闻封锁，顶住国民党当局施加的种种压力，在《申报》上发表民权保障同盟的宣言和各方函电，对其活动进行全方位跟踪报道。《申报》不仅大力宣传抗日救国，反对妥协退让，而且敢于抨击时弊、揭露当局的黑暗统治，成为反对内战、反对蒋介石独裁统治、要求实行民主的阵地。1932 年 6 月，蒋介石对中央苏区发动第四次“围剿”。史量才和宋庆龄、黄炎培等商谈后，于 6 月 30 日、7 月 2 日、7 月 4 日在《申报》接连发表了一论、二论、三论《剿匪与造匪》，严正指出“举国之匪，皆黑暗之政治所造成”，“所谓匪，何莫非我劳苦之同胞，何莫非我饥寒交迫求生不得之良民”，“政治不清明，民生不安定，虽十次武力围剿，亦必无功，此为定理，绝无可疑”。

面对《申报》鲜明的反对态度，国民党当局感到莫大的恐慌。国民政府设立新闻检查所，给各报派员督导，唯史量才坚拒不纳。而由于三论《剿匪与造匪》的发表，1932 年 7 月至 8 月，《申报》被蒋介石以“危害党国”为由手令禁止邮递达 35 天之久。硬的不行，趁着在南京合影之际，蒋介石找史量才谈话，威逼说：“把我搞火了，我手下有 100 万军队。”史量才则回敬说：“我手下也有 100 万

史量才遇难照

读者，我们也不敢得罪。”在各项威逼利诱均告无效后，蒋介石终于下决心要除掉史量才。1934年11月13日，当史量才乘自备汽车由杭州返回上海途中，经过海宁县翁家埠，突然遭到军统特务的暗杀。一代报业巨子就这样以自己的鲜血染红了《申报》。[1]

三、席子佩

席子佩（？—1929），名裕福，字子佩，江苏青浦朱家角（今属上海）人，祖籍江苏吴县洞庭东山，清末买办。其兄裕祺，字子眉，两人皆精通英语。

同治十一年（1872）美查创办《申报》时，席裕祺任经理。当时各省筹办水旱赈捐，以申报馆为收集捐款的集中点，款项达数万之巨。席裕祺负责出纳，账目清楚，无一差错，因而声誉卓著。席裕祺病故前，推荐席子佩继任经理。

宣统元年（1909），席子佩出资购买申报馆，《申报》从此由中国人掌握，席子佩也成了中国人自己办报的先驱。彼时，《新闻报》由美国人福开森接办，与《申报》竞争激烈，其发行量逐渐超过《申报》。1912年，席子佩将《申报》转让给有办报经验的史量才。席子佩卖出《申报》后很懊悔，1915年聘请律师向法院起诉，称卖出的是报馆产业，而《申报》报名并未卖与史量才，因此史不得以“申报”名称出版报纸。结果史量才败诉，不得不付给席子佩245000元，作为承购商标的费用。[2] 席子佩用这笔钱于1916年冬另创办《新申报》，但只办了一年多，就因经营不善而亏蚀停歇。

---

① 转引自庞荣棣《史量才：现代报业巨子》，上海教育出版社1999年版，第213—220页。

② 李文绚《报章血痕》，福建人民出版社1999年版，第113页。

1919年，席子佩举家迁回朱家角，创办珠安轮船公司，开辟朱家角至安亭的航线，衔接京沪铁路，便利商贾往来。此外还在井亭港开阜永碾米厂。1929年病逝于朱家角。[①]

四、张蕴和

张蕴和像

张蕴和（1872—1940），名葆元，字蕴和，笔名默，以字行，上海松江人，曾任《申报》总主笔。

张蕴和16岁中秀才，其后入读江阴南菁书院，学行兼优，担任斋长。后来被保送至京师大学堂学习。因科场失意，他转求新学。早年任教于中学，曾赴日本考察教育，回国后将所得资料供创办松江府中学堂作参考。

张蕴和服务《申报》最久，前后共计35年（1905年春—1939年冬）。[②]初任编辑，后任副总主笔，与总主笔陈景韩轮流写“时评”，并称“松江两支笔”。张为文谨慎，以稳健著称，“所作评论思想进步，事理通达，言辞恳切，深入人心，读者感动，笔名‘默’字，为世传诵”[③]。陈景韩辞职后，1930年，张蕴和升任总主笔。“九一八”事变后，张蕴和所写时评，站在抗日立场表达民意。1937年冬，上海沦为“孤岛”后，日伪方面提出要作新闻检查，张蕴和与《申报》的其他主持人一直表示拒绝，《申报》停刊。1938年10月，《申

① 关于席子佩的生平资料，参见上海市地方志办公室编《上海名镇志》，上海社会科学院出版社2003年版，第458页。

②③ 徐忍寒《申报七十七年史料》，第57页。

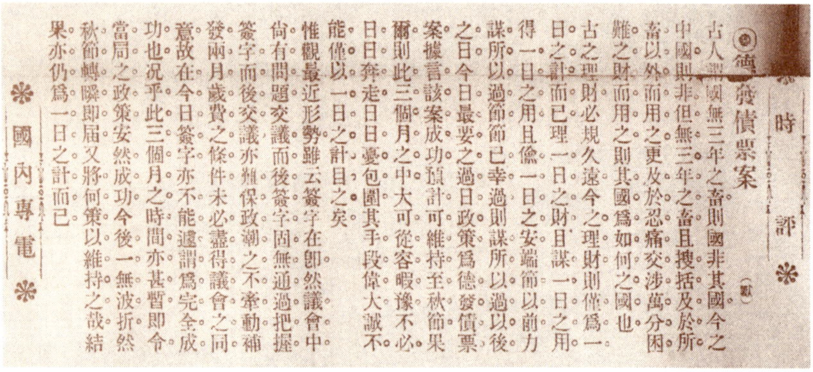
時評
◎德發債票案（默）
古人謂國無三年之畜則國非其國今之中國則非但無三年之畜且搜括及於所畜以外而用之更及於忍痛交涉萬分困難之財而用之則其國爲如何之國也
古之理財必規久遠今之理財則僅爲一日之計而已理一日之財且謀一日之用得一日之用且偷一日之安端節以前力謀所以過節節已幸過則謀所以過以後之日今日最要之過日政策爲德發債票案據言該案成功預計可維持至秋節果爾則此三個月之中大可從容暇豫不必日日奔走日日憂包圍其手段偉大誠不能僅以一日之計目之矣
惟觀最近形勢雖云簽字在即然議會中尚有問題交議而後簽字固無通過把握簽字而後交議亦難保政潮之不牽動補發兩月歲費之條件未必盡得議會之同意故在今日簽字亦不能遽謂爲完全成功也況乎此三個月之時間亦甚暫即令當局之政策安然成功今後一無波折然秋節轉瞬即屆又將何策以維持之哉結果亦仍爲一日之計而已
國內專電

张蕴和时评

报》改挂美商哥伦比亚公司招牌复刊，美国人阿乐满任总主笔，张蕴和改任副总主笔。1940 年张蕴和去世。[①]

五、黎烈文

黎烈文像

黎烈文（1904—1972），又名六曾，笔名李维克、达五、达六等，1904 年 5 月出生于湖南湘潭县城。15 岁初中毕业后去上海，考取上海商务印书馆编译所书记员，从事誊抄、整理和校对文稿的工作。1921 年夏，任厦门大学校长秘书。翌年回到商务印书馆，任古籍部助理编辑。1926 年留学日本。1927 年回国，后又留学法国。1928 年初，考入第戎大学文学院，后又入巴黎大学研究院，专修法国文学和比较文学，获文学硕士学位。

① 上海市松江县地方史志编纂委员会编《松江县志》，上海人民出版社 1991 年版，第 1032 页。

1932年春，黎烈文学成回国，任法国哈瓦斯通讯社上海分社的法文编辑。同年12月，应史量才之聘，任《申报》副刊《自由谈》主编。他锐意创新，大胆改革，将鸳鸯蝴蝶派所编的单纯追求“猎奇”、“消遣”的趣味性和颓废倾向的文学副刊，改革成为新文学的副刊，积极宣传民主主义和爱国主义思想，针砭时弊。在他的邀约下，郁达夫、林语堂、赵家璧、鲁迅、茅盾、巴金、陈望道、叶圣陶等相继加入了《自由谈》的作者队伍。他和鲁迅成了忘年的莫逆之交。在他的主持下，《自由谈》一跃“成为新文学运动的一座灯塔”[①]，成为当时具有广泛影响的报纸副刊。《自由谈》对时局的大胆干预，引起国民党上海市特别党部的忌恨。1934年5月他被迫辞去《自由谈》主编职务。

在鲁迅和茅盾的帮助下，黎烈文加入了译文社，从事外国文学的翻译介绍工作。1936年，他创办了以发表杂文、散文为主的半月刊《中流》。抗日战争爆发后，他回到湖南湘潭。后去福建，任省教育厅中等学校国文科视导员。次年，福建省政府在战时省会永安创办改进出版社，黎烈文任社长兼编辑部主任，并任省政府参议。他主持出版社先后创办了综合性的《改进》半月刊、《现代文艺》、《现代青年》和《现代儿童》月刊，以及《战时民众》、《战时木刻画报》等；还出版了《改进文库》、《现代文艺丛刊》、《世界名著译丛》等丛书。一时之间，福建成了抗日时期文化工作搞得十分出色的地区之一。1946年春，应台湾省省长陈仪之邀，黎烈文赴台任《民生报》副社长兼总主笔。1947年起，任台湾大学文学院西洋文学系教授，执教二十余年。1972年10月31日在台湾病逝。[②]

① 康咏秋《论黎烈文的民主爱国思想》，《湖南科技大学学报（社会科学版）》2008年第5期，第97—101页。

② 参见中共湖南省委党史研究室、湖南省中共党史人物研究会编著《二十世纪湖南人物》，湖南人民出版社2001年10月版。

第三章 《申报》与中国新闻史

《申报》作为我国近现代办刊时间最长的中文报纸，纵贯晚清与民国两个风云变幻的历史时期。这是中国面临最大历史变革与社会变迁的时代，新闻出版事业在其中也经历了从草创到不断发展与成熟的阶段，扮演了社会发展的见证人与记录者的角色。因此，《申报》作为这一时期影响最大的中文报纸，其成长的过程正是近代中国新闻史的缩影，它真实地写照了中国近代报纸的成长与变迁，它的一系列创新为中国报纸的编辑与经营积累了重要经验。同时，《申报》在经营过程中也经历了一系列中国近现代新闻史上的重大事件。在此，择其历史片断予以介绍。

一、《申报》首创的新闻传播形式

《申报》被载入新闻发展史册，不仅因为它是中国近代存在时间最长、影响最大的报纸，更重要的是《申报》开创了许多新颖的新闻传播形式。

1. 最早连载长篇翻译小说

报纸是以刊载新闻和时事评论为主的定期向公众发行的印刷出版物，是大众传播的重要载体，具有反映和引导社会舆论的功能。报纸最重要的功能在于传播新闻消息。因此，后来出现的用文学体裁反映社会的、文艺色彩较浓的固定版面，因区别于报纸的本体功能而被称为“副刊”。报纸有各种各样的副刊，但早期以文学副刊为主，内容主要是旧体诗词、小说、笔记等。

报纸连载小说这种形式，可以说是中国报纸副刊的一种传统，甚至可以说中国近代小说的兴起得益于报纸副刊。19 世纪末 20 世纪初的中国是以报纸为中心的文学时代，绝大多数小说家都亲自创办或参与编辑报纸的文学副刊。当时的长篇小说几乎都以连载形式出现，连载小说也几乎涵盖了当时小说所有的题材：言情、社会、武侠、侦探等，品类齐全，注重审美，同时淡化文学的功利性，广泛地采用和实验西方的写作技巧。连载小说在“五四”前可以说是独踞文坛中心，报纸成为小说传播的重要渠道。[①]夏敬渠的长篇白话小说《野叟曝言》在《字林沪报》上的成功连载，开了长篇小说连载的先河。[②]《申报》则连载了中国近代第一部真正意义上的翻译小说——《昕夕闲谈》。

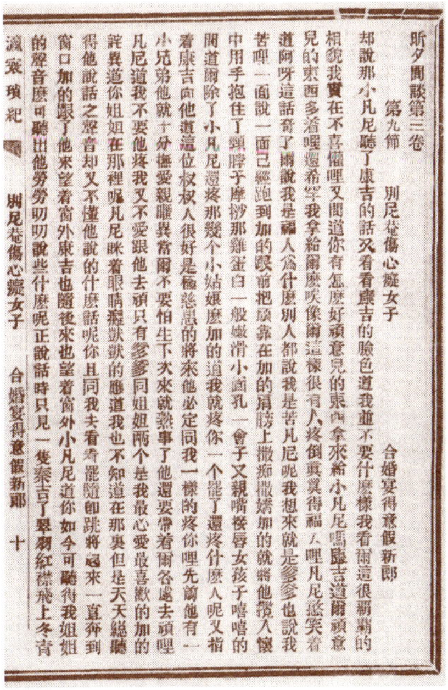
昕夕閒談第三卷
第九節　別尼巷傷心癡女子　合婚宴得意假新郎
却說那小凡尼聽了康吉的話又看看康吉的臉色道我並不要什麼樣我看爾這很覉覉的相貌我實在不喜愛哩又聞道你有怎麼好頑意兒的東西拿來給小凡尼嗎康吉道爾頑意兒的東西多着喔還希罕我拿給爾麼咲像爾這樣很有人疼倒真真得福人哩凡尼茲笑着道阿呀這話奇了爾說我是福人爲什麼別人都說我是苦凡尼呢我想來就是爹爹也說我苦哩一面說一面已經跑到加的跟前把頭靠在加的肩膀上撒痴撒嬌加的就將他攬入懷中用手抱住了頸脖子摩挱那雞蛋白一般嫩滑小面孔一會子又親嘴褒辱女孩子嘻嘻的鬧道爾除了小凡尼還疼那幾个小姑娘麼加的道我就疼你一个罷了還疼什麼人呢又指着康吉向他道這位叔叔人很好是極慈悲的將來他必定同我一樣的疼你哩先爾他有一小兄弟他就十分撫愛親暱異常爾不要怕生下次來就熟事了他還要帶着爾各處去頑哩凡尼道我不要他疼我又不愛跟他去頑只有爹爹同姐姐兩个是我最心愛最喜歡的加的詫異道你姐姐在那裡喔凡尼眯着眼睛癡獃獃的瞧道我也不知道在那裏但是天天總聽得他說話之聲音却又不懂他說的什麼話呢你且同我去看看罷隨即跳將起來一直奔到窗口加的跟了他來望着窗外康吉也隨後來也望着窗外小凡尼道你如今可聽得我姐姐的聲音麼可聽出他勞勞叨叨說些什麼呢正說話時只見一隻秦吉了翠羽紅襟飛上冬青
瀛寰瑣紀　別尼巷傷心癡女子　合婚宴得意假新郎　十

《昕夕闲谈》书影

① 颜琳《报刊的出现与连载小说的兴起》，《怀化师专学报》2000 年第 3 期，第 62—66 页。
② 方维保《论报纸副刊连载体式与张恨水小说章回体选择的关系》，《池州学院学报》2011 年第 1 期，第 5—9 页。

1872 年 11 月，申报馆出版发行我国最早的文艺期刊《瀛寰琐纪》。从 1873 年第 3 期始至 1875 年第 28 期停刊，《瀛寰琐纪》逐月连载《昕夕闲谈》，每期以章回小说的形式刊载 2 节，共 52 节。1875 年底，申报馆增加了 3 节后出版了《昕夕闲谈》的铅印单行本。这是我国报纸最早连载的长篇翻译小说，也是国人翻译的第一部外国长篇小说。

《昕夕闲谈》以英国的破落子弟、私生子康吉为主人公。康吉的父亲非利原为世家子弟，他爱上了商人的女儿爱格，为继承权的问题两人私奔，生了康吉。15 年后，非利的叔父去世，非利获得了继承权，成了百万富翁。后在一次骑马中受伤，其家产被他的弟弟罗把侵吞，康吉因此也由巨富变成了破落户和身世不明的私生子。小说以破落子弟康吉为中心，描绘了伦敦和巴黎污浊、丑恶的社会现实，揭示了资本主义社会的黑暗以及道德的沦丧。最后以康吉与法国贵夫人美费儿缔结异国姻缘结束。

《瀛寰琐纪》在开始刊载小说的同时，在第三期发表了《〈昕夕闲谈〉小叙》一文[①]。文中提到该书原为英国大名士所作，可是没提到作者或小说的名字，译者只署笔名“蠡勺居士”。据韩南考证，《昕夕闲谈》的原作系 19 世纪英国作家利顿（Edward Bulwer Lytton）的《夜与晨》（*Night and Morning*），原小说于 1841 年在伦敦刊出，《昕夕闲谈》只译了原作 68 节中的 33 节。[②]

至于译者“蠡勺居士”的身份，一直是我国译学界的一个谜团。大多数学者推论“蠡勺居士”即曾经担任《申报》早期主笔的蒋芷湘。[③]

---

① 申报馆编《瀛寰琐纪》，1873 年第 3 卷。
② 韩南《中国近代小说的兴起》，上海教育出版社 2004 年版，第 103—108 页。
③ 刘镇涛《试探〈昕夕闲谈〉的译者身份》，《华侨大学学报（哲学社会科学版）》2009 年第 1 期，第 110—115 页。

2. 开中国报纸号外先河

号外,《辞海》的解释是:“定期出版的报刊,在前一期已出版,下一期尚未出版的一段时间内,对发生的重大新闻和特殊事件,为迅速及时地向读者报道而临时编印的报刊,因不列入原有的编号,故名。”报纸号外应该具备三个要素:一、内容必须是重要新闻或特殊事件;二、应在两期之间临时出版;三、无编号。在报界,号外有着“世界风云变化的缩影,重大历史事件的明镜”之美誉。在我国,中文报纸的第一份“号外”,是《申报》1884年8月6日下午7点发出的,报道的是中法战争的情况。[①]

据史料记载,1883年中法战争爆发,为了获得更准确的战地新闻,《申报》雇用了一个俄国人前往越南,到法国军营中去探访消息,再发电报到香港,经厦门传到上海。1884年8月5日,法国进攻基隆炮台。当时上海风传法国舰队正在福州外港集结准备向中国南洋海军开火,人们盼望获得确切消息。8月6日下午6点30分,《申报》特派记者从福州发来有关此消息的快电,电文为“驻榕法舰尚无动静”。可是当天的《申报》已出完,为应急,报馆只得于晚7点将这条电文用传单的形式印出,题为《驻榕法舰尚无动静》,列在报纸的正常编号之外。这就是中文报纸最早的“号外”。

从那时起,为了争取时效、抢先发布最新消息,《申报》又发出了许多以报道战事为主的“号外”。仅仅在1884年8月法军进犯基隆到1885年6月中法在天津签订《中法会订越南条约》这不到一年的时间里,《申报》就发行过十几份号外,及时向国人通告中法战争的战况。[②]

《申报》开中国报界号外先河,从此,遇重要的突发事件出版“号外”在报界成为了一种风气。

---

① 陈祖声、夏晓林、王凤超《也谈号外的来历》,《新闻研究资料》1980年第3期,第115页。

② 李贞刚《〈申报〉百年号外见证中法福州马尾海战》,《收藏》2009年第3期,第122—123页。

3. 首先派遣驻外记者

《申报》从创办之始就非常重视报纸稿件与新闻的来源。第一次征求新闻稿件的启事以骈四俪六的形式登于《申报》，希望“鸿儒硕彦”为《申报》写稿。创刊一个月后，再次刊登了题为《采访新闻启》的征求新闻广告。[1]之后，《申报》在上海之外陆续实行了通讯员新闻提供制。《申报》创刊后的三年里，在北京、南京、苏州、杭州、武昌、汉口、宁波、扬州等处招请“访员”，负责新闻采访事宜。1875年6月，为了增强外地通讯员的阵容，扩大信息源，在半个月中连续登了6次广告，征募“访员”。这些中国早期的新闻记者在当时被称为“访员”、“访事”和“华友”。称“华友”是因为《申报》系外国人所办，将中国的通讯员称为《申报》的友人也是一种友善之称。

除国内各大城市的记者外，《申报》还有派遣到国外进行新闻采访的驻外记者，因此，《申报》的新闻报道中具有独家采访国外消息的内容。这种超越时人的新闻采访意识在晚清中国新闻史上十分难得，因此，有学者认为“《申报》是我国最早派遣驻外记者的一家报馆”[2]。如据《申报》1882年9月23日刊载的消息，当时朝鲜发生了“壬午政变”，中日两国都派兵入朝，清军在朝平息了兵变，驻外记者将此消息连续发回《申报》刊登。《申报》1886年7月17日刊有“本馆派驻长崎访事人……已历有年也”之语，由此可见，《申报》在日本长崎也有常驻记者。

4. 第一份石印时事画报《点石斋画报》

1884年5月8日，《点石斋画报》创刊，该报因由申报馆的点石斋印书局（又称点石斋画室）印刷而得名，每月上中下旬各出印一次，具有典型的旬刊性质，每期皆为线装，8页9图，随

---

① 见1872年5月28日《申报》。
② 叶再生《中国近代现代出版通史》第一卷，华文出版社2002年版，第214页。

《申报》附送，不另外收费，若单独零售，则售洋五分。《点石斋画报》是中国近代创办最早、发行时间最长、内容最丰富、影响最大的石印画报，停刊于1898年9月，前后历时15年，共刊行新闻图画4653幅。[①]

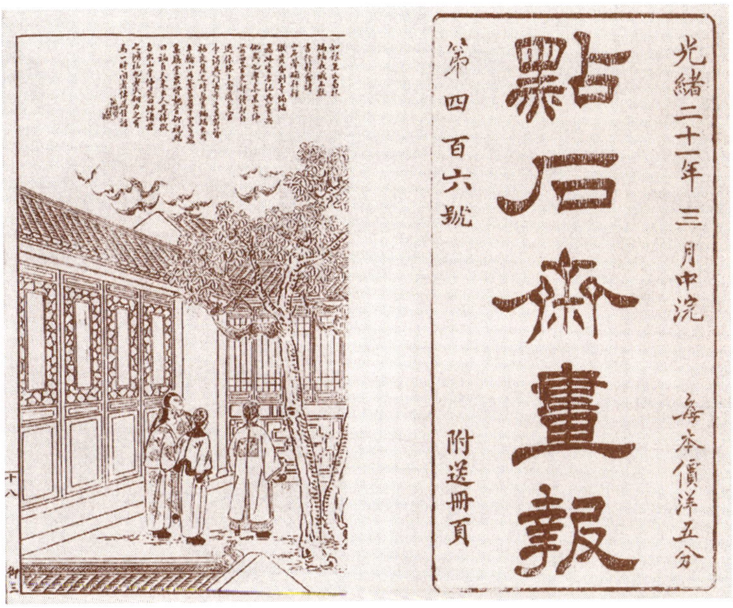

《点石斋画报》书影

《点石斋画报》的创刊缘于1883年中法战争爆发的刺激，其时，“好事者绘为战捷之图，市井购观，恣为谈助”[②]，具有商业头脑的美查敏锐地看到了商机。美查了解西洋事物，又了解中国普通读者的欣赏口味，也了解当时中国社会的变化，他大胆起用擅长书画的华人雇员，汇成了一个以吴友如为首的较大规模的画工团体。

《点石斋画报》以吴友如为主绘。吴友如（？—1894），江苏吴县人，早年就寓居上海，善画人物。其他参与画报绘制的人有：金蟾香、周慕桥、张志瀛、周权香、顾月洲、田子琳、金

① 杨丽君《〈点石斋画报〉晚晴社会缩影》，《出版史料》2010年第2期，第116页。
② 尊闻阁主人《点石斋画报缘启》，《点石斋画报》第1号，1884年5月8日。

桂生、马子明、符艮心、何元俊等。《点石斋画报》的图画，全部采用工笔画形式，同时吸收了西洋透视法写真，形成了非常独特的中西合璧的绘画风格，线条简练，苍劲传神，极为精细，人称“时事风俗画派”。画中的人物表情非常生动，各具特色，而建筑、景物、器具陈设、人物服饰等，都很写实。《点石斋画报》的画风，对后世的年画、连环画影响很大。

《点石斋画报》的市场定位，是针对粗识文字的中下层民众及妇孺之流，一经面世，就很受大众欢迎，老幼妇孺都很爱读。它的成功与其鲜明的刊物特色密切相关。

首先，《点石斋画报》采用“图主文辅”的体式，扩展了阅读公众。图画在画报中占据主导地位，同时配以简短扼要的文字说明，以辅助读者全方位地理解图画所传达出的信息。同时，主办者尊重中国读者的兴趣和习惯，如画面上方仿照传统中国画题跋的形式，写有文字报道，并且在文后有画师题名和钤印，画报的纪历也采用了中国的传统纪历。《点石斋画报》实际上提供了一种为当时的国人熟悉和容易接受的文化视野框架。

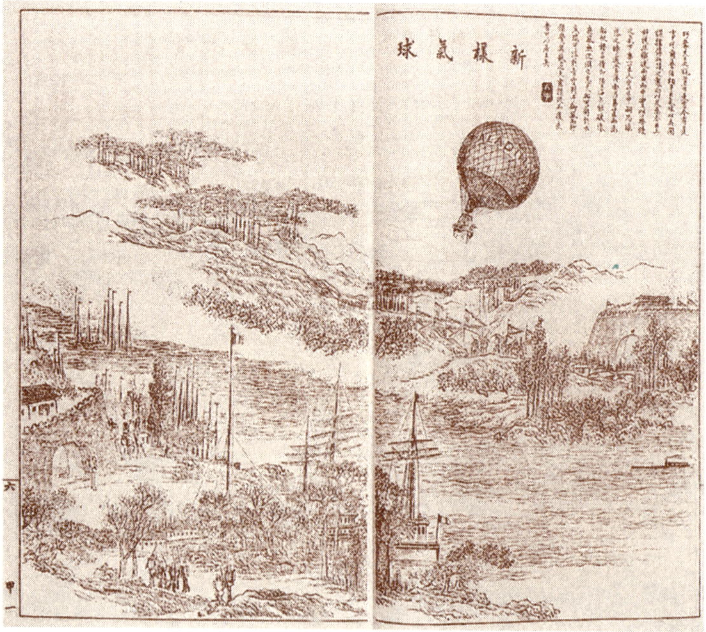

《点石斋画报》书影

其次，《点石斋画报》的题材极为丰富，涵盖帝国主义侵略和中国军民的反抗、清末统治者的腐败、民间疾苦、上海市民生活百态、民间传说故事以及世界大事、域外风情等，非常吸引眼球，雅俗共赏。大致而言，“奇闻”、“果报”、“新知”、“时事”四者，共同构成了《点石斋画报》的主体。[①] 一、以网罗奇闻异事为着眼点，满足了民众的猎奇心理。画报中各种怪诞奇异之说达三四百幅之多，如《小孩捕贼》、《蛇破小匪》、《斗睡奇谈》、《泼酒灭火》等，许多故事带有寓言性质，也有借奇异之事慨叹世风日下之作。二、用劝惩教化特色迎合时人的文化心理。如《丰隆击恶》、《道殊无道》等，借鬼神迷信、因果报应之说戒人作恶、劝人为善。三、热衷于介绍各类“新知”，如火车、军舰、巨炮、脚踏车、电话、电灯、望远镜等，图像的冲击力远远大于文字，让时人对西方物质文明有了直观的认识。四、用图画翔实生动地报道时事热点，中法战争期间对战事的相关介绍有数十篇之多，如《力攻北宁》、《基隆惩寇》、《法犯马江》、《吴淞形势》、《练军入海》等，与当时民众反抗外来侵略的社会形势相符合，迎合了民众的爱国心理。

《点石斋画报》虽然只存在了短短 15 年，但为我们保留下了晚清社会大量真实的形象图画资料，是晚清社会的缩影，也是反映当时社会生活的生动画卷。

5. 第一条战地通讯

《申报》自创刊起，对新闻的采访报道工作就相当重视。为实现其“欲将中国境内各紧要消息采录无遗”的目标，仅用 3 年多时间就已经在北京、南京、杭州等全国各大城市特约记者，及时报道当地新闻。

1874 年 6 月，日本借口台湾“生番”（当地土著居民）杀

① 王立璋、顾旭娥《雅俗共赏的〈点石斋画报〉》，《山西师大学报（社会科学版）》2007 年第 4 期，第 132—135 页。

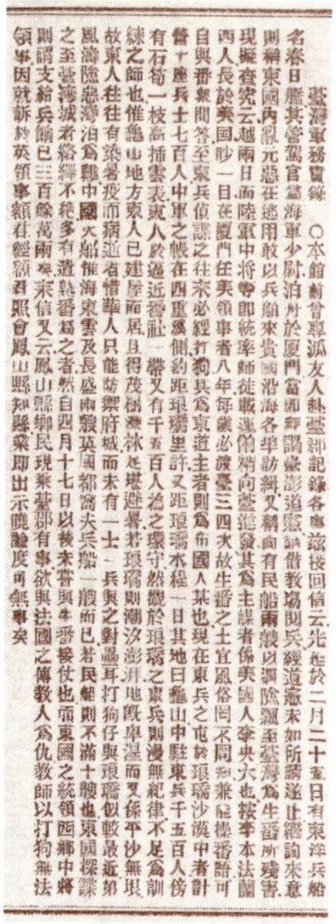
臺灣軍務實錄

第一条战地通讯　　第一条电讯新闻

戮琉球人及日本人，发兵进攻“番社”。面对这样一次重大政治事件，由于尚未在台湾建立记者站，于是《申报》特派记者前往当地进行采访。7月22日，申报以“台湾军务实录”为题刊载了该记者发回的报道。虽然由于当时通讯条件的落后，这条消息在时效性上有所欠缺，但记者深入战斗前线还是破天荒头一回，因而这也成为中国报纸上刊载最早的一条战地通讯。

6. 第一篇电讯新闻

电讯新闻即利用电报来传递的新闻稿件，是随着近代邮电交通事业的发展而产生的。在这方面《申报》也是起步最早的。

1881年12月上海至天津间的有线电报开通，《申报》即“不吝重资与津友订定请将每日京报上谕旨由中国新建设之电报局传示”[①]。1882年1月16日，《申报》刊出驻京记者由天津拍来的一条清廷查办一名渎职官员的电报消息。从时效性来看，这条消息出自光绪七年十一月二十三日（1882年1月12日）上谕，二十五日晚由天津电报传到上海，二十七日即见于《申报》。这比以前北京的消息要七八天乃至半个月才能传到上海，已经是瞬息千里了。此后随着国内各条电报线路的逐步开通，报纸上电讯新闻的使用也就越来越普遍了。

---

① 《本馆告白》，载《申报》，1882年1月16日。

7. 第一张通俗报纸——《民报》

《申报》创刊初始为迎合上海市民口味，聘用举人、秀才为主笔，针对市民切身利益的一些问题发表了不少社论，对某些不合理的社会现象进行了揭露，“美查虽为英人，而一以营业为前提。谓‘此报乃与华人阅看’，故于言论不加束缚。有时且自撰社论，无所偏倚是其特色”[①]。《申报》立足为普通市民服务，赢得了一定的市场份额。

鉴于《申报》上的文章不易为粗识文字者所理解，创办人美查在取得盈余后决定另创新报，用浅显易懂的文字撰述新闻报道，使稍识文字的人也能看懂，进一步做到雅俗共赏，并以此提高《申报》销售量。1876年3月30日，申报馆添创了通俗性新闻纸——《民报》（两日刊），由蔡尔康和沈毓桂执编。该报采用通俗文字撰写，每句之末都空出一格，用直线或点线标写在文字右侧，以区分人名或地名。这是我国最早的一份通俗报纸。

《民报》创刊时，《申报》自1201期（1876年3月28日）至1211期（1876年4月7日）曾为它连登10天启事，最早的《招人代售新报》可能未引起市场关注，后《申报》重撰启事《新出新闻报招人代为分售》，发刊告曰：“本馆兹将增出一报，欲请人代为发卖。此报专为民间所设，故字句俱如寻常说话。每句及人名、地名尽行标明，庶几稍识字者便于解释。每逢礼拜二、四、六发一张，在本埠仅取价钱五文，外埠六文，今于初五日即礼拜四就可出售。第一日奉送不取价钱。如有在上海欲承办代卖者，请来本馆面议。”[②]

《民报》出版后，上海《字林西报》即刻作出反应，撰文介绍：“我们已看到申报馆印行的一种新报的创刊号，它名叫《民报》，此报的特点是用通俗文字写的，而力求读者易于了解其内

① 戈公振《中国报学史》，第78页。
② 《新出新闻报招人代为分售》，载《申报》，1876年3月30日。

涵……只消读过两年书的华人，便能阅读此报，而其定价取铜钱五文，当能深入《申报》所不能达到的阶级如店员劳工之类。该报隔日发行一次。”①

然而《民报》的问世并未赢得下层市民的追捧，这份报纸虽能由粗识文字的人来阅看，但这类人在当时社会疲于为衣食奔命，还无暇顾及读报。为进一步宣传《民报》，鼓励大家去买报，《申报》又于1876年5月19、20日刊出题为《劝看民报》的启事：

> 本馆近于《申报》外复增设《民报》，间日一发，在本埠每纸五文。此原非为文人雅士起见，只为妇孺佣工粗涉文理者设也。盖人之心思虽无忧绌，人之学问究有浅深，设尽以风华典赡之辞……务使措辞宁质而无文，论事宜显而弗晦。俾女流童稚以及贩夫工匠辈，皆得随时循览以扩知识而增见闻……愿凡为家长者日购一纸置诸案头，以使家人取阅，妙在所费无多，每月统核不过大钱六十五文，价廉而功倍，则亦何惜此区区耶！此布。

《民报》是中国新闻史上的第一份通俗话报刊，有“白话报之祖”之誉②。它可以被看作是中国报刊由文言过渡到白话的最初尝试，但由于当时通俗报刊未成气候，销量很少，该报问世没过多久即告停刊。“它的出现标志了早在19世纪70年代，就已经有人进行把白话运用于新闻评论和报道工作的尝试，使报纸的读者范围扩大到社会的底层，在一定程度上反映了近代报刊业务的改革和经营管理思想的发展，开创了中国近代社会大众阅读报风习的影响。”③

① 胡道静《报坛逸话》，世界书局1940年版，第86页。
② 胡道静《报坛逸话》，第87页。
③ 方汉奇《中国新闻事业通史》第一卷，第785页。

二、《申报》新闻报道中的重大事件

在《申报》的历史上，不仅有对重大新闻事件的连续报道，如“杨乃武案”，也有因新闻报道本身的问题而引发的事件，如郭嵩焘与《申报》的纠纷。这些都是在《申报》发展过程中特别值得一提的。

1．中国首次连续性重大新闻报道——杨乃武冤狱案

1）《申报》在晚清报刊中崛起

《申报》创办之初即表示：“凡国家之政治，风俗之变迁，中外交涉之要务，商贾贸易之利弊，与夫一切可惊可愕可喜之事，足以新人听闻者，靡不毕载。”[1]美查也明确表示，办该报的宗旨为“对国家使除其弊，望其振兴。”[2]因此，《申报》非常重视新观念的论说，直面现实社会，敢于揭露封建社会的黑暗面，抨击清政府的腐朽统治制度。在国内轰动一时的杨乃武冤狱案中，《申报》谨遵其办报宗旨，发表的新闻、评论等形成了强大的舆论攻势，得到了社会的广泛响应，最后促成了冤案平反，其在社会舆论监督上发挥了相当大的作用。对重大案件的成功报道，也使刚创办不久的《申报》发行量大幅上升，在中国报刊史上站稳了一席之地。

2）《申报》在舆情实践中成熟

清同治十二年（1873）十月，浙江省余杭县内发生一起命案。豆腐店伙计葛品连暴病而亡，知县刘锡彤因与葛家原房东杨乃武有隙，诬杨乃武私通葛品连妻毕秀姑，共谋毒毙葛品连。杨毕二人遭严刑逼供后，被迫屈招，遂被断结死罪。此案上报杭

---

[1] 《本馆告白》，载《申报》，1872 年 4 月 30 日。
[2] 《论本馆作报本意》，载《申报》，1875 年 10 月 11 日社论。

州府衙与浙江省署，因官官相护，仍依原判。上报刑部后，经杨乃武妻杨詹氏与胞姐杨淑贞二次京控，惊动朝野一批正义之士，重重压力下朝廷下旨开馆验尸重审，终于真相大白，沉冤昭雪。

杨乃武冤狱案是历史上著名的冤案，曾被列入“清代四大奇案”。案发时正值《申报》创刊不久，按照其办报宗旨，《申报》连续跟踪报道了“杨案”始末。1874年1月至1877年5月，《申报》连续发表80余则“杨案”相关报道，是中国新闻史上力度最大、连续时间最长的冤案报道，对案件的进程和结局产生了重要的影响。

《申报》对“杨案”的第一篇报道发表于同治十二年十一月十八日（1874年1月6日）。因编撰者多为具有中国古典文学修养的文人，故最初的报道颇具文学性倾向，带有传奇或小说的色彩，文章的立意着眼于“艳闻传奇”这一“卖点”，听信当地官方的片面不实之词，以“流布人口”的道听途说之轶事来扩大销售量。现将其首篇杨案报道《记禹航某生因奸谋命事细情》摘录如下：

> 禹航某生者，素以风流放宕自豪，不拘绳检，其轶事常流布人口。……邻有卖浆之妻，小家碧玉，风韵天然，生窃好之，时肆调谑，眼波眉语，相视莫逆，乘间密约，订以中宵。盖卖浆者以造椒乳而得淮南遗术，每至夜半辄起，辜负香衾，叱驴推磨，生遂从后户掩入，效宓妃之留枕焉。居无何，值秋试期迫，匆匆就道，生谓某妇曰：“使我秋风得意，必谋金屋贮卿！”当其时，妇亦姑诺之，以为谰语耳。
>
> 乃秋榜既发，生果高捷。鹿鸣宴罢，梓里荣归。妇心亦窃喜，急图良晤，谓生曰：“亦曾记临别之言乎？”生曰：“诺！”即赴所亲药店购得信石钱余，托言药鼠，密持与妇，且告之以用法。妇犹逡巡不能决，而生日夜促之。妇曰：

"倘事败，为令君拘去，将奈之何？"生曰："我今已贵，令君其奈我何？"妇意遂决。妇以信石调酒进其夫，卖浆者竟卒。及其殓也，邻里咸集，怪其死者之面色灰败，口角眼稍且隐隐有血痕也，疑之；又闻其与某生之秽声，益疑之。群讦之于县署。邑尊刘公相验得实，诘其妇，一诀而伏；诘其奸夫，则曰新贵某生也。令疑其托卸，严责之，矢口不移。因诱生至而挐之，上省至太守公堂，生亦具伏；并提药肆主人至，则事皆属实无疑义矣。噫，异哉！……

这篇报道叙述了一个完整的故事，全文区区 600 余字，因果经过五脏俱全，且描写绘声绘色，情节接宕起伏，有引人入胜之效果。但从新闻的真实性来看，既无真实时间、地点、人名，又无凭无据就杜撰当事人的对话内容，可见该故事是编撰者创作的一篇文学作品，并非确实能信的新闻报道。《申报》早期的报纸报道文体尚不成熟，但在后续报道中，就在新闻写作上取得了显著的进步。

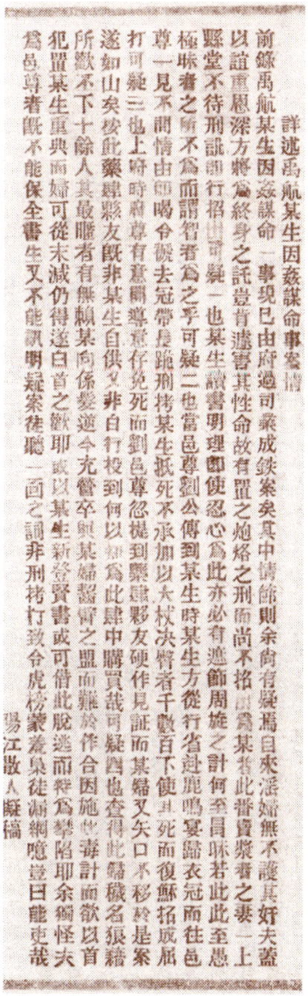
詳述禹航某生因姦謀命事案情
前錄禹航某生因姦謀命一事現已由府過司業成鐵案矣其中情節則余尚有疑焉自來淫婦無不護其姦夫蓋以誼重恩深方將爲終身之託豈肯遽害其性命故有罹之炮烙之刑而尚不招因爲某者此番賣漿者之妻一上縣堂不待刑訊即行招認可疑一也某生讀書明理即使忍心爲此亦必有遮飾周旋之計何至昏昧若此至愚極昧者之所不爲而謂智者爲之乎可疑二也當邑尊劉公傳到某生時某生方從行省赴鹿鳴宴歸衣冠而往邑尊一見不問情由即喝令褫去冠帶跪鍊刑拷某生抵死不承加以大杖決臀者千數百下使其死而復甦拷成屈打可疑三也上年時邑尊有意開導竟任死而劉邑尊忽提到縣鄰友硬作見証而某婦又矢口不移於是案遂如山矣按此藥肆鄰友既非某生自供又非自行投到何以知爲此肆中購買哉可疑四也查得此婦穢名狼藉所歡不下十餘人其最暱者有無賴某向係髮逆今充營卒與某婦盟誓之盟而難於作合因施此毒計而欲以首犯置某生重典而婦可從末減仍得遂白首之歡耶或以某生新登賢書或可借此脫逃而釋爲擊陷耶余獨怪夫爲邑尊者既不能保全書生又不能訊明疑案徒聽一面之詞非刑拷打致令虎榜蒙羞梟徒漏網噫豈曰能吏哉
楊江散人擬稿

《详述禹航某生因奸谋命事案情》，载《申报》，1874年1月13日

在首次报道的一周后，《申报》再次报道了"杨案"，名为《详述禹航某生因奸谋命事案情》。此番一改之前的信笔杜撰，对该案"由府过司，业成铁案"提出了质疑，直言杨案的审判有失公道，斥余杭县县令"余独怪夫为邑尊者，既不能保全书生，又不能讯明疑案，徒听一面之词。非刑拷打，致令虎榜蒙羞，枭徒漏网。噫，岂曰能吏哉！"[①] 其实，

① 《详述禹航某生因奸谋命事案情》，载《申报》，1874年1月13日。

在当时的社会背景下，国内报纸普遍表现出“一种特别显著的畏首畏尾、谨小慎微的倾向。朝政得失，官员功过，几乎成为报纸评论和报道的禁区”[①]，然而洋人所办的《申报》敢于将矛头直指官府，本着“求真”的态度一针见血地提出质疑，引起社会各界人士对该案的广泛关注，这是非常有勇气和魄力的。

在对“杨案”层层审讯的跟踪报道中，《申报》还对晚清封建制度下的审讯方式提出了深刻的批判。贪官污吏为达到自己不可告人的目的，随意对嫌犯用刑，来换取伪证和伪供。当《申报》报道杨乃武被夹棍、铁链等刑具折磨得死去活来终于屈招的情形时，编撰者写道：“在上者若能静思此言（杨乃武屈供之言——作者按），其深有仁心，并怀公道者，岂肯仍令刑讯之弊犹行于中国乎！夫刑讯之弊，本馆自开设以来，屡次力陈其非。……盖民为邦本，本固邦兴，岂有听任日残其邦本，犹能望其邦之兴旺乎！”[②]可谓字字铿锵有力，句句掷地有声，针砭时弊，直戳旧制，勇气可嘉。

因杨乃武在狱中不服自己被屈打成招，得知坊间已广泛流传对其冤案的质疑，《申报》也在为其争取公道，决心写信要求妻子和胞姐为其上诉。都察院收到杨家属上诉后，向同治帝上了奏折，刊于《京报》。但当《申报》转载时，发现御状中详细的冤情描述已被删去。为了揭露案件真相，《申报》派了专人去余杭县杨家要了杨的手稿，并于1874年12月7日、8日在报上全文发表“原呈底稿”，一举轰动了上海滩。[③]这是《申报》新闻报道成长的重要阶段，从纪实、评论到有文字材料的依据，《申报》报道的真实性更强，对案件的宣传力度更大，也让广大民众更为清晰地了解了案件真相，对冤案的平反起到了较为关键的作用。

---

① 方汉奇《中国新闻事业通史》第一卷，第525页。
② 《论复审余杭案》，载《申报》，1875年8月14日。
③ 宋军《申报的兴衰》，第27页。

正当案件审理中官官相护、杨毕二人性命攸关之时，浙江绅士汪树屏等18人，在《申报》为民请命的鼓励下，联名向都察院呈控，揭露地方官吏审案的诸多弊端。四川道监察御史王昕递了一个奏本，指出“……所以敢于为此者，盖以两皇太后垂帘听政，皇上冲龄践祚，大政未及亲裁，所以藐法欺君，肆无忌惮”①。此言激怒了慈禧。加上《申报》接二连三地对官吏腐败进行抨击，在京城、上海以至江浙一带引起了强烈的反响，杨乃武案几乎成了街头巷尾议论的中心。在报纸舆论的巨大压力之下，1877年4月慈禧下了第六道上谕，将杨案所涉人犯交由朝廷刑部公开审讯，并将葛品连尸身开棺重验。

《申报》在报道刑部大堂审讯的情状时写道：“棺盖揭去，群见尸身尚不尽腐烂，皮肉粗具，周身以丝绵缠裹的是初验时形状，则足见复审时并未经检验也。比将骨殖取出，尚有残腐败血，故亦无须蒸洗。查其应受毒处之骨节，则皆洁白无丝毫黑痕，直省仵作与浙省原仵作同称无毒，声喊确凿。两旁观者欢呼雷动，叫‘青天有眼’者不绝。”② 该报道内容生动详实，描述细致严谨，是一篇优秀的新闻报道。时隔三年，杨案终以“……不特杨乃武系此案毫无干涉之人，即葛毕氏

申報

《书刑部验讯余杭案奏稿后》，载《申报》，1877年3月9日

① 宋军《申报的兴衰》，第28页。
② 《部审余杭案情形》，载《申报》，1877年4月5日。

《论余杭案》，载《申报》，1874 年 12 月 10 日

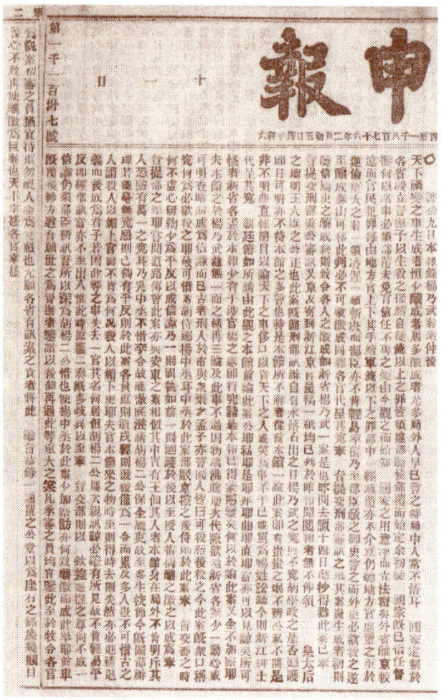

《书初九日本报录杨乃武案诸件后》，载《申报》，1876 年 2 月 5 日

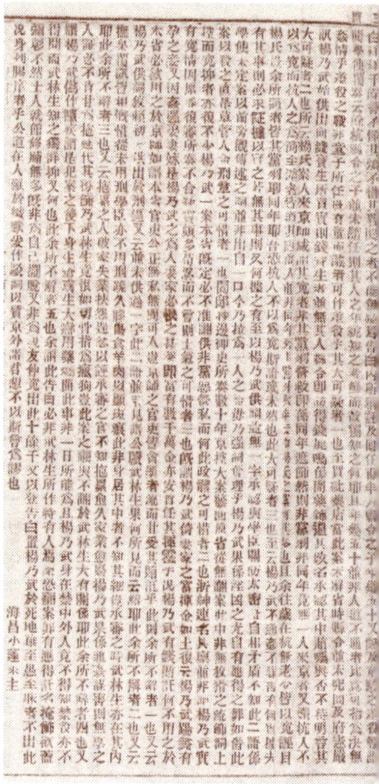

《驳武林生〈告白〉》，载《申报》，1876 年 5 月 24 日

《论复审余杭案》，载《申报》，1875 年 8 月 14 日

亦并无因奸谋夫情事”[①] 沉冤昭雪，贪官污吏咎由自取，杨乃武与毕秀姑无罪，平息了民愤。

对于其坚持不懈的追踪报道，《申报》多次表示：“设使此案实系杨乃武受屈，县官全不顾及，放胆肆私，以枉例害民，古今天下之冤，实无甚于此也……本馆之伸说此情者，虽代民人而所伸，然事亦与国家大计大为相系。”[②] “本馆之于杨乃武并无一面之缘，再三论及此事，不过因物议沸腾，屡次代陈，欲邀浙省各宪少一动心，或可明察暗访

① 《书刑部验讯余杭案奏稿后》，载《申报》，1877 年 3 月 9 日。
② 《论余杭案》，载《申报》，1874 年 12 月 10 日。

成为信谳而已。”[①]“公道在人，难于缄默。”[②]“知无不言，亦新报之责也。”[③]与初次报道相比，此时的《申报》已摆脱了闲文轶事的故事想象，真正履行了报纸的职责：报道真相、反映舆论、主持公道、伸张正义。

3）《申报》在中国新闻史中被铭记

杨乃武冤狱案的平反，源于多重因素。一方面得力于杨乃武本人的举人头衔和广泛的社会关系。作为新科举人忽然沦为阶下死囚，强烈的反差容易引起街谈巷议。杨氏的诉状送京后，18名浙籍京官联名上奏都察院，指出该案的疑点并要求复审。甚至连名满朝野的红顶商人胡雪岩也斡旋其间，可见浙籍同乡关系网的活动能量。[④]另一方面，与当时朝廷内部错综复杂的政局也有关。该案发生时正值同治与光绪的交替之际，慈禧太后为进一步巩固自己的权力，有意通过此案打击一批相互回护的地方官僚，惩一儆百，树立自己的威信。[⑤]

从新闻学和舆论学上看，杨乃武冤狱案是媒体介入司法、新闻舆论促使司法公正的一个典型的成功案例。创刊不久的《申报》凭借着一股初生牛犊不怕虎的精神，以一己之力介入司法领域，不辞千里取证采访，深入到案件的每个细节，进行持续不断的跟踪报道、案情剖析，抨击时弊、将矛头直指清政府的腐朽统治。对一份报纸来说，这实属不易。《申报》在社会上形成了一股强大的舆论力量，对案件的平反起到了不可低估的作用。另一方面，传统秩序中的民意借助新闻媒体被放大，通过媒体表达出来的民意是由司法腐败引起的一种抵抗。[⑥]

《申报》对杨乃武冤狱案的成功报道，不仅有益于社会，对

① 《书初九日本报录杨乃武案诸件后》，载《申报》，1876年2月5日。
② 《驳武林生〈告白〉》，载《申报》，1876年5月24日。
③ 《论复审余杭案》，载《申报》，1875年8月14日。
④ 刘耿生《历史档案中的杨乃武与小白菜》，《炎黄春秋》1995年第8期。
⑤ 李勇军《试论晚清新闻媒体的社会舆论作用》，《江西师范大学学报（哲学社会科学版）》2008年第1期，第60页。
⑥ 张艳红、谢丹《近代媒体舆论推促司法公正个案分析》，《新闻法制研究》2008年第3期，第72页。

自身的发展也有很大的促进。除了报纸的影响和发行量迅速扩大之外，在新闻写作方面可说是突飞猛进，在短短3年内已经由襁褓之婴趋于成熟稳健。虽然在第一篇报道中，《申报》将新闻事件当做小说传奇来写作，有许多不妥之处，但当以敏锐的视角发现案件的诸多疑点后，《申报》便致力于求真求实地报道真相，不畏官府及制度本身的重重阻力，以逐渐平实规范的手法来作新闻报道，它的成功也为当时其他的报纸刊物作了范例。戈公振指出："近代外国人在中国办报，其'开千古未有之创局'的历史作用是无法抹杀的。"[1]我们在肯定《申报》对当时社会的积极作用之余，还可继续深入研究它在杨乃武案中体现出的社会舆论监督的巨大影响。《申报》将被铭刻在中国新闻史上，让今天的新闻工作者和历史学研究者从这个史料宝库中得到有益的启发。

2. 中国新闻史上第一起名誉纠纷案[2]

中国新闻史上第一起名誉纠纷案，发生于1878、1879年间。时任大清国首任驻英、法公使郭嵩焘因《申报》关于他在伦敦画像事报道不实且语多嘲讽，自1878年10月至次年4月，拟状告《申报》侵犯其名誉。

郭嵩焘（1818—1891），字伯琛，号筠仙，湖南湘阴人。1847年进士，1854年至1856年佐曾国藩幕。1862年授苏松粮储道，旋迁两淮盐运使。1863年任广东巡抚，1866年罢官回籍，在长沙城南书院及思贤讲舍讲学。1875年经军机大臣文祥举荐进入总理衙门，旋出任驻英公使，1878年兼任驻法使臣。

事情经过：大约在1877年夏，驻英公使郭嵩焘偶然参观伦敦的一次画展，看见一幅天主神母画像，郭认为画技颇佳，有意

① 戈公振《中国报学史》，上海古籍出版社2003年版，第142页。
② 关于这一名誉纠纷案的详细经过，可参见：宋军《申报的兴衰》；李永春《郭嵩焘追诉〈申报〉事始末》，《百年潮》2004年第11期。

购买，但因为价格太贵而作罢。后嘱使馆的英国翻译马格里代他找画工摹仿一幅。马格里几天后推荐了画师古得曼。古得曼画好天主像后，送至中国驻伦敦使馆。郭嵩焘见画像后甚为奖饰，愿意留存使馆。古得曼乘机提出愿意为郭画相一幅，郭氏闻之大喜，当即议定笔费为20镑，拟择日绘画，但以“不耐久坐”为由，提出画像先以相片作蓝本，古得曼同意。次日郭带着马格里、古得曼赴照相馆。拍照时，郭氏认为顶珠必露出，否则外人不知所戴为何帽；又说面不可正，亦不过偏，等等。拍照后交古得曼。10日后古得曼送画稿来，邀请郭氏赏鉴。郭氏非常满意，并在6月15日晚设宴款待古得曼和使馆众人，以示感谢。

1879年7月19日，《申报》以“星使驻英近事”为题，报道了郭嵩焘此次在伦敦画像的事。报道以英国画师古得曼（Water Goodman）第一人称的口吻，叙述了画像的经过：“余欲图大人小像时，见大人大有踌躇之言，迟延许久，始略首肯。余乃婉曲陈词，百方相劝，大人始欣然就坐。余因索观其手，大人置诸袖中，坚不肯示，余必欲挖而出之，大人遂愈形跼蹐矣。既定，大人正色言：‘画像须两耳齐露，若只一耳，观者将谓一耳已割去耶？’大人又言：‘翎顶必应画入。’余以顶为帽檐所蔽，翎枝又在脑后，断不能画。大人即俯首至膝，问予曰：‘今见之否？’予曰：‘大人之翎顶自见，大人之面目何存？’遂相与大笑。后大人议愿科头而坐，将大帽另绘一旁。余又请大人穿朝服，大人正色言：‘若穿朝服，恐贵国民人见之，泥首不遑矣！’遂不果服。”①

显然，《申报》是以诙谐刻薄之笔调，转译并评论了郭氏画像之事。报道可能是将郭嵩焘在照相时所摆布的姿势和言谈移到了画室，所以其间不乏嘲讽之意。然而，《申报》所始料不及

① 《星使驻英近事》，载《申报》，1878年6月20日。

的是，郭在欧洲见《申报》此段文字，竟大起交涉，几乎引发了一场诉讼。

郭嵩焘其时兼任驻英、法公使，往返于伦敦与巴黎之间。8月15日他在巴黎阅到《申报》此文，认为《申报》捏造他在画像时的言行举止，名义上转录自西报，实则凭空添入许多伦敦各新报所没有的议论，这是对他有意的中伤污蔑。他急忙召来翻译马格里、画师古得曼两人查问此事，马、古两人都称《申报》所登各节全系虚妄，于是郭嵩焘决心追究到底。

郭嵩焘首先致电《申报》，追究这篇报道消息的来源。《申报》起先并不在意，想以拖延了事，直到郭嵩焘一再催促，并将回复电报费用汇出，这才不得已复电泛指伦敦的一种星期报来搪塞。谁料郭嵩焘让马格里将几个月的报纸买来查阅，也没有找到这篇报道，于是又命马格里、古得曼出面致信《申报》，为画像事辩诬。《申报》无奈，被迫于11月28日刊出《画师辩诬书》一文。文前编者按："《字林报》于六月中抄录西字新闻《纪驻英郭星使近事》一则，内记画师古得曼为郭星使绘小像时问答之语也。本馆阅而译之，意以为泰西新闻纸之例，常有意颇严正而笔涉诙谐者，其或虚或实，一望而知，阅者亦可付一笑……讵料经星使披览后，心殊不以为然，深责古得曼以不应凭空捏造，深相污蔑，而古得曼以并无是事，特致书于伦敦日报馆名《伦敦中国新报》者，力辩其诬。于是本馆亦始知此语之非出自古得曼也。"[①] 不难看出，《申报》虽然承认了报道有失实夸大之处，但编者按语不仅语带讥讽，而且还有责怪郭小题大做之意。对此，郭嵩焘又岂肯善罢甘休。

1879年2月，郭嵩焘离开伦敦卸任归国，3月初抵达上海吴淞口，随即开始与《申报》交涉，甚至声称将诉之于法庭。申报馆主人美查此时也逐渐认识到事态的严重性，于是通过英国

---

① 《画师辩诬书》，载《申报》，1878年11月5日。

驻上海领事达文波（Davonport）向郭嵩焘转达歉意。原来《申报》的这则报道是从《字林西报》转译的，而《字林西报〉又是从伦敦的《每日电讯报》上转载来的。通讯的作者正是画师古得曼的弟弟古丹。古丹时任伦敦《每日电讯报》记者，偶然听说其兄古得曼替中国钦差画像，前来探问究竟。古得曼颇以为中国达官画像而得意，讲述中故甚其词，如说中国有割耳之罪，所以画贵人时必将两耳齐露。诸如此类无稽之谈，古丹信以为真，一一记入该报通讯。于是经过古得曼、古丹、《每日电讯报》的辗转附会，郭嵩焘画像时滑稽可笑的形象便跃然纸上。消息传到上海，《字林西报》在转载这篇通讯时又编造了一些情节，而《申报》却不问事实之有无及真伪，尽情披露，这才引发了郭嵩焘和《申报》之间的中国新闻史上第一起名誉纠纷案。

3 月 18 日《申报》刊登《解明前误》一文，表示有关郭嵩焘伦敦画像的报道为“该报误听谣传，语多失实，在后访知颠末，歉仄莫名”①。郭看到之后，以为辩诬的目的已经达到，也就释然于心，不再深究了。当然《申报》也从这一名誉纠纷案中受到了教训。

① 《解明前误》，载《申报》，1879 年 3 月 18 日。

第四章 《申报》副刊

——以《自由谈》、《春秋》为中心

今天，人们对于报纸的副刊一定不陌生，像上海的《新民晚报》、天津的《今晚报》、广州的《羊城晚报》等老牌报纸的文艺副刊，一直都拥有大量的读者。副刊作为我国非常独特的报学及文学现象已经存在了逾百年的时间，然而有意思的是，对于副刊的定义，也即什么才是副刊这个问题，学界却一直存在着各种认知上的分歧。[①] 一般而言，“副刊”指报纸上刊登文艺作品和理论文章的固定版面。[②]

副刊曾有过十数个历史称谓，从最早的“文苑”、“余沈”、“丛载”、“余录”，及此后的“谐部”、“说部”、“附张”、“附章”、“附页”以及“文艺栏”、“文艺版”、“报尾巴”乃至“报屁股”等，到最后相对稳定的“副张”、“副镌”和“副刊”。这一发展过程不只是名称上的变换，也反映了各个时期人们对副刊认知上的差异，从一个侧面呈现出副刊在不同时期的形态和类型变

---

① 有关副刊定义的讨论可参见吴秋尘《文艺的研究》（见燕京大学新闻系《新闻学研究》，1932 年 7 月）、张恨水《新闻文艺编辑法》（见燕京大学新闻系《新闻学研究》，1932 年 7 月）；戈公振《中国报学史》（商务印书馆 1927 年版）；黎父《“报屁股”的沧桑》（见王文彬编《中国报纸的副刊》，中国文史出版社 1988 年版，第 5 页）；姚福申、管志华《中国报纸副刊学》。

② 《辞海》，上海辞书出版社 1979 年版，“副刊”条。

化。[1]今天我们熟悉的“副刊”二字，其出现是相对较晚的事情了。1921年7月，孙伏园从北大毕业，进入《晨报》任第7版编辑。同年秋，孙将之改版为4版4开的单张，鲁迅受邀为其定名“晨报附镌”，并请《晨报》总编辑蒲伯英（殿俊）撰写报头。蒲老先生写的一手好隶书，且隶必宗汉，因汉隶中无“附”字，遂改为“副镌”。1925年4月，《晨报副镌》第72期改换报头成为《晨报副刊》，“副刊”二字迅速为《京报》、《世界日报》所效法，并渐次沿用开来。

这看似偶然的得名过程，却恰好点出了副刊的重要特征。“附刊”本是“另外一张的意思”，即随报附送的单张，而“副刊”则不然，意味着与报纸正刊有着密不可分的关系，因此不像附刊那样内容庞杂无定。也就是说，副刊绝非一张报纸的附庸，而是有自身独立的地位，能发挥出独立的精神与功能的。副刊拥有独特的文体选择、编辑意图和相对稳定的作者群和读者群体，整体上具有鲜明的文化或文艺色彩，但也并不意味着就可以自成一军，别树一帜，不顾报纸本身的立场和使命。总体上，副刊仍需和整张报纸很好地搭配在一起，为增加其精彩和声誉服务。从副刊刊载的内容来看，其涉及的范围较广，类型众多，且随着时代的不同而变化。早期的副刊多文人遣兴的诗词曲赋，涉趣消闲的小说笔记，寓庄于谐的俚歌笑话，此后又出现了普及文化和生活常识、启迪民智、宣传文史知识的类型，以及报道作家动态、艺坛消息，介绍出版物，探讨文艺理论问题的专门性文艺副刊等。其中有些早期的类型，如“文苑”、“丛录”、“谐部”等早已消亡，有些则随着时代的变化而不断演变，留存至今，且各种类型间互相影响，融合发展。

在副刊研究中还有一个重要的问题同样众说纷纭，莫衷一是，那就是中国副刊究竟自何时而始？有的学者将其出现的时

---

① 冯并《中国文艺副刊史》，第2页。

间定得极早，如戈公振在《中国报学史》中把发刊于 1876 年的《孖剌报》（*Daily Press*）副刊《香港新闻》视作最早的副刊，其实这不过是一种商业性的附录，并不具备前文所述的副刊特征。也有人将 1876 年申报馆出版的《民报》作为副刊的开端，这种说法也不可靠，细加分辨就可知道，《民报》实际上是一种商业广告性附刊。[①] 而有的研究者则将副刊的出现定得极晚，如把《晨报副刊》的发行作为副刊的起源。诚然此确为“副刊”名称的首次出现，但并不能将此说成是中国副刊的开端。还有一些人则注重副刊的本质特征，于是认定《申报·自由谈》或《时报·余兴》为中国真正意义上副刊的开始。直至 20 世纪 30 年代中期，胡道静在此问题上有所突破，他在《论副刊》一文中提到了《字林沪报》的副刊《同文消闲录》（此为《同文消闲报》之误）。此后，学界基本上沿用了这一观点，即将 1897 年《字林沪报》的附张《消闲报》的出版作为近代中国报纸副刊出现的标志。[②]

在各种讨论的声音中，我们只要稍加留意就可以发现，尽管《申报》并不是中国最早发行副刊的报纸，但在人们眼中却始终具有特殊的历史地位，尤其是《自由谈》和《春秋》这两种极具代表性的文艺副刊，影响非常大。《申报》副刊犹如一个典型的标本，通过对它的研究能帮助我们了解中国报纸副刊发生、发展和演变的轨迹。诚如方汉奇所言：《申报》副刊经历了近现代中国报纸副刊发展的全部历史，且在各个时期成为副刊改革的带头者，开风气之先。[③] 因此，回顾《申报》副刊的发展历史，总结其办刊经验，不仅能让我们了解过去，且能从中汲取养分，对今天的副刊也有一定的示范作用，这也是在百年之后的今天，

---

① 《中国近代报刊之最》，《新闻战线》1979 年第 4 期，转引自冯并《中国文艺副刊史》，第 48 页。

② 参见冯并《副刊源说辩》，《中国文艺副刊史》，第 46—48 页。

③ 方汉奇的观点，转自王灿发《30 年代〈申报〉副刊研究》，中国社会科学院博士论文，2004 年。

我们重新探寻《申报》副刊的意义所在。

一、前副刊时期的《申报》(1872—1911)

在对早期中文报刊的考察中，已经能够发现副刊性文字。1815 年，中国第一份近代化中文报刊《察世俗每月统纪传》问世时，为了吸引更多的读者，主编米怜在宣传基督教理的同时，也会选择“人道、国俗、天文、地理、偶遇”等带有副刊性质的内容进行刊登，这些内容或可被视作副刊的滥觞。[①] 从 1815 年至 1872 年《申报》创刊前的 57 年间，中国最早的一批近代报纸几乎都曾刊出过诗歌、随笔、寓言、游记、故事、海外珍闻、各地风光等副刊性质的文字，它们不定时地出现在新闻版面中，可有可无，并不作为报纸的一项固定内容。早期的报纸多由教会创办，所以这一类用于补白的文字，往往偏重于劝世与说教，本身的文艺色彩并不十分浓厚，至多算是副刊性文字的萌芽。副刊性文字真正有意识地出现，并在编者、作者与读者间发生频繁的联系，仍需从《申报》创刊后说起。

早期的《申报》印在中国毛太纸上，除了“本馆告白”、“转录京报”、“行情广告”与“货价船期”之类的信息外，新闻类的文章并不多，有时仅一两条，其余则刊载一些文人的诗歌作品。如在《申报》第二号上，就刊登了南湖衡梦庵主(蒋芷湘)的诗《观西人斗驰马歌》。早期《申报》的主笔黄协埙曾描述过当时的《申报》:“篇幅固甚狭小，所载多诗文之类。”[②] 随着时间的推移，这种趋势不减反增，诗文有时甚至占据着一两个整版，反而是那些在今天看来相当重要的“中外近事”，倒像是信

---

① 米怜《察世俗每月统纪传序》，原刊《察世俗每月统纪传》嘉庆丙子年卷首(1815 年 8 月)，转引自汪家熔辑注《中国出版史料·近代部分》第一卷，湖北教育出版社、山东教育出版社 2004 年版，第 70 页。

② 黄协埙《本报最初时代之经过》,《最近之五十年》，第 116 页。

笔点缀，甚至像是传奇小说，与灾盗鬼神之类的东西混在一起，以致“人皆不甚重视之”[①]。这种本末倒置的现象，是在当时的客观条件下，报社缺乏足够的新闻稿件满足版面所需造成的。这一方面是由于晚清政府对舆论实行严格控制，报纸除了转录谕旨、宫门抄、辕门抄外，无法对正在发生的国家大事发表评论；另一方面，交通不便造成的信息不通畅，也是导致新闻稿件匮乏的重要原因。这种情况并非《申报》独有，孙玉声在《〈新闻报〉三十年之回顾》中，曾较为形象地描述了当时的困难：“犹轮轨未通迟滞。各埠访函之来，远道者数日或数十日不等。即近如苏杭亦须二三日始达，电报则仅上谕可传外，其余无只字。故主政者于每日报中材料，颇感困难。一届冬令封河，京津各道消息不通。岁除各官署封印以后，未至开印，公牍俱无。致巧妇尤难作无米之炊。不得已，乃以论说充篇幅，间及诗词杂稿。”[②]此外，专业的新闻记者群体尚未形成，无法持续稳定地为报社供稿，诗词作为填补新闻空白的文字，自然也就难逃有时俯拾皆是，有时又难觅踪迹的命运了。

《申报》的副刊性文字起于新闻余幅，并逐渐成为一种经常性的题材，被有意识地带上了报纸，且形成了以文人为主的基本作者队伍和读者群体。《申报》的“尊闻阁”同人、“白桃花吟社”都是以报纸主笔为核心的松散文社组织，他们“彼此唱和、喋喋不休，或描写艳情，或流连景物，互衿风雅，高据词坛，无量数斗方名士，咸以姓名得缀报尾为荣”[③]。这些诗词中虽也有吟咏上海风土人情的作品，但更多的还是风花雪月、消闲自娱之作，有些格调并不甚高。此风的盛行为时人所诟病，《申报》主笔雷琦就曾毫不客气将之斥为变相的诗社。早期的《申报》上描述各地风景的游记类作品也占有相当的篇幅，以1883年2

① 黄协埙《本报最初时代之经过》，《最近之五十年》，第116页。

② 海上石漱生《〈新闻报〉三十年之回顾》，《〈新闻报〉三十年纪念·纪念文》，新闻报社1923年版，第6页。

③ 雷瑨《申报馆过去之现状》，载《最近之五十年》，第117页。

月19日的《申报》为例，除了杜凤岐（邠农）的十首咏怀广州各处古迹景点的组诗外，还转载了《叻报》上一篇名为《客述》的长篇游记，文章剪裁得当，文字清丽，可读性非常高。在诗文笔记之外，试场文字也曾一度占据着《申报》的版面，尤其是在热衷功名的第一位《申报》主笔蒋芷湘的任内。每至大比之年，大小考试文章题目及由科场老手撰写的八股范文和试帖诗都被捧上报端，以供士子参考。当然，秋闱过后，屡试不第者的落拓诗文也会充斥其间，连篇累牍，难免令阅者生厌。[①]

诗词与游记并非早期《申报》副刊性文字的唯一内容，还有一些翻译的或者是自撰的论说文也非常有特色，如1872年连载的王韬编译的作品《普法战纪》，无论在当时还是后世都非常有影响。论说文的量更大，据统计，仅1872年4月30日《申报》创刊之日至5月30日期间，就达72篇，几乎每日都有一至两篇出现，讨论的内容也很广泛：如针砭时弊的《鸦片说》、《禁娼说》、《禁娼辩》、《禁娼探源先除白蚂蚁论》；[②]宣传西方科学技术的《轮船论》、《医论》、《开矿论》；[③]介绍国外风俗习惯、风土人情的《论西国七日各人休息事》、《论东洋人男女同浴》；[④]强调修身之道，劝人行善的《为善论》、《奢俭论》等。[⑤]这些充满知识和趣味性的文字，颇似后来的杂谈和掌故，同样是早期《申报》副刊性文字的重要组成部分。

伴随着副刊性文字的兴盛，一些不完全形式的副刊也随之产生，其中申报馆出版发行的《瀛寰琐纪》及更名后的《四溟琐纪》和《寰宇琐纪》，即为其中翘楚。《申报》在创刊之初，曾向

---

① 申报馆编《最近之五十年》，第117页。

② 《鸦片说》，载《申报》，1872年5月16日；江南吏隐《禁娼说》，载《申报》，1872年6月5日；持平叟《禁娼辩》，载《申报》，1872年6月10日；种德堂主人《禁娼探源先除白蚂蚁论》，载《申报》，1872年6月14日。

③ 《轮船论》，载《申报》，1872年5月30日；《医论》，载《申报》，1872年5月23日；《开矿论》，载《申报》，1872年5月20日。

④ 《论西国七日各人休息事》，载《申报》，1872年6月13日；《论东洋人男女同浴》，载《申报》，1872年6月4日。

⑤ 《为善论》，载《申报》，1872年5月14日；《奢俭论》，载《申报》，1872年5月9日。

读者征稿:“如有骚人韵士有愿以短什长篇惠教者,如天下各名区竹枝词及长歌纪事之类,概不取值。”[①]尽管这则征稿启事表明,来稿没有稿酬,但文人墨客依然踊跃,以致《申报》本身无法容纳。于是,从1872年11月开始增出《瀛寰琐纪》月刊,装订成24开大小的线装本,前后共计28卷。1875年2月易名《四溟琐纪》继续出版,样式改为巾箱本,内容稍作变化,增加了笔记,去掉了小说。1876年2月,《四溟琐纪》又改名为《寰宇琐纪》出版了12期。《瀛寰琐纪》存在的时间虽不长,但在近现代文艺副刊的发展史上却意义深远,它的办刊理念、栏目设置都为此后的文艺期刊和报纸副刊所仿效,时评杂文、海外轶事、长篇小说、笔记小说、人物传记、诗词歌赋等栏目与《自由谈》的栏目设置非常相近,只是没有随报发行,而是作为一种独立的刊物出版。[②]以不完全形式出现的副刊,除了上述文字型刊物,还有一种极为重要的类型——画刊。早期的中文画报,同样是由传教士创办的,如《小孩月报》、《图画新报》等数种。而最早由国人创办的画刊,又与《申报》相关,即其附印的《寰瀛画报》和《点石斋画报》。1877年1月《寰宇琐纪》辍刊,同年9月《申报》别出心裁地出版了《寰瀛画报》,刊登精美的西洋铜版画,并在卷首为每幅图画撰写详细的说明。另一种画刊则更为人所熟知,即《点石斋画报》。这是一份极具历史价值的画刊,“既开报纸画报副刊之风,也开整个画报发展之风”[③]。当然,以今天的标准衡量,这几种刊物更应归入附刊的行列,而非我们所熟悉的栏目式副刊。但从其内容和性质来衡量,依然不失为报纸副刊研究中的重要参考资料,对我们了解副刊形成的历史过程大有助益。

第一张正式副刊《消闲报》出版后不久,上海的一些大报

---

① 《本馆条例》,载《申报》,1872年4月30日。

② 刘莉《周瘦鹃主编时期〈申报·自由谈〉小说研究》,复旦大学博士论文,2010年,第8页。

③ 冯并《中国文艺副刊史》,第64页。

也开始了从版面到内容的改革，如《时报》除了首创短评并改横式报为直式外，还增添了许多固定的文艺栏目。数年之后，编辑们开始把分散的文艺栏目合并到一起，固定在报纸的最后一栏，产生了今天所谓的栏目式副刊，其中的典型代表即为《神州时报·滑稽谈》和《申报·自由谈》。尤其是后者，从1911年创办到1949年随《申报》停刊，断续存在了38年之久。《自由谈》的出现对副刊的发展具有重大意义，这种新型的副刊形式与报纸的关系更为紧密，且开始有了专门的副刊编辑，“并在栏目自身的演变中奠定综合文艺副刊的基础”①。

二、消闲副刊时期的《申报·自由谈》(1911—1932)

《申报·自由谈》创刊于1911年8月24日辛亥革命发生前夕，这一时机的选择，并非完全出自偶然。辛亥革命前后，是我国近代新闻事业发展的一段特殊时期，据《中国报学史》统计，当时全国的日报数曾达500家之多，盛极一时。在总体数量如此庞大的报纸中，难免有泥沙俱下、良莠不齐、滥竽充数者，且不在少数。有些报纸与传单无异，专司揭人隐私，攻讦政敌；有些则不过是数名编者撰述几篇论说文付印而已，旋生旋灭，极不稳定。这股办报的热潮，未能持续太久。1913年3月，宋教仁被刺，“二次革命”宣告失败。袁世凯政府迅速颁布《报纸条例》和《出版法》，大量报馆被迫关闭。然而，就是在这段动荡的时期，《申报》、《新闻报》等老牌报纸却逐步开始了一场从版面到内容的改革活动。通常来说，营业性报纸的办报方针相对保守，不会轻易地做出改动，《申报》也是如此。清末康梁

① 冯并《中国文艺副刊史》，第140页。

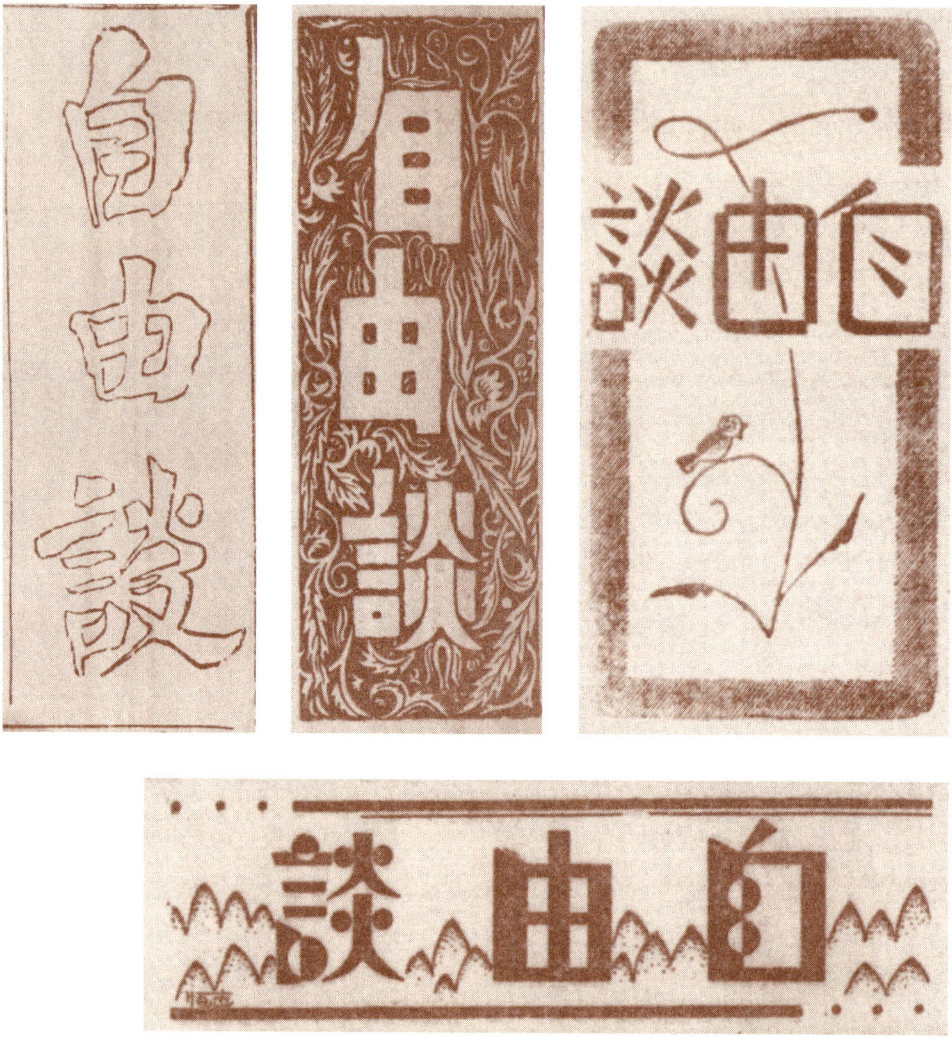

不同时期的《自由谈》题头

变法闹得轰轰烈烈，《申报》却始终不为所动，直到1905年政局发生明显变化时，才由贬斥康梁转而支持立宪。可能是觉得不保险，翌年，又延请刘师培、王钟祺作编撰，希望能脚踩“立宪”和“革命”两条船。然而，1907年《申报》内部的一场经济危机，却给报纸的改革带来了契机。1907年5月，美查公司因《申报》营业不振，而所属江苏药水厂又急待筹款扩充，于是以75000元的价格将《申报》全部产业出让给席子佩等人。为避免当局干涉，名义上《申报》仍属外国人经营。直到1909年，双方签订正式合同，《申报》主权方才移交国人。席子佩遂得以开始对《申报》进行一系列的改革：1909年采用报纸两面印刷；1910年增出星期日周报《新申报》，解决新闻拥挤问题；1911年他邀请自己的青浦同乡王钝根（1888—1951）担任《申报》编辑，随后又由王氏主持创办了栏目式副刊《自由谈》。

1. 王钝根与《自由谈》的创办

王钝根（1888—1951），原名王晦，更名王永甲，字耕培、芷净，号钝根，别署根盘，以号为笔名。祖父是晚清桐城学派著名的古文学家王鸿烈。据说他幼时即十分聪敏，能一目十行。16岁中秀才，废科举后进广方言馆学习外语，仅一年即通英语。虽说祖父是古文大家，可他却一直热衷阅读各种笔记小说，此事为其祖父所悉后，自然掀起轩然大波，老先生愤而将孙子所藏的各种小说付之一炬。不过，此举似乎并未奏效，王钝根不仅继续阅读，还撰写发表各种题材的小说，如《四少奶奶》、《红楼劫》等。作为民国时期的编辑大家，王氏的这种爱好还延续到了工作之中，不仅在自己编辑的杂志上刊布了大量的小说，且提携青年作者不遗余力，民初鸳鸯蝴蝶派小说的泛滥或多或少也与他有一定的关系。[①]

王钝根像

初创时期的《自由谈》占一个半版面，附在"《申报》第

① 《上海新闻志》，上海社会科学院出版社2000年版，第702页。

三张”中，首创的栏目有“游戏文章”、“忽发奇想”、“付之一笑”、“海外奇谈”、“慷慨悲歌”、“缠绵悱恻”、“尊闻阁杂录”、“小说”等，刊名以镂空双钩的楷书写就。当然，这样的版面结构不是固定的，根据稿件的体裁不同，此后还陆续设有新回文诗、岂有此理、新丑史、一知半解、心直口快、千金一笑、古今闻见录等栏目，刊登诗、词、文、小说、杂录等各种形式的文字，内容上除国内的作品外，也介绍国外的奇闻异事和翻译作品。《自由谈》有相对稳定的作者群体，王钝根自己就是其中之一，第一期上刊登的首篇“游戏文章”就是他撰写的《助赈会》，第一篇连载的小说是由他和翼仍共同翻译的《动物之爱》，而他的小说《浦江潮》也陆续在《自由谈》上连载。其他版块也有各自相对固定的撰稿者，如“游戏文章”的童爱楼、刘铁冷，诗词方面的徐哲身、许瘦蝶以及前《字林沪报》副刊《消闲报》主编高太痴等。在小说方面，《自由谈》连载过李定夷的《念秧余孽》，野民的《华山梦》，嘉定二我的《先知人》，漱馨女士笔述、天虚我生润文的长篇小说《娇樱记》等。除了在内容版面上的革新外，稿酬的支付方式上也有所不同。此前《申报》征集副刊性文字时，言明不支付任何费用。《自由谈》则不然：“海内文家，如有以诗词歌曲遗闻轶事以及游戏之作惠寄本馆者，请开明住址，以便随时通信，原稿恕不奉还。”①

徵文告白

海內文家如有以詩詞歌曲遺文軼事以及遊戲之作惠寄本館者請開明住址以便隨時通信　原稿恕不奉還

《自由谈·征文告白》，载《申报》，1911年8月25日

1915年3月19日，《自由谈》上刊登了王钝根的辞职启事，他受中华图书馆编辑部之邀，创办了后来风靡一时的《礼拜六》杂志，无暇分身。作为《自由谈》的首任编辑，王钝根的重要性毋庸置

① 《申报·自由谈》，1911年8月25日。

疑。他奠定了栏目的基本格局，此后《自由谈》虽迭经改革，但总体变化并不十分大，像“游戏文章”、“小说”、“自由谈之自由谈”这样的栏目，几乎为历任主编所延续。尽管有研究者认为，王钝根时期的《申报·自由谈》“全而不精，杂而无章，没有特色”[1]，但直至1932年黎烈文改革之前，他的这种以“消闲”为主的编辑方针始终得到贯彻，也令《自由谈》成为世俗文化、市民文化的生发之地。[2]

2．“五四”前的《自由谈》

从1915年3月王钝根辞职，到1920年4月周瘦鹃接手，《自由谈》在5年内频繁更换了4位主编，但其风格却并未发生大的变化，依然是一份典型的消闲副刊。其实，自1913年年末起，王钝根已经开始为中华图书馆编辑《游戏杂志》了，因无暇分身，《自由谈》的部分编辑工作逐渐移交给吴觉迷主持。俟王氏正式离开后，吴自然也就顺理成章地继任为《自由谈》主编。吴觉迷（1890—1934），名中弼，字匡予，号觉迷，上海虹桥人。幼年曾在江南制造局兵工学校学习，后毕业于东吴大学理化科，在上海化验室担任助理教师。虽然是个地地道道的“理科生”，吴觉迷却喜好文学，且长于写小说，经常为《申报·自由谈》撰稿。他翻译编辑的书目非常丰富，如：《福尔摩斯第一集》等侦探小说，社会小说五十余种，及《西药指南》、《上海外交志》、《上海罢市救亡史》等专著。另有《中国外交史稿》、《中国文艺考据》、《中国江湖志》、《历代祥异志》、《历代江湖术士考》、《历代大风雨及祁寒盛暑考稿》等稿本。

吴觉迷时代的《自由谈》版面较前缩小了许多，只有二分之一版，其余均被广告占据。栏目设置比较简单，一般为游戏

① 刘莉《周瘦鹃主编时期〈申报·自由谈〉小说研究》，第11页。
② 马雅红《动荡年代的〈申报·自由谈〉》，《纵横》2004年第9期，第60页。

文章、笔记、小说、诗选、词选、曲选。吴氏任主编期间，最为后人乐道的是他在接任《自由谈》主编当日，即刊登出一则征求军人诗稿的启事。[①]尽管最后并未征集到多少诗歌作品，但也从一个侧面反映出《自由谈》紧随时代潮流的传统。后世论及早期《自由谈》时，往往只注意到其刊登的“消闲”作品，事实上从创办伊始，无论是编辑还是作者都怀有强烈的社会责任感和救世精神。[②]如辛亥革命后，王钝根就曾开辟全新栏目“爱国丛谈”，鼓舞国人的爱国热情。不知道是不是因为兴趣有所转移，吴觉迷担任主编的时间不长，1916 年 3 月 31 日，《自由谈》上登出了吴觉迷的辞职启事，改由姚鹓雏接任。卸任后的吴觉迷回归本行，与后来也曾担任过《自由谈》编辑的陈蝶仙合作，创办上海家庭工业社，生产冻疮膏、牙粉去了。

姚鹓雏（1892—1954），原名锡钧，字雄伯，笔名龙公，以号行，松江县人。在京师大学堂学习期间，师从林纾（琴南），文风婉约，善写诗词。辛亥革命后，学堂解散，回到上海并加入南社。入主《自由谈》之前，曾编辑过以发表南社成员作品为主的《七襄》、《双星》和《春声》月刊等。姚氏接任《自由谈》后，自然刊登了不少南社成员的诗词作品，他自己也撰写了不少诗词。但就总体风格而言，并未做出改变，诗词出现的频率并不高，数量也不算多，栏目设置也未作变更。不过，姚鹓雏的任期更短，仅仅半年之后，1916 年 10 月 31 日，《自由谈》再度更换主编，由天虚我生陈蝶仙接办。

陈蝶仙（1879—1940），原名寿嵩，字昆叔，后改名栩，字栩园，又自蝶仙，别号天虚我生。出生于浙江杭州，父亲是一名中医。陈蝶仙曾考取过晚清的贡生，做过幕僚，也当过监狱工

---

① 《申报》，1915 年 3 月 19 日。
② 王樊逸《在“救世”与“游戏”之间——王钝根编辑思想刍议》，《苏州科技学院学报》（社会科学版），2007 年第 2 期，第 134 页。

艺指导员，还在浙江镇海县当过知事。早在18岁时，陈蝶仙就受《红楼梦》启发，创作了长篇小说《泪珠缘》。这部描写儿女情长、家事纠葛的小说，印行后风靡一时。此后，他又在《月月小说》、《沪报·消闲录》上发表了《新泪珠缘》、《桐花笺》、《自由花》等，与李常觉合作翻译过《杜宾侦探案》、《桑狄克侦探案》等，并主编过文学杂志《著作林》。陈蝶仙是早期《申报·自由谈》的热心撰稿人之一，为王钝根赏识，推荐出任《申报·自由谈》的编辑。在《申报·自由谈》任职期间，他创作小说的兴趣不减，不仅《自由谈》上几乎每期都有他的作品，王钝根主编的《礼拜六》上也曾发表过他的长篇小说《孽海疑云》。此后，又相继出版了《满园花》、《郁金香》、《新官场现形记》等十多部小说。

陈蝶仙（天虚我生）像

陈蝶仙接任主编后，别出心裁地自撰的《召请投稿家》，模仿和尚放焰口的格式，每段都以"一心召请某某"开始。他还仿照《小说月报》，根据来稿质量的优劣，分为甲乙丙三个等级，给予不同的稿酬。此说一出，引起了部分作者的不满，还引起了一场小小的风波。有人将唐代古文大家柳宗元的一篇极冷僻的文章，化名投给《自由谈》编辑部，陈氏接稿后，判为丙等并刊出。事后，投稿者写信给《申报》，将此事公之于众，质疑身为主编的陈蝶仙的审稿资格。无奈之下，陈氏只好向读者道歉，并取消了稿费的分级制。此外，他还扩大了副刊篇幅，增设了《新自由谈》。1917年初，又辟《老申报栏》，专门刊载回忆《申报》的文章和老《申报》40余年间刊载过的副刊性文字。陈蝶仙曾担任过监狱里督导罪犯制造小工艺品的教导员，对于化工、医药等方面的理论和实践都有所了解。他曾在自己主编的《女子世界》杂志上，开辟相关栏目登载化妆品制造、衣服剪裁方法、口香糖制造等内容，介绍家庭生活小窍门，工艺品、日用品的制造等知识。接办《自由谈》后，他将相关内容移于自己首创的常识栏目内，设"家庭常识"、"工业须知"、"农业须知"、"集益录"等类目，使《自由谈》更贴近于读者的日常生活，受到欢迎。不久之后，陈蝶仙还将之辑录成《家庭常识》手册出版。当时社会上科学生活常识并不普及，此书一出大受欢迎，陈蝶仙可谓名利双收，于是他索性在家中开办起家庭工业社，生产生活日用品。当时，国内正掀起抵制日货的爱国运动，原本被日货"金刚石牙粉"垄断的市场出现空缺，家庭工业社适时推出的"无敌"牌牙粉，获得了成功。陈蝶仙也就此退出《申报》，专心经营日用化学品事业，成为民族资本家。①

陈蝶仙离开后的一年多时间里，《自由谈》始终没有找到合适的主编，遂一直由《申报》总编陈景韩兼任。陈景韩时期的《自由谈》栏目有"时谈"、"新拾遗"、"世界小新闻"、"小说"、"百问"等，还出现了图画栏目"益智新画"，刊登一些简单的人物肖像、花鸟鱼虫等，但总体风格没有大的变化。

3.《自由谈》史上任期最长的编辑——周瘦鹃

1920年4月1日，《自由谈》迎来了历史上任职时间最长的主编——周瘦鹃。在他主持《自由谈》期间，栏目的整体风格有所调整，并逐渐发展成为20世纪20年代最有影响力的报纸副刊之一。

周瘦鹃（1895—1968），原名周祖福，字国贤，祖籍安徽。因祖母是苏州人，且家族祖坟也在苏州，所以周氏常以苏州人

① 冯并《中国文艺副刊史》，第156—157页。

自居。“周君早年秃顶，常戴假发，又为保护目光，爱戴墨晶眼镜。”[①]1895 年 6 月生于上海。在进入《自由谈》担任编辑之前，周瘦鹃已经拥有了丰富的编辑经验。他从 1914 年起就协助王钝根编辑《礼拜六》杂志，此后还和包天笑一起受聘进入中华书局担任《中华小说界》的编辑和英文翻译。1918 年又进入《新闻报·快活林》担任特约撰述。不过，当《申报》总经理史量才正式下聘书邀请才二十出头的周瘦鹃出任《自由谈》主编时，他仍难掩激动之情，“得意洋洋地走马上任，跨进了汉口路申报馆的大门，居然独当一面的开始做起编辑工作来……”[②]。这份工作周瘦鹃做得游刃有余，每天只需花上两个小时审稿，连小样大样也有专人负责，不必他劳心。因此，他也就有了多余的时间，可以兼任其他编辑工作。从 1921 年至 1932 年间，周瘦鹃独立编辑和与人合编的刊物有：《游戏世界》、《半月》、《紫兰花片》、《上海画报》、《紫葡萄画报》、《良友》、《乐观》、《中华》，当然还有他最钟情的《礼拜六》。

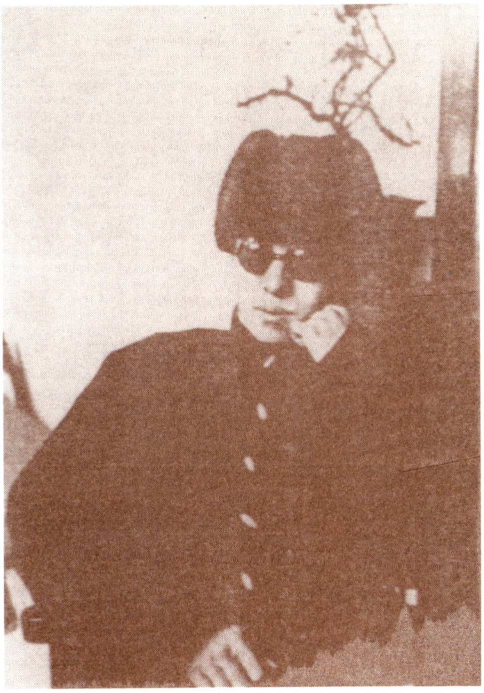

周瘦鹃像

作为当时上海第一大报《申报》副刊的编辑，周瘦鹃无需担心销量的压力。据记载，1928 年时的《申报》，日发行量已达到 14 万份之多。[③]因此，周瘦鹃编辑副刊时，在强调娱乐性和趣味性的同时，也能将自己的审美趣味与读者的审美趣味相结合了。作为一个小说家，周瘦鹃对小说的浓烈兴趣自然也反映

① 徐忍寒《申报七十七年史料》，第 55 页。
② 周瘦鹃《姑苏书简》，新华出版社 1995 年版，第 56 页。
③ 宋军《申报的兴衰》，第 227—230 页。

到了《自由谈》上。在他上任之前，《自由谈》上刊载的小说比较杂乱，有翻译小说，也有创作小说，且以短篇为主，质量也参差不齐。尽管没有发表什么改革宣言，但周瘦鹃甫一上任就做出改变，连载了程瞻庐的长篇小说《众醉独醒》。他还采取了一系列促进小说繁荣的措施，如专门辟出《文艺俱乐部》一栏，每周刊登周瘦鹃、天虚我生、程瞻庐、朱鸳雏、陈小蝶、徐半梅、程小青、张碧梧、陆忱绿等所写的社会、家庭、教育、理想、哀情、滑稽、侦探、艳情等各类小说。[1] 他开辟了闲话、笔创、杂录、新闻拾遗、文坛消息、短篇小说、长篇小说等栏目，除刊登小说外，也进行小说理论的探讨。不过，当时刊登在《自由谈》上的作品中，也不乏鸳鸯蝴蝶派小说家之间的游戏作品，比如被时人称为“百依纳”的“点将”小说。这是一种由多人集体创作长篇连载小说的方式，作者在每日刊登的段落最后写上一句含有隐喻的话作为提示，如“远望太湖，真是碧波万顷”，意即明日的段落将由作家“碧波”接着写下去。除此以外，戏剧、诗词、散文等其他文学体裁的内容也非常丰富：有白话为主的小说和戏剧，有新旧体诗甚至英文诗歌，还有用文言文写作的散文和理论性的文章，可谓雅俗共赏，新旧杂陈。然而，这种“杂”却绝不是随意拼凑的大杂烩，而是杂而有章，整合在一个和谐、统一的版面内。

周瘦鹃时期的《申报·自由谈》还出现过各种各样的特刊，如固定在周日推出的“小说特刊”、“家庭周刊”，以及不定期推出的“元旦特刊”、“双十节特刊”、“端午特刊”、“中秋特刊”、“消夏特刊”甚至以荔枝、莲、西瓜来命名的“偶然的特刊”，而这些特刊上的内容几乎都围绕主题进行创作。这种副刊和专刊交替出现的编辑策略，不但调剂了读者的阅读兴趣，也体现出了报纸注重实效性的特点。[2] 这一时期的《自由谈》除了一如既

① 宋军《申报的兴衰》，第162页。
② 刘莉《周瘦鹃主编时期〈申报·自由谈〉小说研究》，第26页。

往地介绍家庭实用小知识外，还增加了介绍西方现代文明和少数民族地区风土人情的文章。这一时期的《自由谈》紧扣时代脉搏，将新出现的电影、跳舞、电话、电车、股票、保险等事物及时介绍给读者。周瘦鹃时代的《自由谈》在市民中的影响非常大，连当时的“金鼠牌”香烟都打出了“坐在安乐椅吸金鼠牌看《自由谈》为人生第一乐事”的广告语，可见其魅力之大。曾有读者这样描绘：“《自由谈》虽是一张小小的报纸，却负着以艺术来调剂安慰吾们烦厌的一个大使命呢！他在社会上，好比种几棵艳丽秀媚的花枝，供大众的欣赏；他在人们暗淡的生活中，好比唱数叠清新的歌曲，来慰藉大众的心灵。每逢星期日，他又出张专号，好比请住惯城市都会的，去游游乡村野墅；吃惯肥鱼大肉的，去尝尝春韭秋菘，多么调剂得好啊！”[①]

4.“游戏其文字，救世其精神”

今人在谈及《自由谈》时，多关注黎烈文改革后的时期，而较少涉及1932年之前的部分，即便提到也略含贬义，诟病其“奇闻异事猎奇”、“鸳鸯蝴蝶的游泳和飞舞”、“茶余酒后消遣”的趣味主义办刊方向，且整体基调平和，绝不触动时局，更谈不到针砭时弊，不如改革后的《自由谈》更有价值。的确，从《自由谈》创刊到1932年的20多年间，其总体方向和特点是一致的，注重趣味和知识，确实以游戏文章、滑稽文章居多，但却并非只知风花雪月而不关心时局变换。自鸦片战争以来，国难不断，报国无门的文人用文章、小说、诗词在报端嬉笑怒骂、针砭时弊已然成为了一种时代潮流，他们正是以这样的方式来表达自己救国、报国的愿望。无论是王钝根、吴觉迷、陈蝶仙还是周瘦鹃，都是怀有强烈的社会责任感和救世精神的近代知识分子，这在他们编辑的《自由谈》中是有所体现的。

---

① 《申报》，1924年2月10日。

王钝根在《自由杂志》的序言中曾这样解释游戏文章和自由精神间的关系："自由谈者，救世文字而非游戏文字也。虽或游戏其文字，而救世其精神也。慨自时局纷乱，约法虚设，所谓言论自由者，孰则能实践之？或徇于党见，或困于生计，或屈于权威。虽有慷慨激昂之士，欲为诛奸斥佞之文，在势有所不能，在情有所不便，乃不得已而托于游戏文字以稍抒抑郁不平之气，而彰善瘅恶之义务，亦于是乎。尽此自由谈之所以见重于社会。"[①] 从读者的角度出发，显然"游戏文字"要比正论文章更容易被接受，而作者和编辑则正是"欲假文字之力挽颓靡之世局"、"大则救国，次足移风"。[②] 陈蝶仙也曾表达过同样的愿望，他以西方世界为参照，认为当时的中国无法做到思想自由、言论自由和出版自由，话语权被掌握在那些身居高位、附庸风雅的人手中，那么作为一名"不富且贵"的《申报》编辑，所能做的只有应声而起："有我，有报纸。出版自由，日印万纸，风行五洲，许尔投稿；言论自由，庄谐并录，正谲兼收，若著小说；思想自由，情天可补，恨史可修。自由自由，舍此而外，又将焉求？"[③] 因此我们能看到，辛亥革命后《自由谈》有了"爱国从谈"，鼓舞国人的爱国热情；袁世凯签订二十一条后，《自由谈》刊出了征求军人诗稿的启事，鼓舞国人的尚武精神；国民政府成立时，《自由谈》上有了介绍新政府的《新政府小影》以及《创造之中华民族》；军阀混战的年代，有了抨击军阀的《军阀的影子》；即便在1930年国民党政府新闻压制下，也刊登出了《豫民惨况之一斑》的文章，反映连年战乱下，百姓无一日安宁的惨况。可见，《自由谈》希望通过文字警醒国人、批判国民劣根性以求自强的尝试从未停止过，只不过这一特征在黎烈文接手《自由谈》后表现得更加明显而已。

---

① 王钝根《自由杂志·序》，《自由杂志》第一期，1913年9月。
② 济航《游戏文章论》，载《申报》，1917年10月6日。
③ 蝶仙《自由杂志·序二》，《自由杂志》第一期，1913年9月。

三、站在时代前列的《自由谈》(1932—1937)

进入20世纪30年代后，整个中国的时局有所变化，日本相继发动了“九一八”事变、“一·二八”事变、华北事变、“七七事变”，步步紧逼，中华民族面临着亡国灭种的巨大危机。新闻行业，本就对时代变换尤为敏感，此时《申报》在政治上追求的“无党无偏”、“力崇正谊”的稳健型言论和编辑方针也逐渐变得不合时宜，改革势在必行。在1931年创刊60周年纪念时，申报社发表了“肩荷此社会先驱与推动时代之重责”，以“使社会进入合理之常规”，“使我民族臻于兴盛与繁荣”的宣言，并提出要把“揭举介绍科学新知、指示世界经济转戾情势、探究社会问题、代表公众议论，引导并扶掖青年，研究边疆问题，鼓吹移民殖边，陈述国际政治之情势”等作为以后努力的方向。1932年11月30日，《申报·时评栏》里刊出了名为《今后本报努力工作》的文章，并提出了具体的“十二项”“努力的计划”，正式拉开了《申报》副刊的革新工作。《申报》在30年代先后编辑出版了《经济专刊》、《业务周刊》等专刊，以及电影、卫生、教育、国货、科学等多种附刊和专栏，

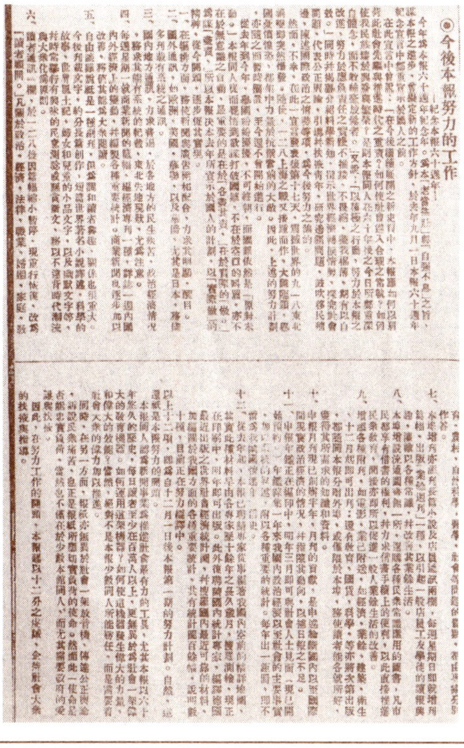
今後本報努力的工作

《今后本报努力的工作》，载《申报》，1932年11月30日

到1937年前总计达46种之多，是上海各报纸中最多的。[1]作为《申报》王牌之一的《自由谈》，此前虽也有暴露社会黑暗的内容，但毕竟不足以适应遽变的大势。史量才改革《自由谈》的决心十分坚定，且深知其“关系也很重大”，只是最初对于改革究竟如何实施，似乎并不清晰，只是模糊地提出了“务以不违背时代潮流与大众化为原则”。为达到这一目标，他不惜撤换下已担任《自由谈》主编达12年之久的周瘦鹃，启用年仅28岁的留法青年黎烈文，这一举措使得《自由谈》的面貌随之发生了巨大的改观。

1.“议长论短，妄谈大事”——《自由谈》革新前期

黎烈文早年在商务印书馆工作的4年里，结识了茅盾、郑振铎、叶圣陶、谢六逸等新文学家，日后这些人也成为《自由谈》的重要撰稿人。在此期间，黎烈文进入上海青年会夜校学习日语，为留学做准备。黎烈文的婶母黄松，因丈夫去世，从湘潭移居上海，靠教琴卖画为生，因膝下无子，黎烈文以“嗣子”名义过继给她。婶母不仅照料他的生活，还出资赞助黎烈文出国留学。1926年夏，黎烈文入东京帝国大学预科，次年赴法国巴黎大学学习。黎烈文原本一心想要攻读法律专业，却因结识了后来成为他妻子的严冰之而改变初衷，改读文学专业，并获得巴黎大学文学硕士学位。1932年回国，任法国哈瓦斯通讯社上海分社编辑，译介法国文学名著。[2]当时，史量才正在为《自由谈》改版寻找合适的主编人选，黎烈文的嗣母黄松做过史家的琴师，在她的引荐下，史量才注意到了这个年轻人。黎烈文撰写出版过小说，留法期间做过《申报》的特约撰稿人，在商务

---

① 马光仁主编《上海新闻史（一八五〇——一九四九）》，第798页。

② 哈瓦斯通讯社是法国国家通讯社，它在华活动大致始于五四运动期间。原驻华新闻机构由法属殖民地安南政府的机关通讯社“太平洋社”所派出，该社在上海、北京、哈尔滨派有记者。这些记者将消息发往西贡，再转发巴黎哈瓦斯总社，然后由总社编辑整理发往世界各地。直至1931年，哈瓦斯社才正式在中国上海建立分社（由于该社在第二次世界大战中资敌，战后为法国政府改组，并在此基础上建立法新社）。

又有过编辑经历，在国外学习的恰是文学专业，且没有任何党派背景，是一个自由主义色彩浓厚的进步知识分子，在史量才看来，这一切完全符合《申报》改革的需要，所以很快便作出了决定，黎烈文于 1932 年 12 月 1 日走马上任。

1932 年 12 月 1 日，黎烈文发表《幕前致辞》，称“昨天为止，这台上所‘表演’的，已告一段落了，闭幕了。从今天起，新的活动开始，幕又要重新开了”，宣告《自由谈》的改革正式展开，这改革的基础就是牢牢站定“进步和近代化的立足点”，既不“插科打诨”、“装腔作势”，也不打“旗号”、不宣传“主义”。① 黎烈文怀着巨大的热情，全身心投入到这份工作中去。改版后的《自由谈》令人耳目一新，风花雪月、缠绵悱恻的闲趣文章没有了，代之以联系实际的活泼文字，以及思想性、艺术性两高的随笔，尤其是尖锐深刻、不留情面的新型报章文体“杂文”，成为了这一时期《自由谈》最引人注目的标志。

黎烈文上任后，一方面诚恳地向老编辑请教，另一方面则多次刊出编辑“启事”，广泛征询读者和作者的意见。然而，《自由谈》改革的内部人事纠纷和社会阻力使他疲于应付。黎烈文每日去报馆忙碌，至深夜而回，连即将临盆的妻子也照顾不上。正当他打算大干一场时，相濡以沫五年的爱妻严冰之却为庸医所误，于 1933 年 1 月 14 日患“产褥热”去世，遗下两人未曾满月的长子黎念之。这一突发变故，令黎烈文悲痛欲绝。1933 年 1 月 24 日，他在《自由谈》上登出《启事》道：“烈文最近遭遇不幸，爱妻冰之，由同学，结为夫妇，旅欧五载，艰苦相共，方期卒业归来，建立家庭，服务社会，不料竟于日前为沪西某病院美国庸医所误，以产褥热死。两旬以来，本谈由杨幸之先生代编，得与读者继续相见，深可感激。现在内子丧葬粗了，烈文自即日起，照常到馆办事。惟思悲苦，难言奋斗。”但由于

① 《幕前致辞》，载《申报》，1932 年 12 月 1 日。

《自由谈》的革新方才开始，他“甚望海内贤达，时惠佳著，俾本刊内容，日益充实，岂惟本刊之幸，实亦中国文化前途之幸也”。在稿件的选择上，他坚持“以质量取稿”，而不“以人定文”的原则，不论名家还是普通作者一律公平对待。

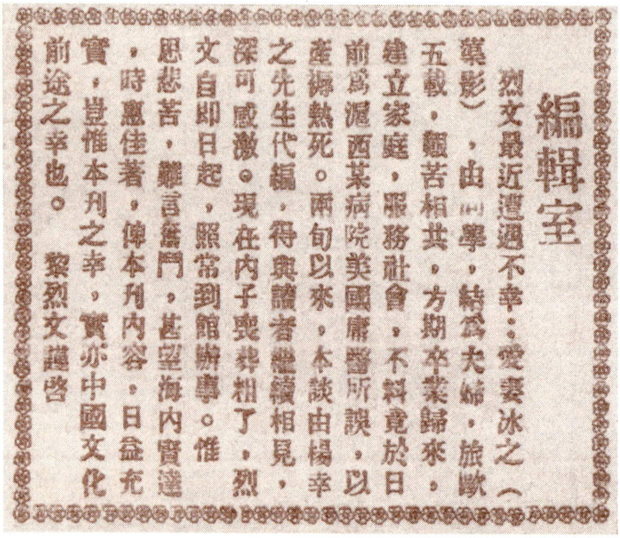

編輯室

烈文最近遭遇不幸：愛妻冰之（葉影），由同學，結爲夫婦，旅歐五載，艱苦相共，方期卒業歸來，建立家庭，服務社會，不料竟於日前爲滬西某病院美國庸醫所誤，以產褥熱死。兩旬以來，本談由楊幸之先生代編，得與讀者繼續相見，深可感激。現在內子喪葬粗了，烈文自即日起，照常到館辦事。惟思悲苦，難言奮鬥，甚望海內賢達，時惠佳著，俾本刊內容，日益充實，豈惟本刊之幸，實亦中國文化前途之幸也。 黎烈文謹啓

《编辑室·黎烈文启事》，载《申报》，1933 年 1 月 24 日

黎烈文深知有经验、有威望的老一辈作家是社会的文化精英，也是办好刊物必须“依靠的中坚力量”。于是召开座谈会，邀集陈望道、丁玲、胡愈之、林语堂、谢六逸、张资平等 20 多位文化界人士参加，并通过郁达夫向鲁迅约稿，加上后来的茅盾、郭沫若等，《自由谈》的风格立刻发生了改变。在不长的时间内，《自由谈》聚集起了一支庞大的作者队伍，叶圣陶、赵家璧、傅东华、老舍、许杰、曹聚仁、杨幸之、夏丏尊、陈子展、柯灵、施蛰存、沈从文、廖沫沙、唐弢、姚雪垠、艾芜、谢冰莹、周扬，甚至章太炎和吴稚晖这对死敌，也在《自由谈》上一起发表文章。一些普通的青年人在阅读之余，也纷纷向《自由谈》踊跃投稿，出发心声。如徐懋庸初来上海之时，就因受鲁迅在《自由谈》上的杂文影响，试作两文投稿，竟被录用，最后走上了文学道路。黎烈文改革《自由谈》之所以受到广泛的欢迎，不仅因为版面的革新以及增加了许多与读者互动的环节等外在形式的变化，最主要的是文章内容上更加紧扣时代脉搏，反映出社会的精神，尤其是具有高度思想性的社会批评增多，这一切都与鲁迅的支持有着极大的关系。

2. “投枪”与“匕首”——鲁迅与《自由谈》杂文

在给《自由谈》写稿之前，鲁迅自述从未关注过日报的文艺栏，所以也并不知道大名鼎鼎的《自由谈》，遑论为之写稿了。[①] 当时，鲁迅与黎烈文没有私交，当郁达夫转达《自由谈》的约稿请求时，前者只是“漫应之曰：那是可以的”，不过却并未立即付之行动。这固然是因为鲁迅对创造社心存芥蒂，他自言是因为创造社的人“历来特别的攻击我，甚而至于施行人身攻击的缘故”，但郁达夫却是一个特例，鲁迅与其相熟，所以对于他的邀稿请求还是答应的，但“应而至于‘漫’，我已经懒散得多了”[②]。促使他的态度发生转变的，是黎烈文的一篇悼念亡妻的文章《写给一个在另一个世界的人》，鲁迅读后，对黎烈文的遭遇深表同情，遂决定用实际行动支持他，开始动笔为《自由谈》写稿。工作之外，鲁迅夫妇在生活上也对黎烈文父子颇多关照，甚至在黎烈文离开《自由谈》后，鲁迅还曾上街为黎念之购买护肚，并亲自送到申报馆，托接替黎烈文主笔《自由谈》的张梓生转交，并在信中写道：“佛朗士小说及护肚带均已购得，今持上。带之大小，不知合适否？倘太大，希示知，当另买较小者，此二枚可留为明年之用。如太小，则上面之带，可以自行放长，尚不合，则可退换，这是与店铺先已说好的。”[③] 细致耐心可见一斑。

1933 年 1 月 30 日，《自由谈》上刊登了一篇揭露国民政府对日妥协的杂文《“逃”的合理化》，黎烈文不仅加上一圈花边，还特意刊出编辑启事云：“编者为使本刊内容更为充实，近来约了两位文坛老将何家干先生、玄先生为本刊撰稿，希望读者不要因为名字的生疏的缘故，错过‘奇闻共欣赏’的机会！”[④] 启事中的何家干就是鲁迅，玄则是茅盾。自此开始，至 1935 年 11

---

① 参见鲁迅《伪自由书·前记》，《伪自由书》，人民文学出版社 1980 年 3 月版，第 1 页。
② 鲁迅《伪自由书·前记》，第 1 页。
③ 鲁迅《致黎烈文》，《鲁迅书信集》（上），人民文学出版社 1976 年版，第 627 页。
④ 《“逃”的合理化》，载《申报》，1933 年 1 月 30 日。

月《自由谈》暂停出版，据统计，在 2 年零 10 个月的时间里，鲁迅变换了 42 个笔名，先后在《自由谈》发表了 140 多篇杂文，最多时一个月发表 15 篇，平均两天一篇，这些杂文后来汇入《伪自由书》、《准风月谈》和《花边文学》等 3 本杂文集中出版。[1] 鲁迅自己也说，“常常写些短评，确是从投稿于《申报》的《自由谈》上开头的”，且一发不可收拾。[2] 即便在黎烈文被迫离开《自由谈》后，鲁迅依然没有停止撰稿，一方面是因为老友所托，另一方面鲁迅也以《自由谈》为阵地，参与回应了 30 年代多次文坛大论争，如以梁实秋为代表的新月派论争、“民族主义文艺”、与沈从文的“京派”“海派”论争等。鲁迅的杂文犹如“投枪”和“匕首”，文笔犀利，借古讽今。这种创作风格也带动了一大批年轻作者投身其中，迎来了杂文的全盛时代。连当时在鲁迅家避难的瞿秋白，都曾借用何家干的笔名，为《自由谈》撰写了《出卖灵魂的秘密》、《最艺术的国家》等。

自由談

「逃」的合理化

何家幹

古時候，做女人大晦氣，一舉一動，都是錯的，這個也罵，那個也罵。現在這晦氣落在學生頭上了，進也挨罵，退也挨罵。

我們還記得，自前年冬天以來，學生是怎麼鬧的，有的要南來，有的要北上，南來北上，都不給開車。待到到得首都，頓首請願，卻不料「爲反動派所利用」，許多頭都恰巧「碰」在刺刀和槍柄上，有的竟「自行失足落水」而死。

誰提一句抗議呢？有些人還笑罵他們。

還要開除，還要告訴家長，還要勸進研究室。一年已來，好了，總算安靜了。但不料山海關失了守，上海遼遠，北平卻不行了，因爲連研究室也有了危險。住在上海的人們想必記得的，去年此日的暨南大學，勞動大學，研究室裏還坐得住麼？

北平的大學生是知道的，並且有記性，這回不再用頭來「碰」刺刀和槍柄了，也不再想「自行失足落水」，卻發明了一種新方法，是：大家走散，各自回家。

這正是這幾年來的教育顯了成效。

然而又有人來罵了。童子軍還在烈士們的輓對裏，說他們「遺臭萬年」。

但我們想一想：不是連語言歷史研究所裏的沒有性命的古董都在搬家了麼？不是學生都不能每人有一隻飛機麼？能用本國的刺刀和槍柄「碰」得瘟頭瘟腦，躲進研究室裏去的，倒能並不瘟頭瘟腦，不被外國的飛機大砲，炸出研究室外去麼？

阿彌陀佛！

《“逃”的合理化》，载《申报》，1933 年 1 月 30 日

《自由谈》上尖锐的时政杂文，自然也引起了当局的不满。《社会新闻》、《大晚报》、《微言》、《中央日报》、《民国日报》等刊登了化名为“男儿”、“飞狼”、“甲辰生”等人的文章，将矛头直指鲁迅与沈雁冰两位“文坛老将”。有人说当时的《自由谈》已成为

① 参见王灿发《现代报纸副刊专刊透视——30 年代〈申报〉副刊研究》，远方出版社 2005 年 7 月版，第 63—65 页。

② 鲁迅《伪自由书·前记》，第 2 页。

左翼作家刊物："《申报·自由谈》的编辑系留法学生，为一名不见经传之新进作家。自彼接办《自由谈》后，《自由谈》之论调，为之一变，而执笔为文者，亦由星社《礼拜六》之旧式文人，易为左翼普罗作家。现《自由谈》资为台柱者，为鲁迅与沈雁冰两氏，鲁迅在《自由谈》上发表文章尤多，署名为'何家干'，沈雁冰署名为'玄'。除鲁迅与沈雁冰外，其他作品，亦什九系左翼作家之作。"[①] 进入5月后，更有人宣称《自由谈》要组织团体了，说"自从鲁迅、沈雁冰等以《申报·自由谈》为地盘，发抒阴阳怪气的论调后，居然又能吸引群众，取得满意的收获了。在鲁、沈的初衷，当然这是一种有作用的尝试，想复兴他们的文化运动。现在，听说已经到组织团体的火候了"[②]。1933年7月的《社会新闻》甚至散布谣言，宣称鲁迅、沈雁冰、郁达夫、陈望道等人为躲避暗杀，已经以避暑的名义纷纷离开上海。尽管有各方的责难，却并未能阻挡住鲁迅为《自由谈》源源不断地供稿，他曾致信黎烈文言明："择可登者登之，如有被人扣留，则易以他稿而将原稿见还，仆倘有言谈，仍当写寄，决不以偶一不登而放笔也。"[③] 遭到非难的当然不止鲁迅等作者，也包括了主编黎烈文，仅仅在《自由谈》改革后4个月，因停载张资平的长篇小说《时代与爱的歧路》，就为人利用，乘机掀起了一场不小的风波。

3. "多谈风月，少发牢骚"——《自由谈》革新的艰难时期

张资平是20世纪30年代红极一时的作家，他的恋爱小说拥有众多青年读者，当时的青年女性甚至以闲聊时手捧张资平的恋爱小说为时髦。1932年11月，刚刚接手《自由谈》的黎烈

① 逸《黎烈文未入文总》，《社会新闻》，第2卷21期，1933年3月24日。
② 农《鲁迅沈雁冰的雄图》，《社会新闻》，第3卷第12期，1933年5月6日。
③ 鲁迅《致黎烈文》（1933年5月4日），《鲁迅全集》第10卷，人民文学出版社1958年版，第130页。

文，正四处找人为栏目写稿，通过郁达夫的介绍，在一次宴席上主动向张氏约稿。1932 年 12 月 1 日，从革新后的第一期《自由谈》开始，便连载了张资平的《时代与爱的歧路》，讲述了从广州来上海读大学的青年林海泉在上海的恋爱史。文章刊出后，黎烈文感觉到与改版后的《自由谈》风格不甚相合：一边是呼吁抗日、抨击时弊的投枪式杂文，一边却是卿卿我我的多角恋爱。1933 年 4 月 22 日，黎烈文在《自由谈》上发出编辑室“启事”：“近来时接读者来信，表示倦意。本刊为尊重读者意见起见，自明日起将《时代与爱的歧路》停止刊载，改登近代世界文学名著法人 Jules Renard 作《红萝葡须》（*Polide Carotte*），至希读者诸君注意为幸。”①中止一位有相当影响力的作家的作品，这在当时，尚不多见。所以，当时上海的多家报纸，对此事多有传播，如 4 月 27 日，《晶报》便发表一篇短文，题目就是《〈自由谈〉腰斩张资平》。其中，尤以《社会新闻》刊登出的署名“粹公”的文章《张资平挤出〈自由谈〉》情绪最为激烈，文章先是为张叫屈：“在张资平被挤出《自由谈》之后，以常情论，谁都咽不下这口冷水，不过张资平的阘懦是著名的，他为了老婆小孩子之故，是不能同他们斗争，而且也不敢同他们摆好了阵营的集团去斗争。”随后，文章的作者又将这次单纯的稿件撤换事件，演绎成了鲁迅等人策划的阴谋：“而且《自由谈》的写稿，是在去年十一月，黎烈文请客席上，请他担任的，即使鲁（？）先生要扫清地盘，似乎也应当客气一些，而不能用此辣手。问题是这样的，鲁先生为了要复兴文艺（？）运动，当然第一步先须将一切的不同道者打倒……”②经过了这次风波，张资平自然对黎烈文十分的不满，但当时他“仅仅在《中华日报》的《小贡献》上，发了一条软弱无力的冷箭，以作遮羞”。对此，黎烈文并未立即予以回应，在他看来，是非曲直，自在人心。原本事情或许就会这

① 《编辑室》，载《申报》，1933 年 4 月 22 日。
② 粹公《张资平挤出〈自由谈〉》，《社会新闻》，1933 年 5 月 9 日。

样平息下去，但不曾料想，数月之后事件又再度升级。

《自由谈》的革新进行了半月有余，虽面貌一新但也遭到众多对立刊物的围攻和当局的注意。很快，鲁迅的若干篇文章及其他有批判现实内容的稿件，遭到当局的封杀，无法发表。尽管主编史量才思想开明，仍不得不叮嘱黎烈文谨慎行事，小心应对新闻检察官。在这样的政治压力下，“自由谈”栏目终于在1933年5月25日刊出了一则“启事”：“这年头，说话难，摇笔杆尤难。……编者谨掬一瓣心香，吁请海内文豪，从兹多谈风月，少发牢骚，庶作者编者，两蒙其休。……区区苦衷，伏乞矜鉴！”[①] 话虽如此，正如曹聚仁所说的，黎烈文有着湖南人特有的一股牛劲儿，“谁同他拗的话，他会跟你拗到底”。在政治高压的情况下，他煞费苦心地改变策略，而鲁迅、茅盾等作家也继续支持《自由谈》，或将文章写得更为隐晦曲折，或频繁地更换笔名，设法避开国民党图书杂志审查委员会的耳目。不过，这次事件依然还是给了黎烈文以不小的打击。启事一出，对停刊作品一事依然耿耿于怀的张资平，借机在《时事新报》副刊《青光》上登出“启事”，含沙射影地写道：“我不单无资本家的出版者为我的后援，又无姊妹嫁作大商人为妾，以谋得一编辑以自豪，更而进行其‘诬毁造谣假造信件’等卑劣的行动。今后凡有利用以资本家为背景之刊物对我诬毁者，我只视作狗吠，不再答复，特此申明。”虽然没有直接点出黎烈文的名字，但明眼

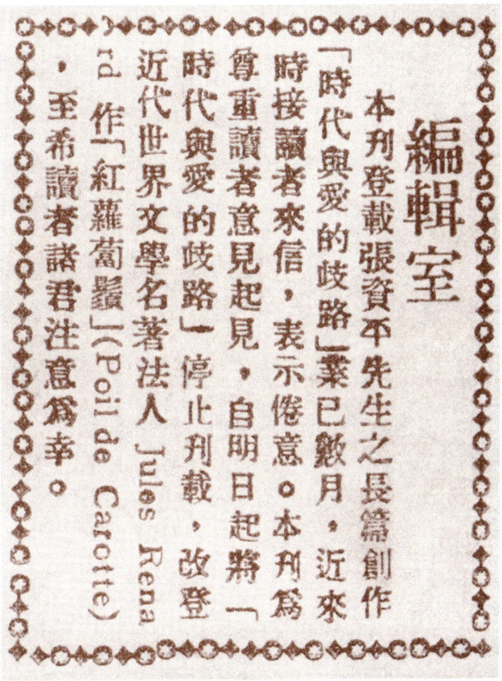
編輯室

本刊登載張資平先生之長篇創作「時代與愛的歧路」業已數月，近來時接讀者來信，表示倦意。本刊爲尊重讀者意見起見，自明日起將「時代與愛的歧路」停止刊載，改登近代世界文學名著法人 Jules Renard 作「紅蘿蔔鬚」(Poil de Carotte)，至希讀者諸君注意爲幸。

《编辑室·停刊张资平小说的启事》，载《申报》，1933年4月22日

① 《申报》，1933年5月25日。

人却一望即知。[①]次日，黎烈文同样在《青光》上刊出针对张资平的“启事”的“启事”，对张资平的污蔑一一作出回应。首先，黎烈文言明“烈文去岁游欧归来，客居沪上，因《申报》总经理史量才系世交长辈，故长往访候。史先生以烈文未曾入过任何党派，且留欧时专治文学，故令加入申报馆编辑《自由谈》”，没有什么资本家的出版者作为后援。其次，言明自己的两个妹妹，一位未嫁早死，一位还在长沙某校读书，并未嫁人。在启事中黎烈文指出：“张某之言，或系一种由衷的遗憾（没有姊妹嫁作大商人为妾的遗憾），或另有所指，或系一种病的发作，有如疯犬之狂吠，则非烈文所知耳。”[②]看到启事的第二天，鲁迅立即致信，告诉他对付张资平这样的文人一定要“戒愤怒”，且要学会“以子之矛攻子之盾”。[③]

（《编辑室·启事》，载《申报》，1933 年 5 月 25 日

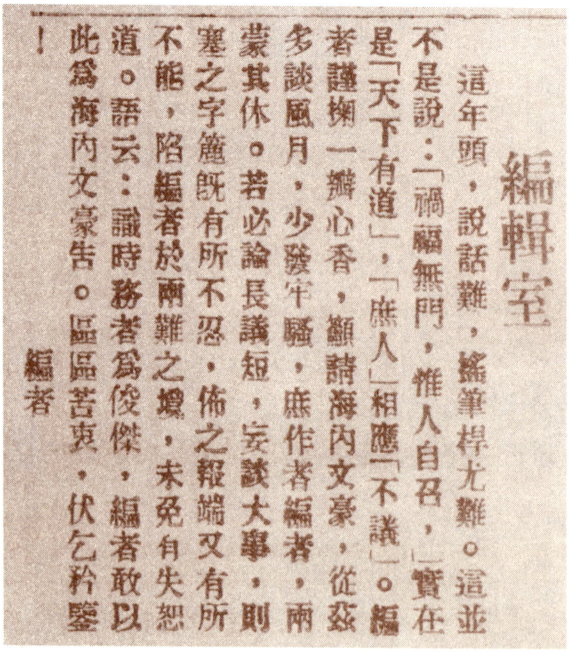

編輯室

這年頭，說話難，搖筆桿尤難。這並不是說：「禍福無門，惟人自召，」實在是「天下有道」，「庶人」相應「不議」。編者謹掬一瓣心香，籲請海內文豪，從茲多談風月，少發牢騷，庶作者編者，兩蒙其休。若必論長議短，妄談大事，則塞之字簏既有所不忍，佈之報端又有所不能，陷編者於兩難之境，未免自失恕道。語云：識時務者爲俊傑，編者敢以此爲海內文豪告。區區苦衷，伏乞矜鑒！

編者

遭受了一连串的打击后，黎烈文心生退意，甚至一度想退出《申报》，另外创办一份刊物。鲁迅闻之后，致信帮助他分析利弊，明确表达了反对意见，“一是稿件，大约开初是不困难的，但后来渐少，投稿又常常不能用……二是维持，《自由谈》仅《申报》之一部分，得罪文虻，尚被诋毁如此，尚是独立刊物，则造谣中伤，禁止出版，或诬以重罪，彼辈易如反掌耳”[④]。并且鼓励他“做编辑一定是受气的，但为‘赌气’计，且为于读者有所贡献计，只

① 《时事新报》，1933 年 7 月 6 日。
② 《时事新报》，1933 年 7 月 7 日。
③ 鲁迅《致黎烈文》（1933 年 7 月 8 日），《鲁迅书信集》（上），第 386 页。
④ 鲁迅《致黎烈文》（1933 年 7 月 22 日），《鲁迅书信集》（上），第 391—392 页。

得忍受。略为平和，本亦一法，然而仍不免攻击，因为攻击之来，与内容其实是无甚关系的”[①]。在鲁迅的劝说下，黎烈文就此打消了离开的念头，继续编辑《自由谈》，直到 1934 年 5 月 9 日被迫辞职。

4. “萧规曹随”——《自由谈》被迫停刊

尽管发表了“识时务为俊杰”的“启事”，黎烈文和《自由谈》依然令当局非常头疼。国民党上海特别市党部再次向史量才提出，要求撤换黎烈文。为了保全整个《申报》，史量才不得不做出决断，由经理马荫良托请黎烈文的堂妹夫、商务印书馆编辑黄子健出面，请黎烈文“暂时避一避”，并转送银元五百，以示“安慰和关心”。1934 年 5 月 9 日的《自由谈》上，刊出了黎烈文的辞职“启事”：“烈文现因事忙，对于本刊编辑事务无暇兼顾。自即日起，关于本刊一切事项，由张梓生先生主持。”

张梓生（1892—1967），字君朔，浙江绍兴人。1922 年任商务印书馆《东方杂志》编辑，1932 年入申报馆编辑《申报年鉴》。张梓生与鲁迅也是相熟已久，早年鲁迅移居北京时，还曾将部分藏书交给张。离职前，黎烈文在新雅酒店设宴，邀请茅盾、鲁迅等相熟作家继续支持《自由谈》。鲁迅等人也应诺，继续为《自由谈》供稿，“但为了赌气，却还是改些作法，换些笔名，托人抄写了去投稿”[②]。总体而言，张梓生在编辑方针上与黎烈文时代基本保持一致，《自由谈》进入了“萧规曹随”的时期。不过，《自由谈》实际上还是比之前温和了很多，不再有攻击他人的文章浮现，鲁迅依然写稿，但也不再锋芒毕露，频率也有所减低。这一时期，较可记录的事情是，1934 年夏天以《自由谈》为阵地展开的“语文如何接近民众的讨论”。但是，张梓生依然感受到了来自四方的压力，不少小报纷纷刊登造谣、围攻的文

---

① 鲁迅《致黎烈文》（1933 年 7 月 14 日），《鲁迅书信集》（上），第 388—389 页。

② 鲁迅《花边文学·序言》，人民文学出版社 1980 年 9 月版。

章，于是便把编务交给了助理编辑吴景崧负责，《自由谈》又有了逐步回到纯文艺副刊样式的趋势。1934 年 11 月，《申报》总经理史量才被暗杀，《自由谈》的处境变得更加困难。1935 年 10 月 31 日，主编张梓生终于刊登出了《自由谈》停刊的启事。直到 1938 年 10 月后，《自由谈》才再度复刊，只是面貌已经与之前大不相同了。

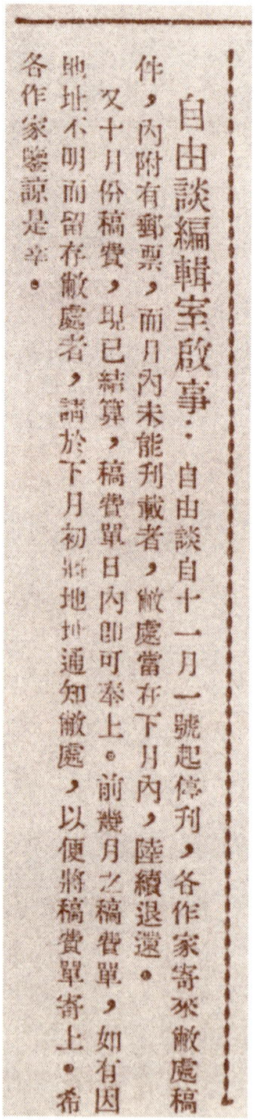
自由談編輯室啟事：自由談自十一月一號起停刊，各作家寄來敝處稿件，內附有郵票，而月內未能刊載者，敝處當在下月內，陸續退還。又十月份稿費，現已結算，稿費單日內即可奉上。前幾月之稿費單，如有因地址不明而留存敝處者，請於下月初將地址通知敝處，以便將稿費單寄上。希各作家鑒諒是幸。

《自由谈·编辑室启事》，载《申报》，1935 年 10 月 31 日

1932 年 12 月 1 日到 1935 年 10 月 31 日，由黎烈文倡导的《申报·自由谈》革新，历时不到 3 年的时间，却取得了辉煌的成功。改革后的《自由谈》联系实际、尖锐泼辣，抓住时局的症结，敢言人所不敢言，深受读者欢迎。随着《自由谈》的声誉鹊起，《申报》的订户也猛然增长。尤其是《自由谈》上的杂文具有鲜明的特色，或慷慨激昂、感情充沛，或侃侃而叙、阐明哲理，诚如茅盾说道："《自由谈》的改革推动了中国杂文的发展，造就了一批杂文家。……引来了杂文的全盛时期。""延续两年的《申报·自由谈》的革新，在中国现代文化史上应当大书一笔。"[①] 用曹聚仁的话来说："《自由谈》在陈蝶仙主编时期，有其一种作风，到了周瘦鹃先生主编，又有一种作风。到了黎烈文兄来主编，好像继承了《北晨》副刊《觉悟》、《学灯》这一传统，成为新文学运动的一个灯塔。"[②]

① 茅盾《多事而活跃的岁月》，《新文学史料》1982 年第 3 期，第 10—11 页。
② 曹聚仁《黎烈文与自由谈》，《我与我的世界》，人民文学出版社 1983 年版，第 367—372 页。

四、周瘦鹃与前期《春秋》(1933—1937)

黎烈文将《自由谈》的革新搞得风生水起，前主编周瘦鹃“辞职让贤”后，却并未离开，而是开创了《申报》另外一个非常重要的文艺副刊——《春秋》。与《自由谈》面向知识精英、进步学生的取向不同，《春秋》主要针对普通的市民阶层。《自由谈》以杂文取胜，行文风格尖锐犀利，紧扣时事，读之酣畅淋漓；《春秋》则刊登各种通俗文学作品，普及社会知识，注重趣味性、消闲性，笔调温和、中性。尽管“五四”之后出现的新文学团体及刊物如过江之鲫，不下百余种，有效地改变了人们对传统副刊的认识，但不可否认通俗性的文艺副刊依然拥有大量的读者。1941 年 7 月 21 日，《申报》上刊登的一篇反映普通市民一家 9 口看《申报》的短文，就对这个问题有所反映：“同样是看申报：爸爸看的是‘经济新闻’和‘经济专刊’。妈妈看的是‘衣食住行’周刊。大哥看得是‘舞场广告’和‘本埠新闻’

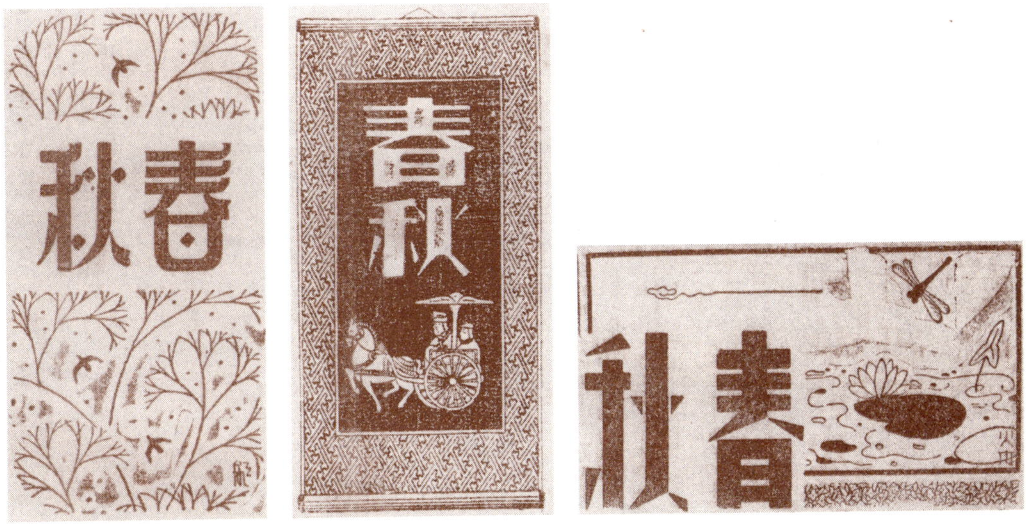

不同时期的《春秋》题头

（尤是桃色的）。二哥看的是‘游艺界电影广告’。三哥看的是‘体育新闻’和‘教育消息”。姐姐喜欢看长篇小说《秋海棠》和《血雨琼葩》。我喜欢看国际国内新闻和‘自由谈’、‘春秋’。刚小学毕业的弟弟看的是招生广告。小妹喜欢看‘儿童周刊’。暂居我家的亲戚看‘分类广告’中的‘召租’”。[①] 可见，对于像《申报》这样的营业性大报来说，充分考虑不同层次市民的需求，才能扩大报纸的影响，保持销售数量。《自由谈》的改革固然是迎合时代潮流的必然举措，而创办《春秋》这样的文艺性副刊，也不失为留住大量普通读者的有效手段。《春秋》正式创刊于1933年1月，到1947年11月与《自由谈》归并，改出《文学》周刊为止，前后断断续续出版了约15年之久。从第一任主编周瘦鹃，到最后一任主编王进珊，《春秋》始终都以发表小说、散文、诗歌、戏剧、小品、美术作品等文艺作品为主，但前后风格并非一成不变，也没有承袭鸳鸯蝴蝶和消闲派的老路，虽然不像《自由谈》那样锋芒毕露，但在传播普及通俗文学上的成就却很大，这与周瘦鹃的作用和贡献是分不开的。

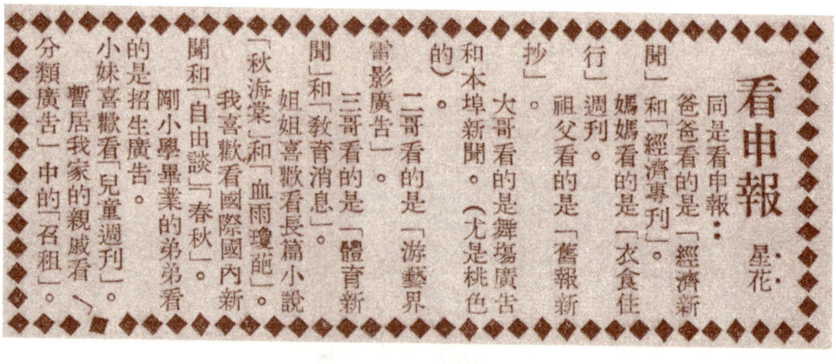
看申報 星花·
同是看申報：
爸爸看的是「經濟新聞」和「經濟專刊」。
媽媽看的是「衣食住行」週刊。
祖父看的是「舊報新抄」。
大哥看的是舞場廣告和本埠新聞。（尤是桃色的）。
二哥看的是「游藝界電影廣告」。
三哥看的是「體育新聞」和「教育消息」。
姐姐喜歡看長篇小說「秋海棠」和「血雨瓊葩」。
我喜歡看國際國內新聞和「自由談」「春秋」。
剛小學畢業的弟弟看的是招生廣告。
小妹喜歡看「兒童週刊」。
暫居我家的親戚看「分類廣告」中的「召租」。

星花《看申报》，载《申报》，1941年7月21日

1. 周瘦鹃与《春秋》的创办

1932年年底，《申报·自由谈》改革，史量才任用黎烈文

① 星花《看申报》，《申报·春秋》，1941年7月21日。

为主编，周瘦鹃12年零7个月的主编生涯宣告结束。虽然史量才仍希望周能提携后进，对黎烈文予以照顾，期望他们能共同完成《自由谈》的改进，无奈两人实在是志趣各异，没有办法在一起工作。加上当时周瘦鹃已经把家安在了苏州，每周也就是抽出一两天时间来上海处理编务，黎烈文入主《自由谈》后与鲁迅、茅盾等人接触渐多，常常不等与周瘦鹃商量，便自行发稿，弄得周瘦鹃感觉自己“尸位素餐，无所事事”，也因此大发牢骚：“我先还看看稿件，装装门面，后来什么也不管了，露骨表示了倦动之意”，干脆就在自家庭院内栽花种草，研究盆景。[①] 史量才不愿老友就此隐退，于是干脆另外辟出一个新的副刊《春秋》，请周瘦鹃出任主编。1933年1月10日，《春秋》刊登启事：“瘦鹃自今日起担任本刊编辑，旧时投稿同志，仍希随时惠稿，文体不论新旧，但以思想新颖、趣味浓厚为主，篇幅愈短愈妙，至多以五百字为限，字数务须注明，并加小标题，用新标点，不刊用时如须退还，请附贴足邮票之信封，否则概不奉璧，此启。”[②]

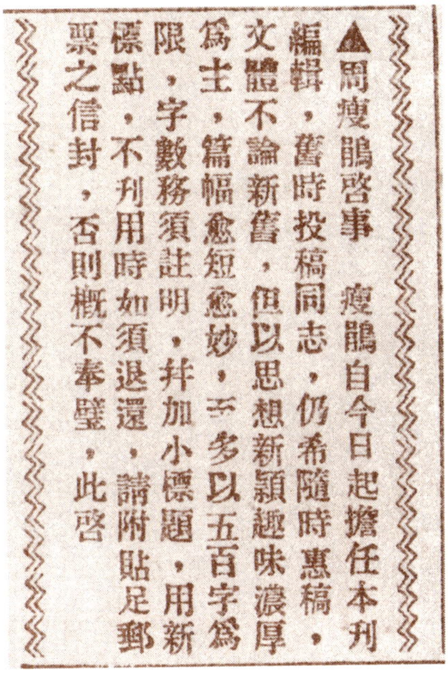
▲周瘦鵑啓事　瘦鵑自今日起擔任本刊編輯，舊時投稿同志，仍希隨時惠稿，文體不論新舊，但以思想新穎趣味濃厚爲主，篇幅愈短愈妙，至多以五百字爲限，字數務須註明，並加小標題，用新標點，不刊用時如須退還，請附貼足郵票之信封，否則概不奉璧，此啓

《周瘦鹃启事》，载《申报》，1933年1月10日

《春秋》创刊，表面上看来是因人设事，其实并不单纯。“五四”之后，中国现代文学逐渐分为新文学和通俗文学两大分支，其一为“载道的遵命文学”，一为“娱心的休闲文学”，服务的对象本不相同，大可并行不悖。但是，在此后的近一个世纪

① 参见周瘦鹃《春秋忆旧录》，《申报·春秋》，1947年9月20日。
② 周瘦鹃《周瘦鹃启事》，载《申报》，1933年1月10日。

里，似乎总是“恩怨”不断，互不买账，各类报章杂志自然也就成为它们互相争夺抢占的阵地。20世纪20年代《小说月报》革新，但商务同时又另出《小说世界》续旧。这表明，出版商们一方面要向中意新文学的知识精英示好，一方面也绝不愿意得罪向来支持自己的广大老读者，尤其是其中还有着可观的经营利润。毕竟，无论是北京还是上海，为数众多的普通民众还是倾向于言情、武侠、侦探、黑幕之类的通俗文学作品的，据说当时还有“宁可不娶小老婆，不可不读《礼拜六》”的俗谚。[①]就连鲁迅给母亲寄去的读物，也是张恨水、程瞻庐等人的小说。出于对发行量的考虑，史量才在《自由谈》革新后，再出《春秋》也就不是什么新鲜事了。

2.《春秋》影响力的扩大

1933年1月8日，也就是《春秋》创刊前两天，《申报》发表启事：“本报为增加读者兴趣起见，自本月十日起，添辟增刊一种，定名‘春秋’。所采材料，文体不论新旧，但以思想新颖、趣味性浓厚为主。内容分谈话、杂作、长短篇小说、妇女的乐园、儿童的乐园、游踪所至、世界珍闻、新发明、小常识、新漫画、小园艺、小工艺、人物小志、风土小志、笑的总动员诸栏，并加插小图与照片。所有门类，随时变换，并出不定期专号，以期一新读者眼界。先此布告，读者鉴之。”《春秋》从最初创刊到1935年11月间的两年多时间里，基本上秉持了周瘦鹃时代《自由谈》的风格，是一个综合性的文艺副刊，以刊登随笔、小品、连载和知识趣闻为主，内容包罗万象，涵盖面极广。周瘦鹃在编辑时还想了一些办法，细致分栏，做到固定中有变化。比如，《春秋》的最下一排专栏，刊登发明、常识、笑话以及妇女、儿童专题等内容，按月轮换。他还请人担任图画设计，为文章

① 参见钱理群、温儒敏、吴福辉《中国现代文学三十年》，北京大学出版社1998年7月版，第337页。

配画图案和题头。

前期的《春秋》大致上有4个板块的内容，各具特色。《春秋》的头条一般安排评论性的杂文，如程瞻庐的《瞻庐随笔》、汪仲贤的《上海闲话》和周瘦鹃自己的《紫罗兰庵谈荟》等。这部分随笔短小精悍，思想新颖，借古讽今，与时事结合得比较紧密。如程瞻庐的《结婚测验与空军》、《小朋友救国》，陈蝶仙的《航空救国之我见》，百合的《复辟》，范烟桥的《傀儡戏》等都与当时日本发动侵华战争、东北义勇军奋起反抗等重大事件紧密相关，虽不如同期的《自由谈》那般犀利，但也切中时弊、通俗易懂，同样起到了宣传抗战、普及民主自由观念的作用。时评之后，一般刊登文学作品，这也是《春秋》的重头戏，除诗歌、散文、杂感等，最有特色的还是各类通俗小说。为《春秋》撰稿的作家群，还是以前期《自由谈》的鸳鸯蝴蝶派名家为主，如周瘦鹃、张恨水、包天笑、程瞻庐、孙了红、范烟桥、顾明道、秦瘦鸥、郑逸梅、陈蝶仙、汪仲贤等。1933年1月和2月，正如周瘦鹃自己所述，刊登的多为“思想新颖、趣味浓厚”的短篇作品，如顾明道的《青春之火》、秦瘦鸥的《田庄主》、火雪明的《混江龙的奇遇》等。此后的两年间长篇渐增，著名的有：张恨水的《东北四连长》、《小西天》、《换巢鸾凤》，德龄的《御香缥缈录》（秦瘦鸥翻译），秦瘦鸥的《秋海棠》，顾明道的《血雨琼葩》等。在整个版面的最下方则专辟一处为专栏，共计12栏，每月更换。主要有：以刊登游记，介绍风景名胜、游览见闻为主的“游踪所至”；介绍各地风土人情、民俗文化的“风土小志”；介绍名人轶事的“人物小志”；介绍园艺栽培和鉴赏等知识的“小园艺”；介绍世界各地奇闻的

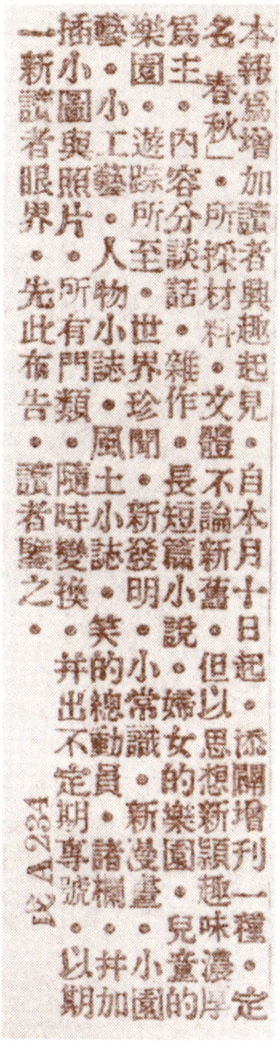
本報爲增加讀者興趣起見・自本月十日起・添闢新增刊一種・定名「春秋」・所採材料・文體・不論新舊・但以思想新穎・趣味濃厚爲主・內容分談話・雜作・長短篇小說・婦女的樂園・兒童的樂園・遊蹤所至・世界珍聞・新發明・小常識・新漫畫・小園藝・小工藝・人物小誌・風土小誌・笑的總動員・諸欄・并加插小圖與照片・所有門類・隨時變換・并出不定期專號・以期一新讀者眼界・・先此布告・・讀者鑒之・・
A234

《本报启事》，载《申报》，1933年1月8日

“世界珍闻”等。[1]此外，还有诸如《中华国产丝绸专号》（1933年7月9—11日）、《学校生活》（1933年10月29日）、《儿童节专号》（1933年4月4日）、《妇女特刊》（1934年9月1日）等不定期专刊和特刊发行。随着《春秋》影响力的逐步扩大，为《春秋》撰稿的作家群体也日益扩大，作为综合性文艺副刊的地位也日渐稳固。

3. 精彩纷呈的《申报》副刊与《春秋》风格的转变

1935年11月1日，《春秋》编辑室发表启事：“自即日起，《春秋》定星期一、二、三、四等日出版，请读者注意。”《春秋》由每日出版改为每周出版4期。导致这种变化最主要的原因是，1932年《申报》改革后，陆续创办和改版了大量的专刊副刊，据统计，1932年至1937年间，《申报》创办的专刊、增刊和专栏等达46种。[2]如倡导国货运动，号召使用国货的《国货周刊》；普及无线电知识、介绍新式实用技法的《无线电专刊》；探讨日常养身方法，介绍各种常见疾病及其预防、治疗的《现（时）代医药刊》；介绍文学、艺术、历史等社会科学知识的《通俗讲座》；推广现代舞、歌曲、棋牌等都市娱乐项目的《娱乐专刊周刊》；有着浓厚人文气息，及时报道文化界名人动态的《出版界》；将国剧、话剧、昆曲、大鼓说书、电影等一网打尽的《游艺界》；倡导科学精神和理论，通报科学界消息的《科学与人生》；发表法律界时评、解读法条的《法律》；还有用漫画形式来探讨社会时事问题的《社会动态漫画》等，可谓繁盛之至。这些专门性副刊的出现，尤其是《春秋儿童周刊》和《妇女乐园》从《春秋》中分离出来，使得原本属于《春秋》的出版空间和时间都被压缩，最后改为一周出版3次。

在这样的压力下，《春秋》也逐渐开始转变，即保留了原来

---

① 参见王灿发《现代报纸副刊专刊透视——30年代〈申报〉副刊研究》，第127—163页。
② 马光仁主编《上海新闻史（一八五〇——一九四九）》，第798页。

的栏目如“点滴”、“游踪所至”等，也推出了“小春秋周刊”、“所见记”、“特写”等新栏目。其中“小春秋”专门刊登一些哲理性的小品文，文体新旧夹杂，篇幅短小，被周瘦鹃自己喻为“一头袋鼠的袋子里，怀着小袋鼠”，在栏目形式上有所创新。进入1937年后，《春秋》的风格和内容都发生了重大的转变，从以趣味性为主变为注重实效性、写实性，内容具有时代意义。[①]尤其是“七七”事变之后，随着时局的日益紧张，《春秋》上号召全民抗战，鼓舞战士士气的文章成为了主流，如周瘦鹃的《有血气的国人听着》（1937年7月14日）、《卢沟桥之歌》（1937年7月26日）等。1937年8月9日，《春秋》发表启事：“我中华民族已到生死存亡的‘最后关头’，全面抗战已开序幕，每一个同胞，都不能坐以待毙，要站起来负起救国的责任！所以本刊从今天起，转变以往作风，重订取材的范围。说起来很简单：如何激励前方的将士？如何唤醒后方的民众？如何摧毁万恶的侵略者？如何达到我们最后的胜利？读者诸君！我们要使毛锥子挺起来和飞机大炮一样的威力。请大家努力！奋斗！”不久之后，《申报》被迫停刊，周瘦鹃也不得不携家眷外出避难，就此结束了为时5年的《春秋》编辑工作。

1938年10月，《春秋》随着《申报》的复刊而重新登场，为了避免与《自由谈》和《游艺界》定位冲突，《春秋》将栏目风格定位于偏向反映“都市动态”，以特写、素描、调查等纪实性的文体为主。主要的栏目有“谈话”、“特写”、“生活报告”、“生活调查”、“社会调查”、“影评”、“剧坛外史”、“难民教育”等，当然也连载小说。《春秋》从战前注重趣味性、艺术性、消闲性，变成了更关注现实问题、市民生活，这也是因为当时的上海正处于孤岛环境，市民更愿意通过这个窗口了解特定政治环境下市民生活的状态。

① 参见王灿发《现代报纸副刊专刊透视——30年代〈申报〉副刊研究》，第137页。

五、战时及战后的《自由谈》与《春秋》(1937—1949)

抗日战争时期,《申报》数度停刊复刊,历经波折。上海沦陷后,日方企图控制该报,《申报》拒绝其新闻检查,于1937年12月14日宣布停刊。1938年1月、3月,汉口版、香港版先后复刊,但汉口版不久停刊,香港版也于次年7月停刊。1938年10月10日,《申报》借美商之名在上海租界复刊,《自由谈》和《春秋》两大副刊也随之再度出版。1941年12月8日,太平洋战争爆发,日本海军分别在香港、上海登陆,并进入上海公共租界,接管了《申报》。《申报》副刊虽然依旧出版,但整体风格已完全改变,名存实亡。1943年8月13日,《自由谈》再度停刊。抗日战争胜利后,《申报》在国民党的控制下进行重组,《自由谈》和《春秋》也都再度复刊。1947年11月30日后,《春秋》的相关内容并入《自由谈》,直到1949年5月《申报》完全退出历史舞台。

1. 太平洋战争爆发前的《自由谈》(1938—1941)

1938年10月,随着《申报》复刊,《自由谈》也再度与读者见面,经胡仲持介绍,出任主编的是文艺理论家兼作家王任叔。王任叔(1901—1972),乳名朝伦,谱名运镗,字任叔,号愚庵,笔名巴人等,浙江奉化人。20世纪20年代开始发表散文、诗作、小说,由郑振铎介绍加入文学研究会。曾担任过《四明日报》编辑,主编副刊《文学》。1929年赴日本留学,回国后加入“左联”。30年代后,将创作重点转向杂文和评论。1938年前后编辑《译报》副刊《大家谈》、《爝火》。王任叔担任《自由谈》的编辑期间,坚持“不违背民族国家利益”的编辑方针,且身体力行，以巴人、白屋等笔名，发表了十多篇杂文，如《略论刺激性》（1938年10月13日）、《抽思》（1938年10月14日）、《“有人”在这里》（1938年10月20日）等，反对当局对日妥协、投降的言行。可以说，这一时期的《自由谈》基本上继承和发扬了黎烈文时期《自由谈》的风貌，走的依然是干预时政、针砭时弊的路线。然而，也正是因为如此，它与《申报》正刊的立场发生了冲突。当时的《申报》以美商名义复刊，由潘公弼主笔。时任国民党副总裁兼中央政治会议主席的汪精卫发表《信念与刺激》的亲日言论后，潘公弼还在《申报》上发表《昨今之惶惑悲愤》为之辩护。[①]1938年11月2日，王任叔公开发表辞职启事，“惟本人主编之《自由谈》，所持言论与该报社论主张颇有出入”，“现决以古人‘道不同不相为谋’之义”，“自今日起即去该刊纸好职务”。[②]王任叔担任《自由谈》主编，前后仅一个月时间，就卸任重回《大家谈》。

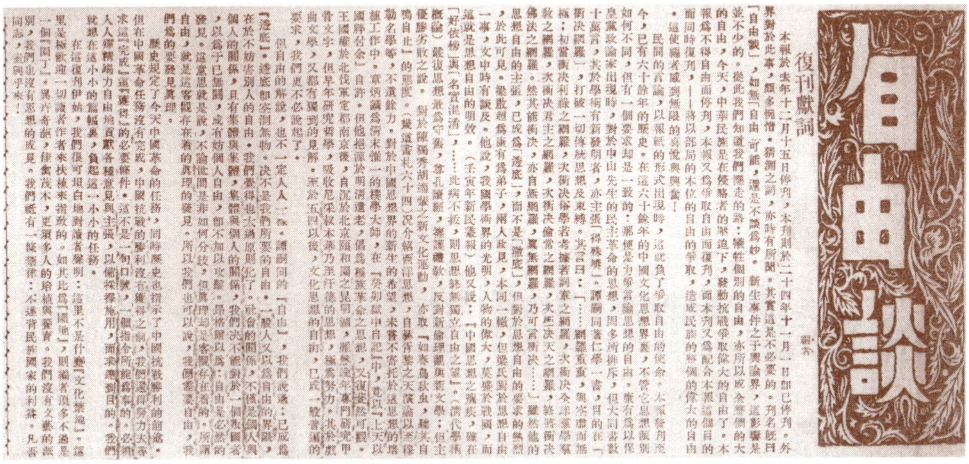
自由談

復刊獻詞

本報於去年十二月十五日停刊，本刊則於二十四年十一月一日即已停刊。外界對於此事，頗多惋惜，猜測之詞，亦時有所聞。其實這是不必要的。刊名既曰「自由談」，如無「自由」可能，還是不談爲妙。新生事件之于輿論界，這影響是並不少的。從此我們知道我們應走的路：犧牲個別的自由，亦所以成全整個的大的自由，今天，中華民族是在侵略者的壓迫下，發動抗戰爭取偉大的自由了。本報爲不得自由而停刊，本報又爲爭取自由而復刊，而本刊又爲配合本報這個目的而同時復刊，——將以部局的本位的自由的爭取，達成民族的整個的偉大的自由。這使編者感到無限的喜悅與興奮！

民間的言論，以報紙的形式出現時，這就負了爭取自由的使命。本報發刊至今，已有六十餘年的歷史。在這六十餘年的中國文化思想界裏，不管它思想派別如何不同，但有一個要求却是一致的：那便是力爭言論思想的自由。康有爲以保皇黨政論家出現時，對於中山先生的民主革命的思想，固多所排斥，但大同書數十萬言，其於學術有新發明者，亦主張「得殊勝」。譚嗣同著仁學一書，目的在「衝決網羅」，打破一切傳統思想及束縛。其言曰：「……網羅重重，與虛空而無極：初當衝決利祿之網羅，次衝決俗學若考據若詞章之網羅，次衝決全球群學之網羅，次衝決君主之網羅，次衝決倫常之網羅，次衝決天之網羅，終將衝決佛法之網羅。然其能衝決，亦自無網羅，真無網羅，乃可言衝決……」雖然他的思想自由的主張，已成爲「透底」，而不是「徹底」，但對於思想自由的要求的熱烈，於此可見。梁啟超爲康有爲弟子，兩人政見，本同一轍，但梁氏對於思想自由一事，文中時有論及。他說，我國學術界的光明，人物的偉大，莫盛於戰國，而這就是思想自由的明效。（壬寅年新民叢報）他又說：「中國思想之痼疾，確在「好依傍」與「名實混淆」，……此病不拔，則思想終無獨立自由之望」。（清代學術概論）嚴復思想雖爲守舊，尊孔讀經，譏議新歡，反對新倫理觀與新文學；但主張優勝劣敗之說。對於陳獨秀胡適等之新文化運動，亦取「如春鳥秋虫，聽其自鳴自止」的態度。（見嚴復書札六十四）況介紹西洋思想，自譯各學之天演論以至穆勒名學等，不遺餘力。對於中國思想界的新生的希望，未嘗不寄托於這思想的播種工作中。章炳麟爲清末惟一的樸學大師，在「癸卯獄中自記」中，竟以「上天以國粹付余」自許。但他根源於明清遺老，倡爲種族革命之思想，又復[illegible]然可觀。王國維於北伐軍定都南京後，自沉於北京頤和園之昆明湖，雖終身年專門研究甲骨文字，但早年研究哲學，吸收尼采叔本華乃至汗德的思想，極爲努力。其於戲曲文學，又都有獨到的見解。至於五四以後，文化思想的自由，已成一般普遍的要求，我們更不必說起了。

但自由的解說，也不一定人人一樣。譚嗣同的「自由」，我們說過：已成爲「透底」。透底即空洞無物。決不是我們所要的自由。一般人又以爲自由的界限，在於不妨害別人的自由。我們覺得也太過原則化了。社會的關係，不僅是個人與個人的關係，且有集體與集體，集體與個人的關係，我們決不能對於一個愛國者，以爲于已無關，或有妨個人自由，即不加以攻擊。昂格爾以爲：自由是必然的發見。這意思就是說，不論世間是非如何分歧，但真理却是客觀存在着的。所謂自由，就是這客觀存在着的真理的發見。所以我們也可以說，我們需要自由，我們爲的要發見真理。

歷史規定了今天中國革命的任務，同時歷史也指示了中國抗戰勝利的前途。但在中國革命任務沒有完成，中國抗戰的勝利沒有獲得之前，我們還得努力去尋求這「完成」這「獲得」的必要條件。這不是一句口號，一個指令所能爲存的。必須人人殫精竭力自由地貢獻各種意見與主張，以備採擇施用，而求達到目的。我們就想在這小小的篇幅裏，負起這一小小的任務。

在這復刊伊始，我們很可坦白地對讀者聲明：這里不是什麼「文化禁地」，這里是極歡迎一切讀者作者來扶植來指教的。如其比爲「園地」，則編者須多不過是一個「園丁」。異卉奇葩，佳禽茂木，更須多人的培植與養育。我們沒有文藝的派別，我們也沒有思想的成見。我們祇有一條禁律：不違背民族國家的利益。凡吾同志，盍興乎來！

《自由谈·复刊献词》，载《申报》，1938年10月10日

1938年11月起，胡山源接替王任叔，出任《自由谈》编辑，直至1939年12月31日止。在1年零2个月的时间里，共

① 潘公弼《昨今之惶惑悲愤》，载《申报》，1938年10月23日。
② 王任叔《王任叔启事》，1938年11月2日《译报》，3日《华美晨报》。

出288期。胡山源(1897—1988),原名胡三元,江苏江阴人。1920年肄业于杭州之江大学。历任上海基督教青年协会书报部翻译,河南开封中山大学、杭州之江大学教师以及上海世界书局编辑。胡山源入主《自由谈》,曾引起外界诸多猜测。其实,乃因其同学兼同事,曾任之江大学教务长的陆高谊的推荐,由《申报》前主笔张蕴和出面而促成的。尽管接手《自由谈》后的胡山源,没有发表什么高调的宣言,但在抗战的大背景下,始终坚持"只登足以振奋我们同胞志气的作品,绝对不登足以涣散精神的作品"的编辑方针。与黎烈文时期以论争、笔战闻名的《自由谈》不同,在胡山源看来,"笔战"会破坏举国一致抗战的步调,有违"贯彻抗战精神,维护正当文艺"的编辑方向。尤其在当时上海处于孤岛时期的特殊环境之下,胡山源竭力维护国共两党联合抗日的政策,还是符合当时的时代精神和政治需要的。欧战爆发之后,胡山源刊发了不少分析欧洲时局对中国抗战影响的时评。尽管,较前任王任叔来说,胡山源的编辑风格较为"温和",但随着这类短评的增多,日伪当局对于《申报》的这个特殊版面,越发不能忍受了,遂不断对报馆施压,要求《自由谈》重回鸳鸯蝴蝶的老路。1939年11月,《申报》总经理马荫良请胡山源吃饭,要求改变《自由谈》的编辑方针,胡山源考虑再三,不愿屈从,否则"不但《自由谈》光荣的历史,就此坠地,而且也失去我们办报的天职,对不起国家、民族",遂于1939年11月31日辞去了《自由谈》主编的职务。①

太平洋战争爆发前《自由谈》的最后一任主编是黄嘉音。黄嘉音(1913—1961),笔名黄诗林,福建晋江人。青年时代就读于上海圣约翰大学历史系,兼修心理学、新闻学。1936年与林语堂及哥哥黄嘉德成立西风社,担任主编兼发行人,出版《西风月刊》、《西风副刊》(月刊)、《西书精华》(季刊)等,致力于

---

① 胡山源《我编〈申报·自由谈〉》,转引自杨郁编《胡山源研究》,江苏文艺出版社1999年10月版,第51页。

介绍西方文化。他的到来令《自由谈》的风格再次发生变化，由“贯彻抗战精神”到“关注社会与人生”。黄嘉音时期的《自由谈》设置“小谈”、“思想”、“杂感”、“通讯”、“科学”、“笔谈”、“逸闻”、“通讯”、“修养”、“风土”、“史话”、“人物”、“教育”、“家庭”、小说连载等版块。同样是以言论为主的“小谈”和“杂感”，文章风格却与以前截然不同，较少涉及社会现象和政治内容，侧重知识性和修身养性的内容。这一方面是和黄嘉音的经历以及个人对“西洋杂志文”的倾心有关，另一方面仍与当时日益紧张的时局有关。1937 年 11 月 12 日上海沦陷后，公共租界和法租界沦为孤岛。日军要求租界内停止一切宣传抗日的活动，并出台了限制抗日报刊的诸项措施，大批抗日报刊停刊或迁往内地，只有在孤岛的外商报纸即所谓的“洋旗报”仍能保持相对的新闻自由，《申报》就属于这种类型的报纸。但随着日本侵华战争的扩大，这种自由的余地也在不断缩小。1940 年 8 月 8 日，上海工商部警务处又设立新闻检查部，开始对租界内的华文报刊实施新闻检查，即便是“洋旗报”也未能幸免，常被迫短期停刊。日伪当局甚至不惜动用各种恐怖手段，如《申报》复刊后，就接连发生记者金亭华被暗杀、编辑翟绍伊遇刺未遂、营业部主任王尧钦被绑架等事件。[①] 黄嘉音正是在这样的形势下接受《自由谈》主编的职务，他既不能走“鸳鸯蝴蝶派”的老路，也不宜完全继承胡山源关注时政的套路，自然只有开辟出“关注社会与人生”的第三条道路了。

2. 日伪时期的《自由谈》和《春秋》（1941—1945）

从 1941 年 12 月 8 日到 1942 年 12 月 8 日，《申报》被日本陆军控制，主要负责人是日本陆军报道部长秋山邦雄。由于当时的《申报》总主笔阿乐满在香港，副总主笔张蕴和已经

① 参见赵君豪《上海报人的奋斗》，尔雅书店发行，1944 年 10 月。

病故，所以实际负责的是编辑研究会副主席吴廷琛和书记赵君豪。1941年12月25日《申报》复刊后10天，《春秋》再度出现，但仅仅一周后的12月31日，就再度停刊。虽然仅仅只有6天，《春秋》依然保持了此前注重现实问题的风格，如《今年的圣诞节》、《正视失业的狂澜》等文章，反映了当时上海经济萧条、人民生活艰难的状况。1942年1月1日，《游艺界》与《春秋》合并，仍以《春秋》为名出版，除了反映社会现状的文章外，也包含戏剧、艺坛动态等内容。1942年3月22日，《自由谈》重新在《申报》上出现，并刊登出启事："本刊以后逢星期一、四出版。凡国际动态，世界珍闻，名人轶事，科学小品，文艺创作等各类综合性之文字，一律欢迎。"这个时期的《自由谈》，除刊登一些自创的文学作品、科学小品、杂谈之类，也选取一些相对中立的时政文章，但并不直接对时局发表言论。

1942年12月8日，日本海军接替陆军控制《申报》，陈彬龢任《申报》社社长。根据战局的变化，日本方面也要求《申报》的总体风格从"中立"转而为日伪政府宣传服务。这一时期，《申报》总体的版面不断缩减，有时甚至只有两个版面，完全没有了副刊内容。1942年12月9日，《申报》发表《本报副刊部启事》："本报原有副刊《自由谈》、《春秋》、《游艺界》三种，自明日合并，改出综合性质《自由谈》副刊一种，每日发刊。"这一阶段的《自由谈》成为一个地道的综合性文艺副刊，体裁多样，内容广泛，文化、戏剧、小说、诗歌、摄影、漫画、素描、木刻等均有所涉及。同时，这一时期的《自由谈》以"促进中日之真正亲善，尽复兴文化之使命"为目的，具有明显的"亲日色彩"，为此刊登了大量有关日本的文章或日本作家的作品，还曾转载过《朝日新闻》上的《日本海军见闻录》这样的文章。1943年8月13日，《自由谈》再度停刊。

3. 抗战胜利后的《自由谈》（1945—1949）

1945 年 8 月，抗日战争胜利，国民党中宣部拟定了《上海敌伪报纸及附逆报纸处置办法》，对如何接受改造《申报》作出指示。国民党中央宣传部副部长潘公展被派往上海接收申报馆并成立国民党上海市文化运动委员会。在潘公展到任以前，《自由谈》已经在经济状况十分拮据的情况下，于 1945 年 8 月 20 日重新与读者见面，并宣称："我们的见解，对于过去的一切，不想多作回忆，而侧重在现实的批判和未来的启示，永远站在时代的前端，以期不致落伍。自由自在地谈论所想所见所闻，而必须与大众有益的话。这是《自由谈》的性格。"可惜，这种"自由"仅仅持续了不到一月的时间，9 月 16 日，《申报》董事会被禁止一切活动，报纸被迫暂时停刊，听候处理。负责接收报馆的潘公展，虽然任社长兼主笔室主任，但并不干预编辑、采访部门和经理部。掌握实权是总编辑兼总经理陈训悆，而他的兄长则是蒋介石文胆、曾任委员长侍从室第一处主任的陈布雷。1945 年 11 月 22 日，《自由谈》随《申报》的复刊。而此时，国民党也通过各种方式，加快了对《申报》实行"党化"的步伐。尤其是 1946 年 3 月出台的《改组〈申报〉、〈新闻报〉的办法》，用收购原有股权、加入官股的办法，使两报的民营性质名存实亡。1946 年 5 月，《申报》董事会改组完成，同时建立了《申报》报务管理委员会，其成员全部由国民党宣传部派出，委员会直接向宣传部负责。《自由谈》的风格也随之发生变化，但就总体而言，国民党管制下的《自由谈》，出版比较稳定。复刊后的《自由谈》每逢二四六出版，这种与其他副刊交替出现的情况，持续到 1946 年 6 月 2 日。此后两年多的时间里，则基本上每天都出版，直至 1949 年 4 月 24 日最后一期。

国民党接管初期的《自由谈》，栏目设置门类繁多，如"小谈"、"出版"、"医学"、"市政"、"随笔"、"侦探"、"通讯"、"军

《春秋·萧伯纳特刊》，载《申报》，1946 年 10 月 23 日

备”、“儿童”、“杂感”、“家庭”、“科学”、“发明”、“短篇名著”、“人物”、“珍闻”、“文学”等，中期又增加了“新闻小天地”、“三言两语集”、“艺文坛”、“星期杂谈”、“智慧测验”、“早茶”、“此时此地”、“影谭”等，基本上承袭了自由谈“杂”的传统。从文章内容来看，尽管涉及的面较广，但其曾经最有特色的杂文，却不再充满政治色彩，而是尽可能远离当时发生的国家大事，特别是敏感的话题。1945 年 11 月 27 日的征稿启事中就特别表明：“热切欢迎文友和读者投寄一千字以下短稿。文字内容没有特别的限制，但是特别欢迎新知识新发明的介绍，以及国内外各印象记和通讯。”所以，国民党“党化”后的《自由谈》，既然无法自由地讨论时政，又不能回到消闲的老路上，所以便只有刊登些《新毒鼠药》、《吉普车上的钓鱼杆》、《干洗肥皂》之类的科普性文章了。当然，这些实用而又富于知识性的文章，对于开启民智、启迪思想、帮助民众了解文化学术发展的成果还是有好处的。而像“艺文坛”、“影谭”等栏目刊登的乐评、剧评文章，也如同为普通读者开设的艺术欣赏课，不乏可圈可点之处。

4. 王进珊与《春秋》的结束

1945年11月23日，《春秋》也再度复刊，由随潘公展到沪的虞文主编。与《自由谈》重视通俗趣味性不同，《春秋》坚持走文艺副刊的道路，通过杂文、诗歌、文艺批评等形式反映社会面貌，恰如“一碗较清淡的酸辣汤，稍显刺激性，具有提神，发人深思作用”①。这一时期的《春秋》在注重文艺性的同时也关注到了国际动态及时政问题，如当年年底有数篇文章对原子弹问题进行了探讨。1945年12月2日，开设“笔底春秋”和“文化通讯”栏目，前者刊发一些针对时弊进行探讨的杂感文章，发人深省。1946年以后，《春秋》则较少出现反映社会问题的文章，内容题材更偏向于文学、绘画、音乐等方面，且篇幅短小，数量不大。

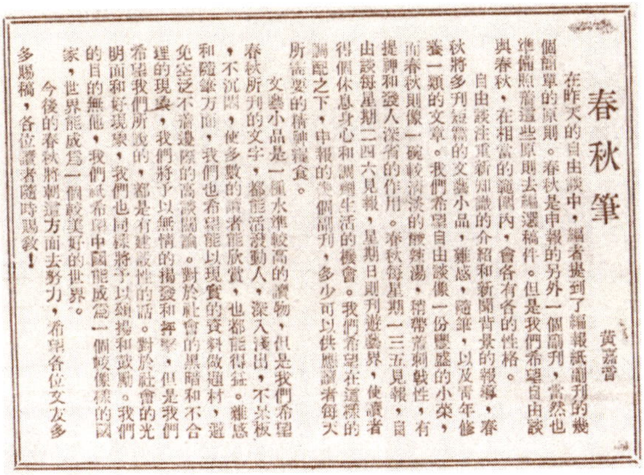
春秋筆

黃嘉音

在昨天的自由談中，編者提到了編報紙副刊的幾個簡單的原則。春秋是申報的另外一個副刊，當然也準備照着這些原則去編選稿件。但是我們希望自由談與春秋，在相當的範圍內，會各有各的性格。

自由談注重新知識的介紹和新聞背景的報導，春秋將多刊短篇的文藝小品，雜感，隨筆，以及青年修養一類的文章。我們希望自由談像一份豐盛的小菜，而春秋則像一碗較清淡的酸辣湯，稍帶着刺激性，有提神和發人深省的作用。春秋每星期一三五見報，自由談每星期二四六見報，星期日則刊遊藝界，使讀者得個休息身心和調劑生活的機會。我們希望在這樣的調配之下，申報的幾個副刊，多少可以供應讀者每天所需要的精神糧食。

文藝小品是一種水準較高的讀物，但是我們希望春秋所刊的文字，都能活潑動人，深入淺出，不呆板，不沉悶，使多數的讀者能欣賞，也都能得益。雜感和隨筆方面，我們也希望能以現實的資料做題材，避免空泛不着邊際的高談闊論。對於社會的黑暗和不合理的現象，我們將予以無情的揭發和抨擊，但是我們希望我們所說的，都是有建設性的話。對於社會的光明面和好現象，我們也同樣將予以頌揚和鼓勵。我們的目的無他，我們祇希望中國能成爲一個較像樣的國家，世界能成爲一個較美好的世界。

今後的春秋將朝這方面去努力，希望各位文友多多賜稿，各位讀者隨時賜教！

《春秋笔》，载《申报》，1945年11月23日

1946年夏，《申报》完成改组后，由于原来的《春秋》主编虞文要负责文运会的工作，遂需重新寻找主编人选。经张道藩的推荐，潘公展两度约见王进珊，要求他接手主编《春秋》。1946年9月，王进珊正式到任，成为《春秋》历史上最后一位主编。王进珊（1907—1999），江苏南通人。1926年毕业于南通师范学校，1927年9月考入中央党务学校一期。1938年到重庆，历任艺文研究会编译委员、国民党中央宣传部编辑专员、教育部第二社会教育视察团视察员、中央文化运动委员会专员、中央政治学校教授，其间曾与留法博士徐仲年合编过《文艺月刊》，后又主编《文艺先锋》半月刊等。1946年夏天，王进珊来到上海，暂时在南通学院任“教授兼教务主任”。当潘公展提出

① 黄嘉音《春秋笔》，《申报》，1945年11月23日。

要他接编《春秋》时，他颇感为难，他虽然参与过不少报纸期刊的编辑工作，但向来将这视作“玩耍式的”、“业余的”工作，心底仍希望回南京出任教职。但是，潘公展并没有给他过多的思考空间，几乎是直接做出了决定。1946年9月2日，王进珊刊登了发刊词《敬致作家与读者》，希望能把《春秋》办成“全国作家发表作品的公开园地”和“供给本报读者的精神食粮”。王进珊时代的《春秋》，无论是内容上还是版面上都反映出一种兼收并蓄的风格。当时为《春秋》撰稿的作者，既有二三十年代的老作家和四十年代的文坛新秀，也有共产党人和进步人士，像戴望舒、施蛰存、谢冰莹、臧克家、朱自清、洪深、陈白尘等知名作家和学者的名字都曾出现在报端。此外，《春秋》还刊登了不少介绍外国艺术家及作品的文章，并制作过《莎士比亚纪念专辑》等特刊，为中国读者打开了一扇了解世界文艺的窗户。除了文章，《春秋》上还刊载雕塑作品图片、油画、国画、木刻、版画等，且内容往往与当天的内容有所配合，徐悲鸿的国画、刘海粟的油画、刘开渠的雕塑都曾出现在这里。在选择稿件时，

《春秋》木刻作品：刘岘《难民图》，载《申报》，1946年10月22日

《春秋》上刊登的法国画家米娜德的画作《少女》

王进珊秉持着论文不论人的理念，除了国统区，一些来自解放区的作品同样也能出现在《春秋》的版面上。为了及时、准确地了解各方的意见，《春秋》还专设“征求读者批评的回声”栏目，与读者进行互动。另一个非常有特色的地方，是《春秋》的题头，尤其在1947年以后，每过半个月左右的时间就会发生变化，选用如松柏图、大雁图、燕子图、圆月梅枝图等。在王进珊的努力下，《春秋》的影响力有所扩大，在读者中有了良好的反馈。可惜，仅仅15个月后，《春秋》就在陈布雷的亲自干预下，再度停刊了。

《春秋》上刊登的刘海粟的《溪山雪霁》

1947年11月底的一个晚上，陈训悆突然找到王进珊，说陈布雷要找他谈话。平日里，王进珊忙于编务，甚少与同事交往，几乎也不怎么和总编陈训悆打交道，至多与副总编王启煦沟通交换意见。面对这突如其来的召见，王进珊感到非常意外。更没想到的是，见面之后，陈布雷劈头盖脸的就是一通质问：“你编副刊，用些什么人的稿子？”王进珊意识到问题非常严重，所以只是强调自己论文不论人的选稿原则，不过此说显然未能令陈满意。陈布雷强调说：“我们的报纸不能给共产党发表文章！”随后便要求从次日开始将《春秋》归并到《自由谈》中。就这样具有15年历史的《春秋》从此消失。多年后王进珊在回忆这段经历时，仍十分伤感。《春秋》结束的时候，《申报》拟出7种周刊，王进珊提出以“上海文艺作家协会”的名义出版《文学周刊》一种。事实上，这个“上海文艺作家协会”是由《春秋》的编者和一些作家经常聚会的“星期六文艺茶会"衍生而来，还曾推潘公展为社长。设立《文学周刊》的提议，毫无悬念地获得通过，1947年12月3日起便出现在《申报》的版面上，与读者见面了。

《申报》副刊在中国报纸副刊史上具有特殊的历史地位，它几乎经历了中国近现代报纸副刊的全部历史，尤其是30年代的《自由谈》和《春秋》可以说是副刊史上最具代表性的高峰之一。《申报》从1872年诞生之初起，便设置文艺一栏，使得文艺性作品在《申报》上占有一席之地。这不仅是承接了早期报刊刊载副刊性文字的传统，也为以后正式副刊的产生和发展开辟了道路。尽管"五四"时期的《申报》副刊在思想性上未能紧跟时代潮流，但在副刊形式方面却有所建树。《申报》于1919年8月31日创办了介绍国际关系问题的增刊《申报星期增刊》，从此揭开了《申报》大办专刊、增刊的序幕，到了20世纪30年代，《申报》创办的专刊、增刊和专栏达到46种，成为上海各报之最。《自由谈》在30年代初进行的革新，使得副刊摆脱了单纯的文艺性质，与时代脉搏更为紧密地联系在一起，更能反映现实生活，出现了大量具有高度思想性的社会批判文章，且逐步形成了以杂文、小说、散文、诗歌四大文体为主、其他文体为辅的副刊模式，并延续至今。《申报》副刊不仅是一种报学现象，更是一种文学现象。它与近代中国的各种文艺思潮、文艺运动的发生、发展相始终，同时也促进了文学体裁特别是我国传统散文、游记等文学体裁的演化和发展，更是杂文、小品、报告文学等新体裁的产生地。《申报》副刊是一种商业化的市民报纸副刊，它所传承的时代精神、创新精神和开拓精神对我国现代报纸副刊产生了一定的影响，值得今人继承和发展。

第五章　《申报》与文学

一、《申报》与中国近代文学

1. 诗词、论说文和小说——从中国报刊文学开创者到报载小说巨擘

1872年4月30日，《申报》创办于上海，首期发表《本馆告白》和《本馆条例》，声明其作为新闻纸，以刊登中外新闻趣事为主旨，此外：“如有骚人韵士，有愿以短什长篇惠教者，如天下各名区竹枝词及长歌纪事之类，概不取值。”此举既宣告了《申报》主动与文学内容结合的编辑思路，又打破了之前文人要在报刊发表作品需自付刊登费的局面。而《申报》第二号随即刊出总主笔蒋芷湘（署名：蘅梦庵主）的《观西人斗驰马歌》，是为该报登载的第一篇文学性文字。此后，这类作品日渐增多，成为《申报》版面上不可或缺的内容，同时也结束了中国没有报刊文学的历史，而《申报》刊载诗文作品的创举也为后来的报纸所效仿继承。

早期《申报》所刊的文学作品中，绝大部分为竹枝词和乐

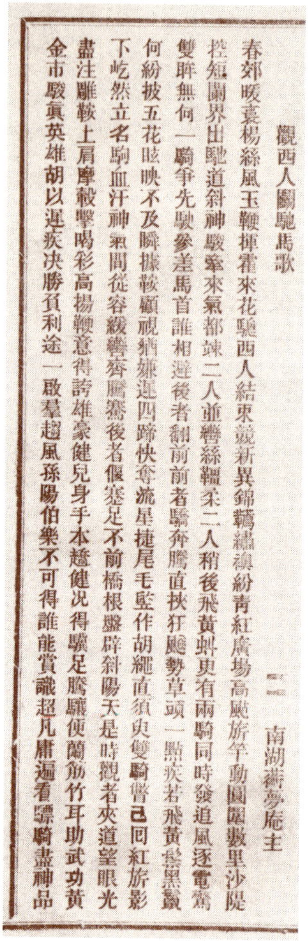
觀西人鬪馳馬歌 二 南湖蘅夢庵主

春郊暖囊楊絲風玉鞭揮霍來花驄西人結束競新異錦韉繡襖紛青紅廣場高颭旂竿動圓圍數里沙隄控短闌界出馳道斜神駿牽來氣都竦二人並轡絲韁柔二人稍後飛黄蚪更有兩騎同時發追風逐電驚雙睥無何一騎爭先駛參差馬首誰相避後者翻前前者驕奔騰直挾狂飈勢草頭一點疾若飛黄鬃黑鬣何紛披五花眩映不及瞬撒鞍顧視猶嫌遲四蹄快奪流星捷尾毛豎作胡繩直須臾雙騎皆已回紅旂影下屹然立名駒血汗神氣閒從容緩轡齊騰驤後者偃蹇足不前橋根盤辟斜陽天是時觀者夾道望眼光盡注雕鞍上肩摩轂擊喝彩高揚鞭意得誇雄豪健兒身手本趫健况得驌足騰驤便蘭觔竹耳助武功黄金市駿真英雄胡以遲疾決勝負利途一啟羣趨風孫陽伯樂不可得誰能賞識超凡庸遍看驃騎盡神品

《观西人斗驰马歌》，载《申报》，1872 年 5 月 2 日

府诗，且言语浅白，用韵宽松，大量使用新词汇，表现新事物，诸如“电线”、“火鸡”、“轻气球”、“香水”、“马车”、“刀叉”、“天主堂”、“礼拜”、“火轮船”……层出不穷，描摹出开埠之后上海在西人风潮影响下的社会生活百态。这些诗歌与讲求音律、对仗、辞藻、典故的中国传统诗歌已大不相同，为此，《申报》以提倡“新诗”的姿态为自己正名，直言：“西洋贾舶日纷驰，风俗欧洲认往时。广得新诗当小记，瀛壖闻见愈矜奇。”① 又说：“作文必韩苏，作诗必李杜；茫茫千百年，喧奴相接武。我意大不然，性情贵自主，苟有门户分，识者所不取。”② 这一破旧立新的观念，虽与之后的新文化、新诗运动有着本质和影响两方面的差距，却不失为一种先声，昭示出改变的可能。1890 年 3 月 21 日，《申报》刊出《词坛雅鉴》，“本馆创始迄今，持承诸词坛惠示佳章，美玉明珠，动盈简牍，兹以报纸限于篇幅，暂置不登，所有诗词及一切零星杂著，请勿邮寄，俾省笔札之劳。区区割爱之苦衷，当亦同人所共谅也……”至此，《申报》长达 18 年的诗词刊登历史暂时告一段落。

甫问世起，《申报》除刊登诗歌、韵文外，还大量刊登评说时事议论朝野见闻的论说文，在创刊的第一个月中，《申报》刊

① 《续沪上西人竹枝词》，载《申报》，1872 年 6 月 1 日。
② 《书所见五首》，载《申报》，1873 年 5 月 23 日。

载论说文即达 72 篇，日均发表 2 篇以上。这类文章就事论事，直抒胸臆，观点明晰，用语直白，行文自由，于当时垄断文坛的桐城派古文和应试八股文之外别开生面，是谭嗣同、梁启超等推崇的报章体的萌芽与雏形。随着晚清报刊媒体的日益发达，报章体在 19 世纪 90 年代发展成熟，取代桐城派古文，成为时文之主流。同时，这类论说文也被当代学者视作现代杂文的发端，冯并指出："现代杂文的直接源头是清末报纸的'时评'和'谐文'。……这些评论本身虽然有很大的缺陷，却直接地造成现代杂文的形成因素。"①

《申报》之刊登小说，始于 1872 年 5 月 21 日起连载的《谈瀛小录》，此后又连载《一睡七十年》和《乃苏国奇闻》（未完）两篇，皆为外国小说的编译。《申报》在刊登这些作品时并未申明其为小说，而是混排于新闻之中，直到在连载的过程中将《乃苏国奇闻》更名为《乃苏国奇闻把沙官小说》，方才确认了其小说性质。同年 11 月，为解决来稿日增而报纸容量有限的矛盾，《申报》以文艺副刊的形式创办了一份综合性文艺期刊《瀛寰琐纪》，专门刊载诗词、小说、译文、论说、天文地理、笔记、传记、史学、考据、海外见闻等内容，月出一册。该刊先后易名为《四溟琐纪》、《寰宇琐纪》，出至 1877 年 2 月终刊。在此期间及之后的 30 年中，《申报》的经营者陆续将报馆的文学力量投入新成立的申昌书局、点石斋石印书局和机器印书局中去，大量出版文学作品，而《申报》本身再无小说刊登。

1907 年 2 月 16 日，经春节休刊之后，《申报》编者发表《敬告丁未年新年诸君》一文，为立宪高唱赞歌："美乎哉！吾二十世纪预备立宪之新中国！美乎哉！吾二十世纪新中国国民希望之新年！"为表现对创造"新中国"新气象的身体力行，《申报》

① 冯并《中国文艺副刊史》，第 28—29 页。

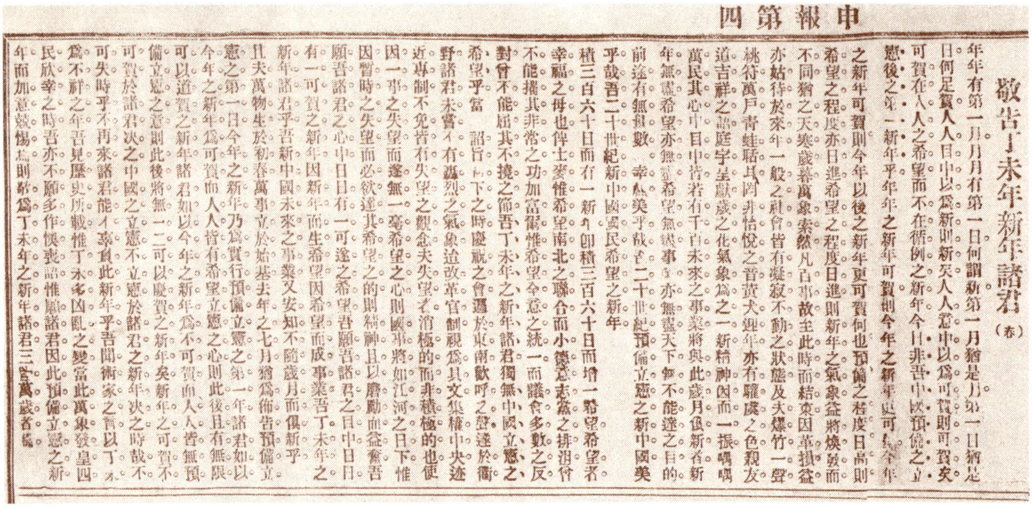

《敬告丁未年新年诸君》，载《申报》1907 年 2 月 16 日

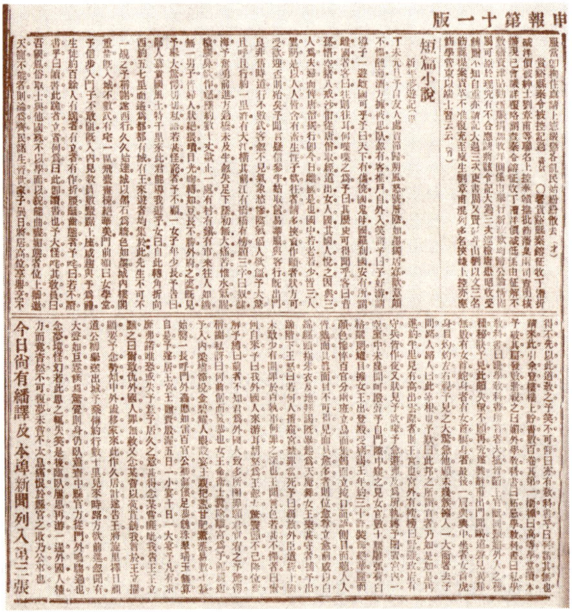

《新年梦游记》，载《申报》1907 年 2 月 17 日

一改 30 余年不刊小说的编辑方针，于次日发表王钟麟（署名：僇）的短篇小说《新年梦游记》，拉开其报载小说的新篇章。至 1911 年底，包括最初的《谈瀛小录》等 3 篇在内，《申报》共刊登原创、翻译小说 251 种[①]，成为中国近代刊载小说最多的报纸。

《申报》小说的井喷式刊登虽已在 1907 年之后，距梁启超提出的“小说界革命”已有 4 年多，但在其着力刊登小说不久，仍有读者去信质问《申报》主笔，对该报刊登“稗官野史之类仅足以供人驱遣睡魔”的小说作品表示不理解。当时，近代小说热潮已然来临，更有《游戏报》、

① 文迎霞博士论文《晚清报载小说研究》所附目录中为 249 种，文娟《结缘与流变：申报馆与中国近代小说》中为 3（1907 年前）+248=251 种。

《世界繁华报》等以大篇幅报载小说在前，但《游戏报》等毕竟是标榜消遣娱乐的小报，与以“新闻纸”自居的《申报》不同，读者理所当然认为《申报》应当肩负“揭载有若宗教、有若政治、有若学术、有若军事、有若工商之实业、有若风俗之善恶”这类“卓卓大者”，不能为区区小说浪费笔墨和版面。对此，署名为“了”的《申报》主笔在1907年2月26日发表了《答客问本报附刊小说》一文，以英国作家狄更斯、萨克雷的小说也曾在报纸上发表或被报纸转载为例，说明《申报》刊登小说是借鉴了外国的办报经验，并称赞小说“取世界千种万态之物，或为隐谋，或为策略，或为滑稽，或为悲恨，或为爱情，或为教训，而一融贯其精神，摹写其状态，而小说之足以感动社会也，亦反较经史为易”，同时批评中国旧小说“非诲淫即诲盗，非谈狐鬼即述神仙，种种荒渺不经之谈，流毒世间，损人道德”，最后提出：“若夫以可歌可泣，可惊可怒，可悲可喜，可忧可怜，可感激零涕之事，而缀以斐美之文词，范之于性情道义，别人群之进化，且有较之涵育诗书为更速者，安见小说之无裨于社会耶？”由此，可基本窥见《申报》编者对小说的见解，这一见解延续自当年申报馆在《瀛寰琐纪》上连载的第一部汉译小说《昕夕闲谈》的译者，即《申报》首任总主笔蒋芷湘（署名：蠡勺居士）在《〈昕夕闲谈〉小叙》中表达的观点，也代表了当时文化界对小说的普遍看法。虽然该见解对传统小说的看法有失偏颇，但至少旗帜鲜明地表达出几经更换主笔之后，《申报》在编辑方针上对小说的回归。

《答客问本报附刊小说》，载《申报》1907年2月26日

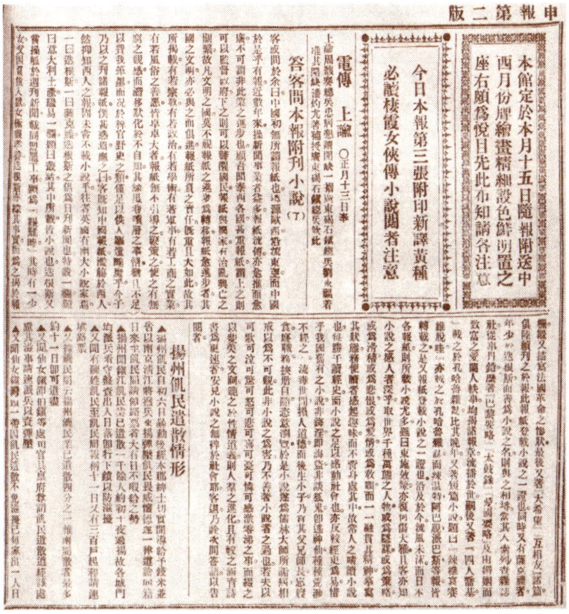
申報第二版

本館定於本月十五日隨報附送中西月份牌繪畫精細設色鮮明置之座右頗爲悅目先此布知諸各注意

今日本報第三張附印新譯黃種必讀棲霞女俠傳小說閱者注意

電傳

上諭 ○正月十三日奉

答客問本報附刊小說（了）

揚州飢民遣散情形

纵观《申报》所刊之小说，类型丰富，有言情、侦探、军事、滑稽、寓言、历史、理想、社会、官场、义侠、荒诞种种，基本囊括了当时流行小说的所有类型，其中甚至还夹杂了两篇托言“寓言小说”、“短篇小说”，实为药房宣传、堪称软文广告之滥觞的广告小说。这些小说或文言、或白话、或半文半白，不一而足，整体质量平平，也没有留下可以传世的作品，但依托《申报》强大的号召力和传播力，它们确实对中国近代小说的发展起到了推波助澜的作用。

2. 作为大众传媒的《申报》对中国近代文学之影响

“在近代中国，自大众传媒产生以来，其影响便逐渐显露出来，不仅与社会的政治、经济产生了不可分割的联系，更对文化、文学这类主要靠传播扩散的属于形而上的意识形态进行了渗透。”[①] 近代中国，大众传媒的基本载体即报刊这一西方文明的产物。早在鸦片战争之前，报刊就随传教士一起进入了中国，到 1900 年，外国人在沪创办的报刊已达 60 余种，这些报刊大多是以教会或传教士个人名义所创办，少数即便是由商人创办的，也多由传教士主笔，接受教会资助，因此内容上相对侧重于宗教和科技方面，文学方面只是偶有发表，微不足道。因此，“直到《申报》创刊并于当年出版《瀛寰琐纪》以后，才标志着文学找到了大众传播媒介的新形式，并利用其出版周期快、读者覆盖面广的独特优势扩大了文学的影响”[②]。

那么，作为大众传媒的《申报》又是在哪些方面影响了中国近代文学的呢？

首先，《申报》确立了中国报刊文学的商品机制。区别与之前和同时期的中文报纸，《申报》是第一个作为股份制企业立足于报界的，它由英国商人美查等 4 人集资合股经营，4 人所出股

① 蒋晓丽《中国近代大众传媒与中国近代文学》，巴蜀书社 2005 年版，第 20—21 页。
② 陈伯海、袁进主编《上海近代文学史》，上海人民出版社 1993 年版，第 118 页。

金相同，而美查作为《申报》的管理者，拥有该报三分之二的赢利。既然《申报》是一家企业，就意味着它所兜售的内容具有商品的性质，这些内容，既包括新闻、言论、广告，当然也少不了被归进《申报》版面之中的文学。美查等以股份制办报，将文学内容纳入商品机制的运行模式被后来的文学报刊所继承，早期如李伯元创办的《游戏报》、《世界繁华报》，梁启超创办的《清议报》、《新民丛报》、《新小说》，到后来的《新青年》、《小说月报》、《新月》、《创造》等等莫不是如此。有学者指出："《申报》的生意经，像遗传因子一样，传至20世纪上半叶的中国报刊文学，是中国报刊文学的基本特征之一。"①

其次，《申报》引领了中国近代文学的大众化。对于《申报》这样的私人股份制企业来说，盈利是它存在的动力和终极目标，而报纸的利润，在很大程度上是由其销量所决定的。因此，《申报》的经营者势必要以打开销路、增加销量作为主要的经营手段。要打开销路，自然先要争取受众，这就奠定了《申报》的编辑方针倾向大众化的基调。因此，创刊伊始，《申报》即刊出《本馆告白》，申述作为新闻报纸当"纪述当今时事，文则质而不俚，事则简而能详，上而学士大夫，下及农工商贾，皆能通晓"②。《申报》将受众定位在从知识精英到普通民众的广大人群，事实又是，普通民众的数量始终比知识精英要多得多，这就必须首先考虑到大多数受众的接受程度，尽可能将《申报》的内容通俗化，这也是《申报》最初选取用词通俗浅白的竹枝词和乐府诗作为其文学内容的原因之一，至于近代《申报》所刊的数量可观的小说，也基本都属于通俗小说的范畴。诚如陈平原所言："报刊书局本身尽管很有文化意味，同时也是一种商业活动。"③因此，从事商业活动的报刊书局为谋求商业利益而迅速

① 鲁湘元《〈申报〉与中国近代报刊文学》，《中国现代文学研究丛刊》，2001年第2期，第94页。
② 《本馆告白》，载《申报》，1872年4月30日。
③ 陈平原《文学史的形成与建构》，广西教育出版社1999年版，第114页

世俗化，导致了对俗文学的追求。世俗化固然是文学大众化不可避免的结果，也在相当程度上影响了文学作品的创作方式，但它同样也使得文学得以更广泛地传播，为文学找到了更多的受众。至此，文学才有了从等闲民众遥不可及的圣殿高堂走下来的机会，广为人知，广为人识。

其三，《申报》催生了报人作家的出现。在《申报》之前，沪上的中文报刊，诸如《察世俗每月统纪传》、《各国消息》、《六合丛谈》、《上海新报》、《教会新报》等皆由传教士主笔，而《申报》的创办者美查，虽是英国商人，却建设性地聘请华人来办报。首任总主笔蒋芷湘，在任职《申报》前已中过举人。其他《申报》早期陆续聘用过的主笔还有钱昕伯、何桂笙、吴子让、蔡尔康、姚赋秋、沈毓桂、钱明略、沈饱山、沈增理、蔡宠九、黄式权、高太痴、朱逢甲、韩邦庆等，这些人中绝大多数是秀才身份，为典型的中国传统文人，在报纸这种新兴传媒出现之前，他们的出路，除了入仕、入幕、帮闲、教书、代书，似只有赋闲在家，结社唱和。《申报》的出现提供了“报人”这一以从事文字编辑来谋生的职业，以上提到的《申报》早期的主笔中，除了蒋芷湘后来考中进士外，其他人都未继续科举仕途，而是专心于新闻、出版事业，成为真正现代意义上的职业报人。其中，更有身兼文字编辑和文字写作两项，成为报人作家的先驱者，比较著名的如《海上花列传》的作者韩邦庆。至此，以文谋生又有了新的形态和方式，使得更多的中国近代文人投入到文字编辑和写作中去，为近代文学的发展提供了良好的人力资源基础。

其四，见证并推动了中国近代小说的发展。除刊载原创、翻译的长短篇小说之外，《申报》还刊登了大量小说广告，与《申报》曾经一度停刊的小说不同，作为申报馆收入的一个重要来源，《申报》上小说广告的刊登是持续的。早期《申报》上的小说广告主要来自申报馆自身，多为为其刊物和印书局征求书稿、宣传新作之用。从1892年开始，《申报》上逐渐出现了其他书局和个人的小说广告，涉及小说书籍出版与促销、对盗版小说书籍的谴责与反击、小说书稿的征求与奖励等等，这些小说广告记录、见证了近代小说的逐渐繁荣，是弥足珍贵的有关近代小说发展状况的史料。1877年11月21日，署名“寓沪远客”者在《申报》刊登《〈有图求说〉出售》的广告，为其托申报代售的《有图求说》征求配图的小说：“……约五万字，限于十二月十五日以前，缮成清本，由申报馆转交。择其文理尤佳者一卷，愿送润笔洋二十元，次卷送洋十元。便即装成印书出卖，余卷仍发还作者。”这是《申报》上首个原创小说有奖征文，然而反响甚微，至截稿前，只收到安闲先生一卷来稿，征稿者只得再发声明，表示延长交稿时间至次年正月底。然而最终也只增加了蓬山居士一人投稿，且与之前安闲先生的小说“俱未见甚佳，皆难刊印”，只够“依原白强分甲乙”[①]，兑现了奖金而已。与这场应者寥寥局面冷清的原创小说征文活动形成鲜明对比的，是1895年英国传教士傅兰雅在《申报》发起的小说征文。当年5月25日，傅兰雅在《申报》刊出《求著时新小说启》，广泛征集内容反映“鸦片”、“时文”、“缠足”三大中华积弊的“新趣小说”，“合显此三事之大害，并祛各弊之妙法”，要求“辞句以浅明为要，语意以雅趣为宗，虽妇人幼子，皆能得而明之，述事务取近今易有，切莫抄袭旧套，立意毋尚希奇古怪，免使骇目惊心”，并设一到七名奖项，奖金8到50元不等。此次征文获得了时人积极的响应，至1896年1月13日，共收到小说162部，因“作者过多”，傅兰雅将获奖人数增至20名，并刊出《时新小说出案》启事，公布获奖名单。对照18年前寓沪远客对民间原创小说的征求，傅兰雅的征文活动可谓是中国近代小说史上的一次飞跃。傅兰雅在征求小说时云：“窃以感动人心，变易风

① 《〈有图求说〉取列》，载《申报》，1878年5月22日。

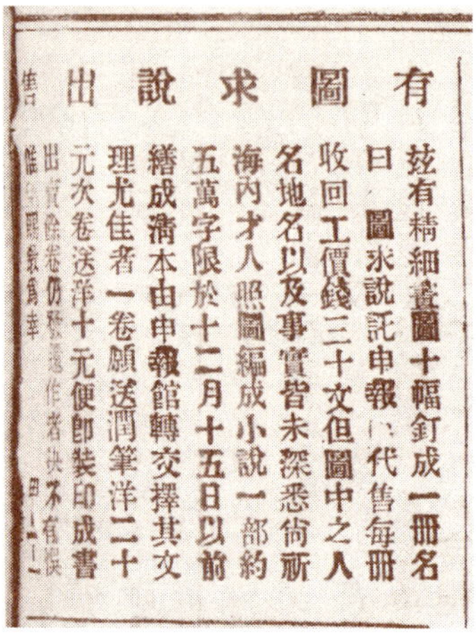

有圖求說出售

茲有精細畫圖十幅釘成一冊名曰圖求說託申報館代售每冊收回工價錢三十文但圖中之人名地名以及事實皆未深悉倘祈海內才人照圖編成小說一部約五萬字限於十二月十五日以前繕成清本由申報館轉交擇其文理尤佳者一卷願送潤筆洋二十元次卷送洋十元便即裝印成書出[illegible]餘卷仍[illegible]作者決不有誤惟[illegible]照[illegible]爲幸 [illegible]

《〈有图求说〉出售》，载《申报》，
1877 年 11 月 21 日

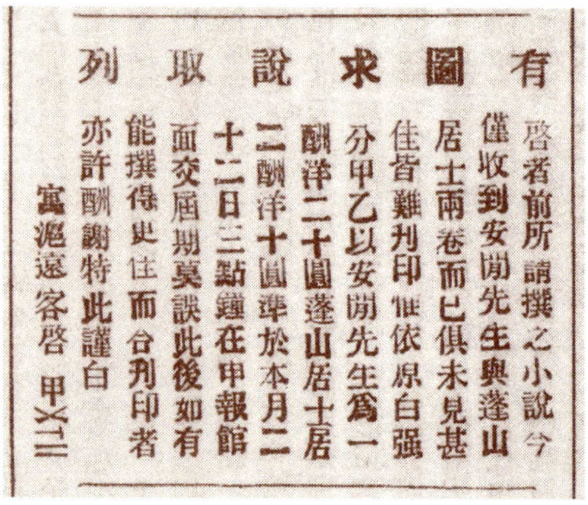

有圖求說取列

啓者前所請撰之小說今僅收到安閒先生與蓬山居士兩卷而已俱未見甚佳皆難刊印惟依原白强分甲乙以安閒先生爲一酬洋二十圓蓬山居士居二酬洋十圓準於本月二十二日三點鐘在申報館面交届期莫誤此後如有能撰得史住而合刊印者亦許酬謝特此謹白

寓滬遠客啓 [illegible]

《〈有图求说〉取列》，载《申报》，
1878 年 5 月 22 日

俗，莫如小说，推行广速，传之不久，辄能家喻户晓，习气不难为之一变。”这将小说视为革新社会工具的观念，与此后梁启超“小说界革命”的核心观点相同，由此足见在梁启超发出用新小说改良群治的呼声前，早已有有识之士率先为此作出了努力并获得了热烈的响应。从革新小说观念的提出到被广泛认同并非一朝一夕，而忠实记录社会生活和文化点滴的《申报》便是它最好的见证之一。同时，对各类有关小说信息的发布、宣传，更让《申报》作为新兴传播媒介对近代小说的繁荣起到了不可忽视的推动作用。

二、《申报》与中国现代文学

1.《申报》与通俗文学

1911 年 8 月 24 日，《申报》的文艺专属版面《自由谈》问世，昭示着《申报》从此与文学更为紧密的结合。《自由谈》的首任主编王钝根，亦是日后销量达到两万份、在叙述中国现代文学史时不可不提的通俗文学期刊《礼拜六》的主编。《自由谈》自创刊起，就显示出它以主编的文学趣味为刊物主旋律的特点，首期刊出“游戏文章”、“忽发奇想”、“付之一笑”、“海外奇谈”、“慷慨悲歌”、“缠绵悱恻”、“尊闻阁杂录”和“小说”八个栏目，“游戏文章”一栏即刊登王钝根的“滑稽小说”《助赈会》，“小说”一栏也发表了由王钝根和署名“翼仍”者合译的小说《动物之爱》。此后，这些栏目除了“游戏文章”为固定头条外，其他栏目有增有减，但整体基调仿佛，发文讲究通俗性和趣味性，大多意在讽刺、调侃、揶揄社会现状，内容则涉及原创和翻译小说、小品杂记、文言诗文等。

此后，《自由谈》频繁更换主编，虽都系旧派文人执掌，但在具体内容上还是有所变化。1915年，身为南社成员的姚鹓雏接任主编，在他的编辑下，《自由谈》发表了不少南社同仁的诗词，几乎成为诗词专刊。1918年陈蝶仙继任主编后，将《自由谈》的头条栏目“游戏文章”改为“百弊丛谈”，继续发挥其揭露和讽刺的特长，栏目将笔触伸向官场、商界等各个行业，意在于“世风日下，道德沦亡，花样翻新，鬼蜮难防”的当下，“揭开黑幕重重，绘出白党种种”。[1]“百弊丛谈”的设置无疑也借鉴了《时事新报》开辟的“上海黑幕”专栏，而其以白描之手法刻画出各行业之弊端，令人觉得真实可信，一经推出便获得了热烈的反响，当年即有人将之私自结集出版牟利，客观上也为当时正在热头上的黑幕文学煽风点火了一把。今世学者则认为：“从总体来看，游戏文章虽然也时常是对时事或某些落后的社会现状的刺戟，但也应当承认，《自由谈》上的游戏文章，文字直露、缺乏文学构思，只是一味地消极讽世，忘却了散文的审美功能，降低了散文的美学品味。这种文体虽然有很大的缺陷，但其中大胆地干预时政的批评态度却直接地影响了后来横空出世的杂感文学，造成了现代杂感文学的形成因素，成为杂感文学最直

① 贼窗《戏拟“百弊丛谈”序》，载《申报》，1918年6月16日。

接的源头。”①

1920年后，著名报人作家周瘦鹃从陈景韩手中接过《自由谈》，开始他长达12年的《自由谈》主编之路，由于周瘦鹃用稿风格倾向于在报人小圈子中约稿，而他本人又是“鸳鸯蝴蝶派”、“礼拜六派”的代表人物，故这一时期的《自由谈》堪称这两大流派作家的大本营，所刊之闲谈、杂录、小说、掌故等倾向于用世俗的眼光去关注人生百态，描写寻常百姓的琐碎生活，虽然也关注时事，但“在针对时弊之余，往往也作插科打诨”②，更有些作品被认为充满风花雪月、缠绵悱恻之气，于是难免被当时的新文学作家所诟病。从20年代到30年代，正值新文学不断冲击旧文学之际，加上严峻的时局和动荡的社会现状逐渐激发起民众强烈的民族意识和反抗精神，因此就连一部分读者也开始对当时《自由谈》用稿范围之狭窄有所抱怨。

1932年，《申报》总经理史量才聘请留法归来的黎烈文为《自由谈》编辑，帮助充实副刊内容，与周瘦鹃一同合作改进《自由谈》。黎烈文就职后，对《自由谈》进行了大刀阔斧的改革，他向新文学作家邀稿并擅自刊发，引起了周瘦鹃的不满，周后来回忆：“可是不上几时，来稿往往并不经我过目，就自管自的发排，弄得我尸位素餐，无所事事。”③于是周瘦鹃向史量才提出辞职，表示让贤。然而在史量才坚留不放，更另辟一个文艺副刊交给周瘦鹃去办，这就有了1933年1月10日创刊的综合性文艺刊物《春秋》。周瘦鹃编辑时期的《春秋》，无论从其内容还是选稿要求“趣味浓厚”的主旨来说，都像是周瘦鹃及他之前《自由谈》风格的延续，可以说，《春秋》的创刊，接过了《申报》文学版块中通俗文学的部分。另辟蹊

① 周海波、杨庆东《传媒与现代文学之间》，中国社会科学出版社2004年版，第133—134页。此处所指“游戏文章”包括初创时的“游戏文章”到后来的“百弊丛谈”。
② 李欧梵《现代性的追求》，三联书店2000年版，第8页。
③ 周瘦鹃《〈春秋〉忆旧录》，《申报·春秋》，1947年9月20日。

径的周瘦鹃在延续早期《自由谈》所推崇的通俗、趣味的风格同时，也有所改进，他对来稿提出了这样的要求："最需要词意恳切而有时间性刺激性的小品文，要庄谐杂陈，要生动活泼，最忌讲义式，课卷式，沉闷，单调及洋八股等文字……各类文字，均以思想前进、意识纯正、文笔活跃、趣味隽永为主要质素。"① 可见编者对《春秋》有了更高的定位，于趣味性、消遣性的追求中减少了游戏的成分而增加了思想性和艺术性。

春秋

編者的話

本刊素承讀者愛護，這使我們非常感謝。從今以後，仍盼讀者諸君，隨時指正，俾有遵循。今天我們有一點意見，獻給投稿的朋友，請大家能諒解我們的苦衷！

㈠本刊地位有限，每星期只有三天，容納的文字，全數不到兩萬，所以來稿務須簡潔精悍，切忌冗長空泛。

㈡有些尚未成熟的作品，和不配多數讀者胃口的文字，請勿賜寄，以免雙方無謂的浪費。

㈢請熟朋友們顧及讀者利益，那些不三不四的文字，不通俗的詩詞，或含有某種意味的宣傳文，勿再賜寄。

㈣失業困苦的文友，應另找出路，我們愛莫能助，務希原諒。

現在我們所需要的文字：

㈠原有點滴地位，改登短篇文字，描寫和內容，力求精警，以二百至五百字為限，酬不以字計。

㈡最需要詞意懇切而有時間性刺激性的小品文，要莊諧雜陳，要生動活潑，最忌講義式，課卷式，沉悶，單調，及洋八股等文字。

㈢原有拉雜話，風土小誌，一概如舊之外，他如民族文藝，名人逸話，短簡，特寫，素描……，科學游戲，……一律歡迎，每篇至多以八百字為準。

㈣各類文字，均以思想前進，意識純正，文筆活躍，趣味雋永，為主要質素。

《编者的话》，载《申报》，1937 年 1 月 11 日

周瘦鹃手中的《春秋》，内容大致有评论、小说、杂文、散文、诗歌等，其中涉及文学的内容，还是以当时知名通俗文学作家的作品为主，作者包括周瘦鹃、张恨水、包天笑、程瞻庐、孙了红、范烟桥、顾明道、郑逸梅、陈蝶仙等。当然也有新秀作家通过《春秋》一举成名，比如秦瘦鸥。1934 年 4 月 1 日起，秦译述的《御香缥缈录》在《春秋》发表，这是一部记录慈禧晚年宫廷生活的作品，作者德龄曾担任过慈禧的御前女官，该回忆录经秦瘦鸥订正润色后一经刊出即引起了读者强烈的兴趣，不少读者甚至"纷纷到报馆来补报"，于是"发行部、

春秋憶舊錄

瘦鵑

《春秋忆旧录》，载《申报》，1947 年 9 月 20 日

① 《编者的话》，《申报·春秋》，1937 年 1 月 11 日。

广告部都向报馆当局反映，最好能从每天刊载一千字，扩展到一千五百字左右”，[①] 连载完毕后，“即由该报印出了单行本，自一九三六年至解放前夕，再版约七八次，加上各地私营书店所印，总发行数估计超过了五万册”[②]。《御香缥缈录》的成功使得秦瘦鸥一跃成为知名作家，此后秦瘦鸥再接再厉，译述了德龄的另一部作品《瀛台泣血记》，显然，这在很大程度上是为了迎合市场的需求。而这些只是秦瘦鸥成名的开始，1941 年 1 月 1 日至 12 月，他的长篇小说《秋海棠》在《春秋》上连载，引起轰动，热烈程度，堪比 30 年代张恨水的《啼笑因缘》在《新闻报·快活林》上连载的盛况。很快，《秋海棠》单行本问世，更被改编为话剧和电影，热映一时。《春秋》所刊之其他小说连载，如张恨水描写西北社会生活的《小西天》、以周瘦鹃和他的恋人周吟萍为原型创作的《换巢鸾凤》，顾明道以明末李自成农民起义为背景的武侠小说《血雨琼葩》（因以史喻今，曾被勒令停止连载）等，都为时人所津津乐道。《春秋》后期虽几易编辑，刊登的作品也趋向写实，但整体上仍照顾到普通民众的口味，风格平民化。

从改革前的《自由谈》到《春秋》，《申报》始终为自己保持了一份通俗文学的传统，即便是当新旧冲突最激烈的时候，《申报》仍能在立新的同时持旧，这与《申报》所面向的主要读者仍为市民阶层是分不开的。范伯群指出：“革新派在 20 世纪 30 年代的主要‘阵地战’是革新《申报·自由谈》，而《申报》的老板却让继承派另办副刊《申报·春秋》。这种‘革新—另办’的模式说明了那些老板们一方面要打出倾向知识精英的招牌，表示自己不落伍于时代潮流；另一方面他们又遵循文化市场的规律而不放弃另一群面广量大的读者。他们很看重经营利润。就广

---

① 陈存仁《秦瘦鸥的两部清宫小说》，《大成》（香港）第 18 期，1957 年 5 月 1 日，第 20 页。

② 秦瘦鸥《〈御香缥缈录〉及其作者》，《故宫博物院院刊》1982 年第 2 期，第 44 页。

御香縹緲錄

清.德齡.公主.原著.　秦.瘦.鷗.譯述.

▲介紹原著者

這部書原本是英文，書名Imperial Incense，西曆一九三三年(即去年)由紐約陶德曼圖書公司出版。原著者就是曾經寫過「清宮二年記」，「金鳳」等等幾部書的德齡公主。德齡是滿清宗室裕庚公爵的女兒。裕庚早年曾做過出使英法等國的出使大臣，因此他的兒女從小就跟着他在西洋各國游歷，受了很高的西洋教育，差不多每個人都能精通四五國文字。他們姊妹兄弟一共有五個，其中除一四兩人（都是男的）故世較早，默默無聞外，餘下三位，都享過很大的聲名，德齡行三，在清宮執事很久，爲西太后所最得用的女官，待遇亦較別人爲優；當然，大半的理由是因爲西太后知道伊曾經出過洋，能寫洋文，能說洋話的緣故！

後來伊嫁給了一位在上海當美國副領事的Mr. T. White，不久就一同回到了美國去。回去之後，伊充了一家報館的新聞記者，我們的女作家便在那個時候開始了著作生活，先後曾寫過不少關於清廷秘史，以及西太后個人生活的文字，其中最著名的，而已經有了譯本的一部，便是所謂「清宮二年記」。

伊所寫的作品雖然因爲是受了伊自己的環境的影響，全是用的英文，但是伊對於祖國的文學，也很有研究，能夠做很好的詩和詞曲，可惜我這裏沒有現存的可以介紹。

伊今年五十六歲，已是一位年高德劭的老太太了。不幸在四五年前，伊和Mr. T. White偶因發生意見，竟至離婚。離婚在新大陸當然是算不得什麼大事，不過我們想伊在過了五十歲之後，還遭逢到這種變故，雖然是很可憐的。尤其是一個黃色的人種，獨自孤零零地飄流在異國，更是多麼的凄涼哀痛？（一）

《御香缥缈录》，载《申报》1934 年 4 月 2 日

秋海棠

秦瘦鷗

前言

我開始寫小說是很早的，從在校刊上發表作品的時候算起，到現在差不多也有十九個年頭了。但最初的十年裏，眞可以說是一味的「隨想隨寫」，有些東西，簡直够不上稱小說，便是二十一歲那年給時事新報「青光」副刊所寫的一個長篇「孽海濤」，雖然也曾博到一部份寬大的讀者的讚美，可是究其內容，委實還是非常的幼稚，無論從意識方面或技巧方面看，都得歸入劣等中去。

後來不知怎樣，居然有兩個學校受了我的虛名的欺騙，先後要我去講「小說學」，爲了要免得丟臉，課餘的準備就不能少；向來不曾走進去過的圖書館，從此也有了我的蹤跡，一切關於研究文學或小說的書籍，也陸續映進了我的眼簾；如此胡鬧了三四個學期之後，自己對於所謂「小說」這一種文學，總算才略略有了一些頭腦，每次翻開從前的舊作，臉上總覺得熱剌剌地非常難受，幾乎從此失卻了繼續寫作的勇氣。

我並不諱言，我是一個少產而且文筆很遲鈍的作家，—假使我還可以算得一個作家的話—尤其是在我略略領會了一些小說的真諦，和覺悟到了過去的錯誤之後，對於長篇創作，我更不敢，亦不願貿然從事；所以我腦海裏，雖然在六年前已構成了一個故事，想把它演繹成一篇十萬字的小說，而且幾年以來的確也費了不少心力，用以搜集資料，實地考察，以及徵詢各方的意見；但爲了格外鄭重起見，我終於延到去年十一月，才正式着手寫作。這一篇東西不是別的，就是現在的「秋海棠」！

關於這篇創作的結構如何，技巧如何，有下文可以證明，這裏無須多說；但有兩點，卻不得不先行聲明一下：

第一，在意識上，這個故事當然是經不起嚴格的批評的；但至少限度，我可以告慰讀者，這裏面也並無何種違反時代或趨近下流的成分。

第二，本書中的人物，俱由作者想象而來，絕不影射任何一人。

我想說的話已經完了，一切仍望讀者多多指教！

愛爾蘭的人生觀（一）

《秋海棠》，载《申报》1941 年 1 月 1 日

大市民阶层的综合素质和审美情趣而言，是天然倾向于民族传统的通俗文学作品的。”① 中国现代文学史的主流固然仍是新文学，但通俗文学作为中国现代文学一个重要的分支，毕竟有着更多的受众，它所代表的是更为广泛的社会审美趣味和价值取向。诚然，就《申报》所刊登的通俗文学作品的整体影响力而言，不如当时在各时期内引领风潮的专业性通俗文学刊物如《新小说》、《绣像小说》、《月月小说》、《红杂志》、《礼拜六》、《紫罗兰》等，但《申报》有着这些刊物不可替代的时间上的延续性，它以跨越整个民国的历史长度，为中国现代通俗文学留下了活化石般的发展轨迹，投射出中国现代通俗文学的风尚变迁、兴衰沉浮。

秦瘦鸥《秋海棠》单行本封面，1942 年 7 月

① 范伯群《中国大陆通俗文学的复苏与重建》，《韶关学院学报》（社会科学版）2002 年第 11 期，第 47 页。

2.《申报》与新文学

《申报》与新文学真正意义上发生联系，是在1932年末黎烈文介入《自由谈》编辑之后。1932年12月1日，黎烈文在《自由谈》发表的《幕前致辞》正式宣告了《自由谈》与旧文学的决裂："到昨天为止，这台上所'表演'的，已告一段落了，闭幕了，从今天起，新的活动开始，幕又要重新开了。"① 于是，在这一期《自由谈》上，除了张资平的小说《时代与爱的歧路》因系长篇连载而继续刊发外，叶圣陶、谢冰莹、谢六逸等新文学作家的名字也开始出现了。从此，《自由谈》也步入了它在现代文学史上的黄金时期。

自由談

幕前致辭

「自由談」，正可以當作自由「臺」，在這「臺」上，我們可以自由的「表演」，那便是自由的「談」。

到昨天爲止，這臺上所「表演」的，已告一段落了，閉幕了。從今天起，新的活動開始，幕又要重新開了，其中有些什麼，這裏也不多談，瞧着罷。

不過在觀衆渴欲知道幕內情形以前，我們這些「臺上人」，卻不能不將我們的態度概述一下。

我們認定世界上的一切都在進步中，都在近代化，一則理論上應該，二則事實上需要。我們以爲我們的生活之涵養，大有賴於文藝，而文藝之應該進步與近代化，需要進步與近代化，乃是當然的事實。我們此後在這「臺上表演」些什麼，雖然在節目方面，不能預先一一的報告出來，而我們對於進步和近代化的立足點，卻是要牢牢站定的，即便是一些插科打諢，一些裝腔作勢，我們也不敢隨便應付。

但是話還得說回來些。我們雖然不肯搬演猴子戲，模仿人的作爲，以博觀衆一笑，不肯唱幾句十八摸，五更相思，或者哼幾句「雲淡風輕近午天」，以遷就一般的低淺趣味，而我們也決不願大唱高調，打起什麼旗號，吹起什麼號筒，出什麼堂堂正正「像煞有介事」的雄師，以宣傳什麼主義，將個人或一小部份人的嗜好，來勉强大多數人的口味。我們只認定生活的要素，文藝，是應該而又需要進步的，近代化的；同時卻也不願離觀衆太遠，「自[illegible]戲自唱數」，只在「臺下喝彩」。

幕在開了，自由的「臺」在出現了，臺上的人在自由的「表演」了，瞧着罷。

× × × ×

黎烈文《幕前致辞》，载《申报》，1932年12月1日

革新后的《自由谈》对新文学的拥护是坚决的："我们以为我们的生活之涵养，大有赖于文艺，而文艺之应该进步与近代化，需要进步与近代化，乃是当然的事实……我们对于进步和近代化的立足点，是要牢牢站定的，即便是一些插科打诨，一些装腔作势，我们也不敢随便应付。"同时，它对新文学的支持又是广泛的："我们也绝不愿大唱高调，打起什么旗号，吹起什么号筒，出什么堂堂正正'像煞有介事'的雄狮，以宣传什么主义，将个人或一小部分人的嗜好，来勉强大多数人的口味。"② 黎烈文曾公开声明："《自由谈》不是一个人或一部分人的《自由谈》。"③ 为此，他广泛用稿，在他和其继承者张梓生主

①② 《幕前致辞》，《申报·自由谈》，1932年12月1日。
③ 《编辑室启事》，《申报·自由谈》，1932年12月12日。

办的《自由谈》时期，鲁迅、茅盾、郁达夫、沈从文、老舍、巴金、林语堂、郑振铎、叶圣陶、陈望道、夏丏尊、刘大杰、章太炎、吴稚晖、柳亚子、瞿秋白、周扬、张天翼、施蛰存、穆时英、叶灵凤、徐懋庸、臧克家、郑伯奇、章克标、陈白尘等或“左”、或“右”、或“中”、或为自由主义的精英知识分子都曾在该刊发表过文字，更有姚雪垠、刘白羽、周而复、柯灵、唐弢、黑丁、陈荒煤等文坛新人在《自由谈》崭露头角。对于各派作家就政治观点和文学观念不同产生的争论，《自由谈》也以不偏袒任何一方的职业编者的态度来文必登。气象一新的《自由谈》一扫之前和同时期的文学报刊多为社团同人刊物或局限于固定的作家小圈子的风气，做到了真正的“自由”谈，被唐弢认为是“‘五四’以来一个最讲究广泛团结、真正做到‘兼容并包’的刊物”[①]。

相对于对持有不同立场的来稿者的兼容并包，黎烈文对《自由谈》来稿本身的题材体裁倒是有着比较严格的要求。在革新后次日的发布《投稿简章》中，黎烈文列出了具体的选稿的标准：“（1）四百字以内，意味深长之幽默文字。（2）翻译短篇世界名著。（3）内容充实而有艺术价值之短篇创作小说。（4）讨论妇女、家庭、儿童、青年等问题之文学。（5）科学家轶闻、发明故事及浅近有趣之科学介绍。（6）关于世界各国风土人情等之记述。（7）文字优美且具有特殊见地之游记印象记等。”同时要求“用白话为宜，须缮写清楚，并加注新式标点”。[②] 半个多月之后，黎烈文又发出声明：“本刊日来所收稿件，以短篇小说为多，希望投稿诸君以后改寄描写实际生活之文字，或含有深意之随笔杂感等（愈短愈佳）”，[③] 又半月，再发公告：“千余字之

---

① 唐弢《影印本〈申报·自由谈〉序》，杨义选编《唐弢书话》，北京出版社 1997 年版，第 214 页。
② 《投稿简章》，《申报·自由谈》，1932 年 12 月 2 日。
③ 《编辑室启事》，《申报·自由谈》，1932 年 12 月 19 日。

短篇小说，及不逾五百字之小品文，本谈极欢迎”[1]。这些启事除了表达对进步文学的要求外，一次比一次明确地透露出《自由谈》对短文的欢迎。在主编的极力推崇、争取和郁达夫、茅盾、鲁迅等文坛名将的率先响应的下，“左翼青年纷纷出动。老作家如陈望道、夏丏尊、周建人、叶圣陶大力响应，从各个角度刻画了当时社会生活的特点：叶圣陶以《今天天气好呵！》为题，揭示了‘自由’的本质，陈望道写了《法的讲法》、《长寿运动》等文……一向从事小说创作的人，这时也群起撰写短文，老舍写了《空城计》、《励友人书》、《打倒近视》，在风趣中透露了严肃的主题，使人作会心的微笑；沈从文写了《劝人读经》，题目刚一见报，许多人大吃一惊，以为他也主张克己复礼，尊孔崇儒，却原来劝读的是鲁迅曾经‘舍金上梓’的《百喻经》；郁达夫除了《说死以及自杀情死之类》、《从法治转向武治的日本》、《著书与教书》、《说模仿》等许多短论随笔外，还以他擅长的游记中最佳篇什如《方岩纪静》、《仙霞纪险》等篇送给《自由谈》；巴金也没有吝惜他的笔墨，自一九三三年四月二十七日开始刊出了《苦笑、呻吟与呼号——给我的哥哥》。张天翼写了《小林

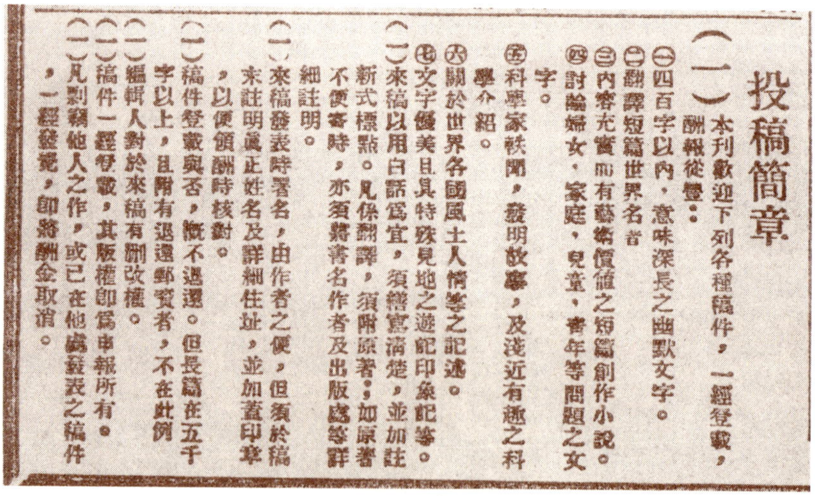
投稿簡章

(一)本刊歡迎下列各種稿件，一經登載，酬報從豐：
㈠四百字以內，意味深長之幽默文字。
㈡翻譯短篇世界名著
㈢內容充實而有藝術價值之短篇創作小說。
㈣討論婦女，家庭，兒童，青年等問題之文字。
㈤科學家軼聞，發明故事，及淺近有趣之科學介紹。
㈥關於世界各國風土人情等之記述。
㈦文字優美且具特殊見地之遊記印象記等。
(二)來稿以用白話爲宜，須繕寫清楚，並加註新式標點。凡係翻譯，須附原著；如原著不便寄時，亦須將書名作者及出版處等詳細註明。
(三)來稿發表時署名，由作者之便，但須於稿末註明眞正姓名及詳細住址，並加蓋印章，以便領酬時核對。
(四)稿件登載與否，概不退還。但長篇在五千字以上，且附有退還郵資者，不在此例。
(五)編輯人對於來稿有删改權。
(六)稿件一經登載，其版權即爲申報所有。
(七)凡剽竊他人之作，或已在他處發表之稿件，一經發覺，即將酬金取消。

《投稿简章》，载《申报》，1932年12月2日

① 《编辑室》，《申报·自由谈》，1933年1月11日。

多喜二之死》和《看了西湖艺专四展以后》。不仅小说家如此，连本来并非做新文艺工作的人也来执笔，章太炎发表了《〈庐山志〉序》（一九三三年十月十二日），柳亚子发表了《为〈断鸿零雁记〉给郑正秋先生的信》（一九三四年二月十九日），到一九三四年‘文言、白话、大众语’论争发生，八月一日刊登了吴稚晖的《大众语万岁》”[①]。

在《自由谈》内容丰富的短文中，最富于该刊特色，也是最为后世学者所推崇的，则是杂文，即黎烈文所谓“含有深意之随笔杂感”者。这其中，又以鲁迅的杂文为代表。鲁迅自言：“我的常常写些短文，确是从投稿于《申报》的《自由谈》上开头的；集一九三三年之所作，就有了《伪自由书》和《准风月谈》两本。”[②] 如此，后人在论述现代文学史上30年代的杂文成就时，都少不了先提到鲁迅和《自由谈》：“1932年《申报·自由谈》由黎烈文接编，在鲁迅等作家支持下，成为30年代杂文的一个主要阵地。同时，随着其他报纸的群起仿效和新的以刊登杂文为主的刊物的创刊，杂文创作又形成了一个蓬勃的局面。”[③] 而早在30年代，就已有学者提出了《自由谈》杂文的重要性，唐弢事后回忆：“说起来已是抗日战争前夕的事情了，在上海，那时早就写了《最近三十年中国文学史》的陈子展（炳堃）教授有一次对我说，如果要写现代文学史，从《新青年》开始提倡的杂感文不能不写；如果论述《新青年》以后杂感文的发展，黎烈文主编的《申报》副刊《自由谈》又不能不写，这样才说得清历史变化的面貌。”[④]30年代的《自由谈》杂文艺术风格多样，隐晦、辛辣、幽深、清丽、激烈、酣畅、严谨兼而有之，内容上更较以往而广泛，有文化上的争论，更有对时政和社会问

① 唐弢《影印本〈申报·自由谈〉序》，杨义选编《唐弢书话》，第212—213页。
② 鲁迅《〈花边文学〉序言》，《鲁迅全集》第五卷，人民文学出版社1982年版，第417页。
③ 朱栋霖等主编《中国现代文学史：1917—1997》（上册），高等教育出版社1999年版，第243页。
④ 唐弢《影印本〈申报·自由谈〉序》，杨义选编《唐弢书话》，第211页。

题的触及，表现出精英知识分子对自我的反省、对文化的使命感和对国运民生的关切。就丰富了杂文的文体、风格、内容等方面来看，《自由谈》确实“为中国现代杂文的成熟与发展做出了重要的贡献”[①]。

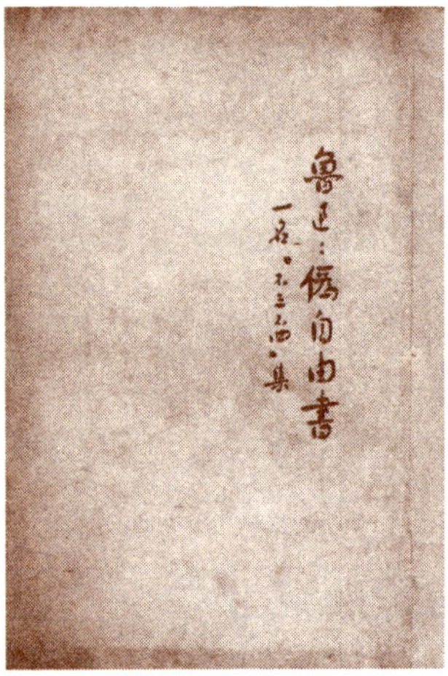

鲁迅《伪自由书》单行本封面，1933 年

“在现代传媒与文学的共生现象中，报刊与文体相互改造的现象同样存在。报刊的风格及样式尽量与现代文体接近，现代文体同样尽量与报刊接近，报刊与文体在相互选择中进行着文体的调节，促成报刊和文体在选择中走向成熟。杂感随笔能够成为现代文体的新宠，是报刊与文体相互选择和相互适应的结果。”[②]上述观点很好地注解了《自由谈》和杂文的关系，同样可以用来诠释《申报》之于新文学。一方面，《申报》的经营者为紧跟时代洪流，在营利的同时承担起传媒的社会责任、取得社会效应而选择了新文学；另一方面，新文学也在为能发出更远更广更有影响的声音而找到了《申报》这个合适的媒介。正是《申报》和新文学的彼此选择才造就了《申报》历史上最为辉煌的《自由谈》时期，而中国新文学的历史从此也无法绕开《申报》的《自由谈》。

三、《申报》中的翻译文学

《申报》作为中国发行时间最久、具有广泛影响的一份报纸，自创办之初，就以显著的商业运营模式，参照国外办报方

---

① 袁省达《申报“自由谈”源流》，《新文学史料》1978 年第 1 期，第 253 页。
② 周海波《现代传媒视野中的中国现代文学》，中华书局 2008 年版，第 41 页。

针，力图打造一个强大的“新闻王国”。《申报》的诞生标志着众多新生事物的开端，从创刊之初就着力推介外国文学作品，其初衷可能出于完全的商业利益，迎合读者（主要是学者、文人）趣味、增加发行量，却无意中为中国人打开了一扇观望世界的窗口。至新中国成立前的70余年间，《申报》一直秉承新闻自由、民间办报的宗旨，历经“小说界革命”、“新文化运动”、“左翼文化运动”、“孤岛文学”等中国文学发展史的各个阶段，多次进行自我变革和突破。它最早刊载的外国编译小说，一方面成为晚清小说大潮的一个组成部分；另一方面对中国本土这一时期的小说创作产生重要影响，这种影响不仅来自内容，还有技巧。民国期间，它的副刊《自由谈》、《春秋》、《文学》，继续保持介绍外国作品、风俗民情的特色，因此常有“订户猛增涨”，“声誉剧震”之胜景。所以说，从文学发展史的角度看，《申报》中的翻译文学具有不容忽视的地位和意义。

1.《申报》最早刊载的3部翻译小说

1872年5月21日至6月15日，在创刊不到一个月的《申报》上，发表了3部并不完整的连载小说：1872年5月21到24日，分4期发表《谈瀛小录》；1872年5月28日，一期载完《一睡七十年》；1872年5月31日、6月6日、7日、11日、14日、15日，分6期发表《乃苏国奇闻》。此3篇文字刊登在《申报》第二页，是“报首首论”之后的重要位置，其中有2期《谈瀛小录》则登载于报纸首页。3篇皆为文言体，无著者署名，故事情节颇为奇幻，因此一直被人们当做国人创作的“述奇”作品。随着海内外学者对《申报》研究的深入，覆盖在这3篇小说上的神秘面纱慢慢揭开。《谈瀛小录》译自英国作家乔纳森·斯威夫特（Jonathan Swift）的《格利佛游记》（*Gulliver's Travel*）第一部分《小人国游记》（*A Voyage to Lilliput*）；《一睡七十年》译自美国作家华盛顿·欧文（Washington Irving）的作品集《见闻

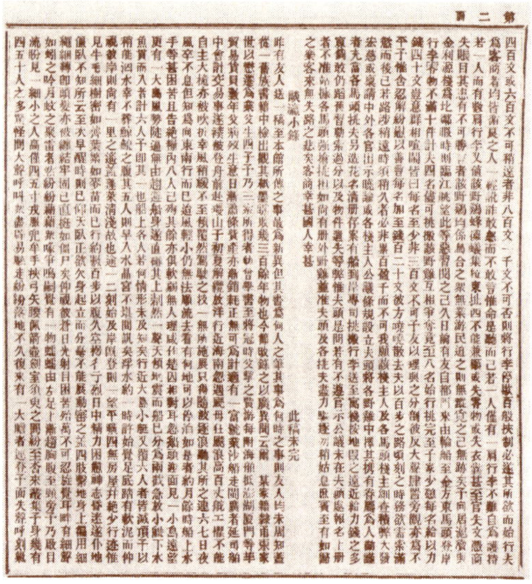

《谈瀛小录》首期书影，载《申报》，
1872年5月21日

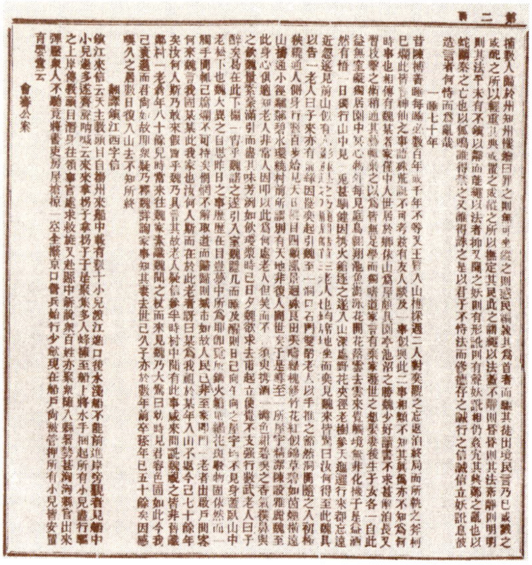

《一睡七十年》首期书影，载《申报》，
1872年5月28日

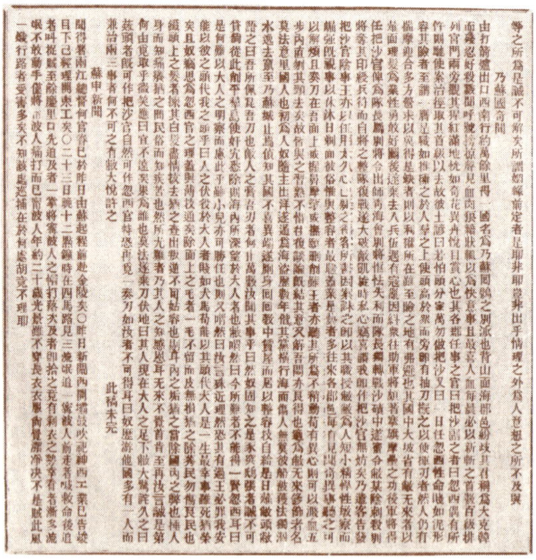

《乃苏国奇闻》首期书影，载《申报》，
1872年5月31日

杂记》(*The Sketchbook of Geoffrey Crayon, Gent*)中的《瑞普·凡·温克尔》(*Rip Van Winkle*);《乃苏国奇闻》翻译的是英国小说家马里亚特(Frederick Marryat)的《听很多故事的把沙》(*The Pacha of Many Tales*)中《希腊奴隶的故事》(*Story of the Greek Slave*)(加上引言的一小部分)。

3篇编译作品有着非常显著的共同点:

首先,都是节译原著,且均取自英美近世名作。斯威夫特的《格利佛游记》初版于1726年,《谈瀛小录》只翻译了约5000字,末期著文“此录甚繁,今节刊之如左,其中尚有妙文,容俟下期续布”①。《瑞普·凡·温克尔》初版于1820年,《一睡七十年》仅节译800余字;《听很多故事的把沙》初版于1835年,《乃苏国奇闻》译文稍多,约为6000字,末期著文“和尚之事,则下次再详述云”②。这几部小说都属于当时的畅销书,比照现在的畅销图书排行榜,都可位列前三,且都属于“奇遇记”一类,或者说属于奇幻小说。编者选译此3篇,意在以此尽快吸引读者,打开销路。就像创办者美查所说:“这报是供华人看的,文字应从华人方面设想。”③这个宗旨不仅体现在新闻报道的立场,在编译文学作品上,也同样坚守。但译者承诺继续翻译并登载以后的故事,却没有实现。

其次,翻译方式都采用文言文翻译,有不同程度的同化翻译。如果不是原著的知名度高,无论是从语言还是从内容上,一般人很难辨认出这是否为翻译小说。“报纸没有把他们归在小说名下,更不用说将他们划入翻译小说的行列了;它们仅仅是混迹于报纸上其他读者感兴趣的内容之中”④,所以多数研究者认为,这三篇连载文字只能属于编译。例如:《一睡七十年》开篇语“昔陈抟善睡,每睡必数百年或千年不等。又王质入山樵采

① 《申报》,1872年5月24日。
② 《申报》,1872年6月15日。
③ 徐忍寒《申报七十七年史料》,第7页。
④ 韩南《中国近代小说的兴起》,上海教育出版社2010年版,第114页。

遇二人对弈，观之忘返……兹有友人谈及一事，似与此二事相类”[①]，译者将故事与陈抟善睡和王质烂柯的典故相类比，称刊录的为一友人谈及的故事，而只字未提原著信息。《瑞普·凡·温克尔》中仅有一样东西在译著里保留，即瑞普·凡·温克尔的来复枪。《小人国游记》的中译本在某些情节上，与原著相当接近，但还是有许多改编。如，把格利佛随船医生的身份变成中国人熟悉的商船上的账房，把故事发生的背景改在中国的舟山岛、海南等地。它集中描述故事中冒险的经历，忽略了原文中的政治阴谋主题，以及对社会制度的讽刺。《乃苏国奇闻》同样有改编和省略，因两国文化差异需要向中国读者解释后才能理解的文字，被或多或少地省略了。

2. 申报馆出版的中国第一部汉译小说

经过前 3 部传奇式小说节译本的“热身”，一部真正意义上的翻译小说《昕夕闲谈》接踵出炉，刊登于由申报馆出版的月刊《瀛寰琐纪》。1873 年 1 月第 3 期至 1875 年第 28 期，《昕夕闲谈》分 26 期连载，每期刊载两节，约 7000 字，连载总字数计 30 余万字。第一期前有《〈昕夕闲谈〉小叙》，略记中国小说之缘起、作用和意义，并恳请诸位读者“勿等诸寻常之平话无益之小说也”[②]，可见编者希望大家能够从中汲取有益精神。小说通篇不断句，却采用白话文仿章回体连载，在当时确属超前。林纾（1852—1924）的第一部翻译小说出版于 1899 年，使用的还是文言文。1875 年下半年，《昕夕闲谈》增加 3 节后，以单行本形式出版。译者对“原著文本加以缩减、增补或重组，改编或消除了一些特征”[③]，比如人物身份、家庭状况等，中译本在第一章里就有交代，而原著往往在以后几章里慢慢浮现，这就造成

---

① 《一睡七十年》，载《申报》，1872 年 5 月 28 日。
② 蠡勺居士《〈昕夕闲谈〉小叙》，《瀛寰琐纪》第 3 卷第 6 页，1873 年 1 月。
③ 韩南《中国近代小说的兴起》，第 95 页。

原著精心构建的诸多悬念在中译本中荡然无存。对外来风俗的解释，是《听夕闲谈》的另一特色。许多在当时中国社会闻所未闻的名词，译者都作了相对完整的解释，如“接吻”习俗，在原著文字中多有出现，译者在其中一处作出解释：“原来外国的礼：妇女遇着亲人，无论兄弟、子侄、夫婿，均以接吻为礼，在人前决不避忌。”随后小说中出现“接吻”一词要么省略，要么采用“接唇”代之。此外还有西方的自由恋爱、牧师娶妻、专利局、公墓等等。有些词汇则被中国式地同化，如“越野障碍赛马”改为“打猎”，“上帝啊！”改为“阿弥陀佛”，“断头台”改为“法场”；还把中国文学中的人物对应原著，出现了《红楼梦》里的邢夫人、八仙铁拐李等，以帮助读者理解人物性格和行为。《听夕闲谈》书名字义可解释为“在凌晨和黄昏时的闲聊”，书中提到“今西国名士撰成此书”，但未交代原著者姓氏，人们也很难把此书与哪部外国小说联系起来。据美国学者韩南比对考证，译文的原著为英国作家爱德华·布尔沃·利顿（Edward Bulwer Lytton，1803—1873）所作，原名《夜与晨》（*Night and Morning*），1841 年小说首次出版。该著作曾多次再版，申报馆引用的是哪个版本目前无法考证，但可以确认，中译本只是原著全文 68 个小节中的 33 节。2003 年，韩南教授来到上海，专门在上海图书馆以此为题作了一次学术讲座，在《申报》和《夜与晨》原版收藏地，公布了这个让学界疑惑多年的问题的答案。

几十期的连载，译者只署以“蠡勺居士”，百多年来，其真实姓名和身份一直困扰着众多研究者。这种行文不署名或不署真名的状况，不但在中国，在当时处于小说“婴儿期”的英国其实也极为普遍。没人会把写小说当做职业，更不会有人能以小说写作谋生。18 世纪至 19 世纪初期，大多数英国小说的作者不署真名，“By a Lady”是相当多小说的作者。中国文人更是

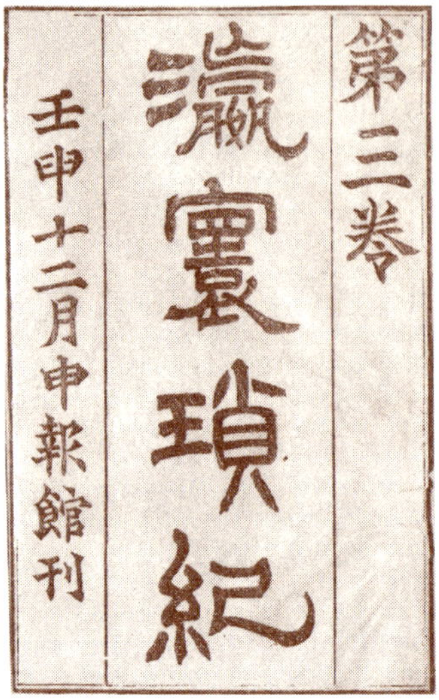
第三卷
瀛寰瑣紀
壬申十二月申報館刊

《瀛寰琐纪》第三卷书影，1873 年 1 月

昕夕閒談小叙

小說之起由來久矣虞初九百爲說之權輿唐代叢書瑣記之濫觴降及元明乃有平話無稽之談演之以神奇淺近之言出之以情理於是人競樂聞趨之若鶩焉推原其意本以取快人之耳目而已本以存昔日之遺聞瑣事以附於稗官野史使避世者亦可考見世事而已乎則謂小說者當以怡神悅魄爲主使人之碌碌此世者咸棄其焦思繁慮而暫遷其心於恬適之境者也又令人之聞義俠之風則激其慷慨之氣聞憂愁之事則動其悽宛之情聞惡則深惡聞善則深善斯則又古人啟發良心懲創逸志之微旨且又爲明於庶物察於人倫之大助也且夫聖經賢傳諸子百家之書國史古鑑之紀載其爲訓於後世固深切著明矣而中材則聞之而輒思臥或并不欲聞無他其文簡當無繁縟之觀也其詞意嚴重無談諧之趣也若夫小說則粧點雕飾遂成奇觀嘻笑怒駡無非至文使人注目視之傾耳聽之而不覺其津津甚有味孳孳然而不厭也則其感人也必易而其入人也必深矣誰謂小說爲小道哉雖然執筆者於此則不可視爲筆墨烟雲可以惟吾所欲言也邪正之辨不可混善惡之鑑不可淆使徒作風花雪月之詞記兒女纏綿之事則未免近於導淫其蔽一也使徒作豪俠失路之談紀山林行劫之事則未免近於誨盜其蔽二也使徒寫姦邪傾軋之心爲機械變詐之事則未免近於縱奸其蔽三也使徒紀干戈角地之事逞將帥用武之謀則未免近於好亂其蔽四也去此四蔽而小說乃可傳矣今西國名士撰成此書務使富者不得沽名善者不必釣譽真君子神

瀛寰瑣紀 昕夕閒談序 六

《昕夕闲谈》首期书影，《瀛寰琐纪》第三卷，1873 年 1 月

把小说创作当作一种消遣，翻译外国人的小说甚至有沦为“洋奴”的嫌疑，为人不齿。学者郭长海经过数十年的关注和探究，给了我们较为明晰的解答：“蠡勺居士”就是蒋子让。学者韩南甚至推断这位“蠡勺居士”为《申报》第一任主笔。[①] 他和申报老板美查二人合作，采取当时最通常的方式，即口述加笔录，完成了这部中国最早的汉译小说。尽管美查想用刊载外国通俗小说的形式向中国人介绍西方习俗，拓展读者群，可当时《申报》读者似乎并不喜欢这种阅读小说的方式，《昕夕闲谈》“没有受到读者的青睐，相反该书的日文译本却十分引人注目”[②]。1875 年蒋主笔离开申报馆，1877 年考取功名赴任敦煌知县。《瀛寰琐纪》就此停刊，改出《四溟琐纪》、《寰宇琐纪》，原本承诺读者的《昕夕闲谈》的续译也未能兑现。

随着《昕夕闲谈》译者身份的明晰，之前《申报》登载的 3 篇节译文字亦有人猜测为蒋氏和美查所为。1872 年 11 月 11

---

① 蒋芷湘生卒年及部分活动见邬国义《〈申报〉第一任主笔蒋其章卒年及其他》，《华东师范大学学报·哲学社会科学版》2011 年第 1 期，第 114 页。

② 韩南《中国近代小说的兴起》，第 112 页。

日，申报馆创办《瀛寰琐纪》杂志，在时间上相隔五六个月，这也比较符合两位译者开始忙于筹办《瀛寰琐纪》而无暇顾及报纸连载的事实。

3. 民国时期《申报》的翻译推介

现代翻译文学的规模和影响都超过近代任何一个时期。1910 年代至 1920 年，《新青年》成为译介外国文学作品的主要阵地。1920 年至“左联”成立，文学研究会、创造社、未名社、语丝社、沉钟社、新月社等文学组织纷纷成立，一大批名家名作风起云涌，再次出现前所未有的繁荣局面。抗日战争，解放战争，直至中华人民共和国成立，翻译阵地、翻译流派、翻译作品都进入了一个崭新阶段。即便在上海“孤岛时期”（1937 年 11 月—1941 年 12 月），留守的一大批作家仍继续开展各种公开或隐蔽的文艺活动，文学翻译亦呈现出五彩缤纷、百花竞放的景象。民国时期的《申报》，在外国文学的译介内容、形式等方面不断进行着自我变革和创新，副刊《自由谈》成为登载外国文艺作品的主要平台。1935 年《自由谈》停刊，1938 年 10 月《申报》复刊后，保留了原来的《自由谈》、《春秋》两个副刊和多个专刊。但国运多舛，《申报》报务和人事的频繁变动，使得译介活动也时断时续，难以保持高水准。故仅撷取数个片段，对民国时期《申报》的翻译活动作简单介绍。

自称啼血杜鹃的哀情巨子周瘦鹃自 1920 年至 1932 年担任了《申报·自由谈》主编。这位清末民初时期广为人知的小说家和翻译家，16 岁时就把一部法国小说改编为八幕话剧《爱之花》。1917 年 2 月，他翻译的《欧美名家短篇小说丛刊》出版。1919 年 5 月，周瘦鹃受《申报》总主笔陈景韩之约，为副刊《自由谈》特约撰述。从 1919 年 5 月 31 日起至 1920 年 3 月 31 日，周瘦鹃作为特约撰述在该刊上发表了 194 篇文章。他在《自由谈》撰述的第一个专栏是“小说杂谈”，在第一篇中他就举出英、法、美、俄等一批优秀作家的名字，认为“每一篇出，足以陶铸国民心脑，今日欧美诸帮之所以日进于文明者，未始非小说家之功也”。周瘦鹃还在《自由谈》开辟“情书话”、“名人风流史”专栏，介绍西方男女交谊的风俗，阐发西方名人恋爱中的流风余韵，如雨果、拜伦、拿破仑、白朗吟（英国诗人）、惠林顿（英国名将）、伊丽莎白（俄罗斯女皇）等。1920年4月1日，《申报》总经理史量才正式下聘书，聘请周为《自由谈》副刊主编。周瘦鹃后来回忆说：“这在我笔墨生涯五十年中，实在是大可纪念的一回事。”[1]1921年1月9日至8月7日，《自由谈》每周日辟“小说特刊”专栏，每期简介一位外国小说名家，并登载作家小照，有莫泊桑、巴尔扎克、柯南道尔、大仲马、狄更斯、萧伯纳、马克·吐温、安徒生等人。与此同时，周瘦鹃的其他译介活动未有停步。1925年，他翻译了小说《侠盗查罗》（现译佐罗），主持出版法国作家玛利瑟·勒白朗的《亚森罗苹全集》等。1932年11月29日，《自由谈》编辑部刊发启示，意为革新，12月1日，黎烈文接任主编一职。

此时的黎烈文刚从法国回来，年仅28周岁。在他主持的《自由谈》期间（1932年底—1934年），进行了一系列改革。如在《自由谈》里安排杂文、小说、速写、考证、常识、科学小品等各种文体，介绍外国文学（文化）的工作，也从这时开始。1932年12月1日《自由谈》的“投稿简章”中有“2. 翻译短、中篇世界名著；……6. 关于世界各国风土人情之记述”之要求。此后，《自由谈》上出现法、英、美、意、苏俄、挪威、朝鲜等国作家近20篇著作。如法国作品《托勒得的珍珠》、《方型堡的攻克》、《他们的路》、莫泊桑的《两兄弟》，苏俄托尔斯泰的《我的母亲》、高尔基的《海燕之歌》，英国作品《怪车夫》、萧伯纳的

---

① 范伯群《周瘦鹃年谱》，《新文学史料》2011年第1期，第174页。

《黑女求神记》，美国马克·吐温的《一篇中世纪小说》等等。[①]这批译著有着显著的特征：为迎合读者快速阅读的习惯，篇幅较短，基本上可在3至5天内登完；语言通俗，采用白话文、大众语，力求雅俗共赏、老少咸宜；在登载作品同时编辑精炼的"译者附注"，对作家、作品作扼要简介，满足鲜有渠道接触外国文学的普通读者的知识需求；有意在杂文栏刊登探讨翻译理论的文章，以争鸣方式出现，使文章作者各抒己见。"因此应认为中国翻译文学史第三阶段（1930—1945）的译作风格在《自由谈》的域外文学篇什里已初显端倪。"[②]

抗战胜利后，王进珊历任《申报》副刊《春秋》、《文学》主编。[③]其间除登载外国小说、诗歌、作品评论外，还有多篇介绍外国文学家生平传略、文学理论及评论的文字，推介的国别也扩展到非洲和中东地区。小说方面有：列夫·托尔斯泰的《真理上帝知道，但需要等待》、《太贵了》；莫泊桑的《月光曲》、《爱与死》；契科夫的《凡卡》；黎巴嫩阿拉伯诗人纪伯兰的《两个婴儿》；还有多篇高尔基的作品等。诗歌方面有：叶塞宁的诗《我还在这里》，《莎士比亚十四行诗第109行》，法国诗人牙（耶）麦的《为带驴子上天堂而祈祷》等。介绍近现代外国文学家及理论、外国文学评论方面的有：《歌德的晚年》、《文学界的拿破仑——巴尔扎克》、《萧伯纳》、《诺贝尔文学奖的得者赫赛》、《托尔斯泰的艺术论：论艺术中的颓废派》、《苏格兰诗人彭思二百五十周年祭》、《美国文学的生长与其特性》、《法国的作家协会》、《匈牙利剧作家摩尔奈》、美国的《阿伦坡小传》、《非洲天才女诗人裴丽斯·魏兰》、《女作家乌特莱》等等。这时

① 具体篇目名称和连载时间参见易容《报纸附刊新文学运动角色——〈申报·自由谈〉的文学译介活动述评》，《广西大学学报》（哲学社会科学版）1993年第4期。

② 易容《报纸附刊新文学运动角色——〈申报·自由谈〉的文学译介活动述评》，《广西大学学报》（哲学社会科学版）1993年第4期，第100页。

③ "《春秋》是1947年11月30日停刊的，《文学》便于12月3日见报"，见王进珊《申报文艺副刊编校丛录》，徐州师范学院学报编辑部，1994年版，第29页。此期间《申报》几种副刊刊登的文章目录，在此书中有汇总。

期作品的翻译者中有戴望舒、施蛰存、任钧、赵景深等人。同时，还有几篇涉及外国音乐家的介绍：《音乐神童莫扎特小传》、《为贝多芬诞辰纪念写》、《弗朗士·许贝德最后所写的》等等。1947年12月3日，《文学周刊》创刊："本刊自今日起每周三与读者见面。内容略分文学理论、诗歌、小说、戏剧、散文、批评介绍等栏，创作或者翻译文稿均所欢迎。"① 虽然，《文学周刊》存在的时间只有短暂的半年余，"1948年6月底也停刊了"②，但它把《申报》坚持文学性、注重翻译文学的品格一直坚持到了最后。

4.《申报》早期小说征文和译介活动及影响

西方翻译文学的新题材、新技巧，对渴望求变的中国小说家们确有诱惑力，中国文坛对西方小说技巧的借鉴、模仿乃至袭用者不乏其人。有些小说采用倒叙、插叙、推理、独白等手法，主要也是受到翻译小说的影响。在晚清甚至有所谓译文体小说的流行，如阿英在《晚清小说史》中所言："中国的创作，也就在这汹涌的输入情况之下，受到了很大的影响。"中国的翻译文学在晚清有过一个活动高潮，此时的翻译内容由刚开始的介绍天文地理、声光电化逐步转向西方哲学、政治、经济名著，各类小说诗歌也在此时大量涌入中国人视野。在此高峰来临之前，《申报》已有自己的积极活动，对中国新式文学创作和外国诗歌的推介作用不容忽视。

有人将罗伯聃选译、1840年在广州（一说为澳门）出版的《意拾喻言》作为第一部汉译外国小说，也有人认为应是署名"宾"（即宾威廉）、1853年在厦门刊刻的译作《天路历程》。无论怎样评判，这些译作在当时都没有产生较大影响，未能引起中国翻译小说的快速发展。完成这一使命的是林纾。1899年，

① 王进珊《申报文艺副刊编校丛录》，第479页。
② 王进珊《申报文艺副刊编校丛录》，第614页。

林纾与人合译《巴黎茶花女遗事》，此后“25年的时间中译介了将近200种（包括未刊印的18种）作品”[①]。在林纾和诸多翻译家的实践，以及政治家的动员下，从戊戌变法至辛亥革命期前，出现了一次小说翻译高峰。继登载外国文学作品片段之后，19世纪末20世纪初，《申报》曾刊登过多则征文启事[②]。虽然这3次征文的目的、形式、结果各异，却生动体现了中国文学创作的变革。其中1895年的征文活动对中国近现代小说创作具有深远影响，直接推动了第一轮中国新式小说的创作实践。此次征文由西学名士傅兰雅（John Fryer，1839—1928）发起。这位老人的生命中有30余年在华生活，其中有28年任上海江南制造局翻译馆主管，是西学东渐的重要人物。多年的译述生涯，使他深感中国学者和自己的中国助手深受科举八股影响之深，把“时文”与“鸦片”、“缠足”同列为危害中国社会的“三弊”。他认为仅译介西学不足以改革时弊，中国人的主动出击、自我变革、突破桎梏显得更有意义。1895年5月，在梁启超《新小说》出版前7年，傅兰雅发表公告，宣布举办一次新小说征文竞赛。他的广告题为“求著时新小说启”，应征文章应“使人阅之心为感动”，“辞句以浅明为要，语意以趣雅为宗，虽妇人幼子，皆能得而明之”。该启事先后5次（1895年5月25日、28日、30日，6月4日、8日）登载。征文一共收到162篇，傅兰雅邀请沈毓桂、王韬、蔡尔康等知名人士参与评选，其中20位获奖者姓名公布在1896年1月13日的《申报》上，并允诺结集出版。但在同一年，傅兰雅返美，带走了这批小说原始手稿。究其原因，有人认为他对中国时局的失望，也有人说是因为家庭经济原因，总之这百余篇小说原稿因此被尘封了百多年。2006年，加利福尼亚大学伯克利分校东亚图书馆新馆搬迁，发现了其中140篇

① 孟昭毅《中国翻译文学史》，北京大学出版社2005年版，第56页。

② 征文活动研究详见潘建国《由〈申报〉所刊三则小说征文启事看晚清小说观念的演进》，《明清小说研究》2001年第1期。

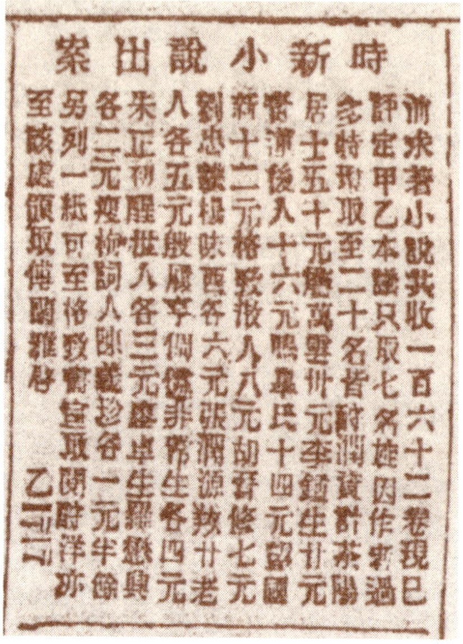
時新小說出案

前求著小說共收一百六十二卷現已
評定甲乙本擬只取七名雖因作者過
多特擬取至二十名皆酌潤貲計茶陽
居士五十元詹萬雲卅元李鏡生廿元
清濂後人十六元鳴皐氏十四元望國
新十二元格致散人八元胡晉修七元
劉忠誥楊味西各六元張潤源枚廿老
人各五元殷履亭倜儻非常生各四元
朱正初醒世人各三元廖卓生羅懋興
各二元瘦梅詞人鄭藏珍各一元半餘
另列一紙可至格致書室取閱時洋亦
至該處領取傅蘭雅啟 乙二二

小说征文揭晓，载《申报》，1896 年 1 月 13 日

参赛论文。2011 年，由上海古籍出版社以《清末时新小说集》（全 14 册）影印出版。主编周欣平认为，傅兰雅的“求著时新小说”无意中促成了中国现代小说的萌芽。此影印本的出版，让我们得以真实感受当时小说创作的原貌。

甲午战争前，外国诗歌很少被译介到中国。1864 年，英国驻华公使威妥玛（Tomas Francis Wade）用“有意无韵，似通非通”的汉语翻译了美国诗人朗费罗（Henry Wadsworth Longfellow）的《人生颂》，经清政府总理各国事务衙门大臣董恂加工润色，以七绝《长友诗》的面目刊载于 1872 年的《蕉轩随录》第 12 卷。无意间，《申报》刊载的两首外国诗歌成为中国人独立译诗的开端。1878 年 9 月 10 日，《申报》第 114 号第三版刊登《征刻王紫诠先生普法战纪启》，1872 年 10 月 2 日起，王韬和张芝轩合作编译《普法战纪》，从连续 11 个月总计 25 篇长文连载于《申报》，可视为草创初期《申报》上持续连载最久的专题论述。王韬当时从沪地逃亡香港 10 余载，与上海报业仍保持密切联络。《申报》创立后的第 9 天（1872 年 5 月 8 日）就曾介绍过王韬与黄平甫在香港报业的成绩。上海读者经常可以在《申报》上看到转载自香港《华字日报》的王氏笔墨，申报馆也以上海为中心，在全国各地的报社据点寄售他在香港出版的各类书籍。因此《普法战纪》由《申报》在第一时间转引也顺理成章。有研究者认为，《申报》上的《普法战纪》是中国最早的“通讯”。在这篇初具“通讯”特征的文字中，译有法国的《马赛曲》和普鲁士的《爱国诗》。闻名遐迩的《马赛曲》曾鼓舞了一批批爱国人士，在中国产生非常广泛的影响。《申报》上这两篇诗作的翻译，可说是中国人首译法、德诗歌，也是中国人独立译诗的开端。

历史总是在相似地重复。1883年爆发的中法战争，在这场“中国不败而败，法国不胜而胜”的战争进行之时，《申报》曾多次发出“号外”报道战局。1884年8月6日，申报刊发了第一张号外，报道日益趋紧的中法战事。16天后，8月22日，发出第二张号外，全文共92字。这是“目前所能找到的原件的最早的汉文‘号外’”[1]，《申报》又制造了一项报界“第一次”，只是这个“第一次”并不怎么让国人感到自豪。

---

① 文由化《中法战争中〈申报〉的一张号外》，《新闻大学》1982年第5期，第76页。

第六章 《申报》广告

翻阅《申报》广告版，能常常看到许多熟悉的物件儿，许多不陌生的面孔，和许多淡去的街头风景。这些广告中的画面，让今天的人们穿越了时代的断层，仿佛回到那些似曾相识的旧时生活场景中。《申报》广告，既有商业谋利性质的拍卖、出售、出租等“工商分类广告”，也有启事、征求、聘请等“人事分类广告”；既有桂格、福特、GE、雀巢、柯达、力士等国际品牌——它们早在解放前就进入中国大陆市场，也有冠生园、回力、张裕这样的民族品牌——它们今天依然活跃在现代商业舞台上；既面向达官显贵，也针对市井街巷；既有中国传统文化元素，也是西风东渐的舞台。

《申报》广告在内容上包罗万象，记录了近代中国社会生活的时代变迁，在社会史研究中独具价值。研究者不难发现，若以详实统计、体系分析、专题分类的方法来研究《申报》广告，将为今人呈现一幅反映近代中国百姓日常生活、风尚习俗、社会传播的综合画卷。由于篇幅时限等，本章仅撷取《申报》广告中反映寻常社会生活的演进与变迁中的几个片断，回顾那些还并不遥远的记忆……

一、走俏的舶来品：由《申报》广告看西风东渐

舶来品，仿佛一个区域发挥时尚气息的催化剂。《申报》发行早期，正是西风东渐的兴盛阶段。来自欧美的机械舶来品，纷纷抢滩上海，以先进的工业化水平、精良的制作工艺、强大的广告攻势，很快进入中国民众的社会生活中。《申报》广告版仿佛舶来品竞相亮相的舞台，引领了一段西风东渐的时尚生活。

1. “万国机器小舞台”

19世纪下半叶的早期《申报》广告对西方科学技术传播的方式和途径是多方面的，但特别值得提到的是它刊登的大量西方机器广告。一方方小比例绘制的机器图样广告，使《申报》广告版成了“万国机器小舞台”。

《申报》从1872年底开始刊登出售机器的广告，此后便不断有机器广告登出。《申报》的机器广告范围很广，从日常生活使用的机器，如炉灶、成衣机、洋龙（灭火水龙）、演电机、气灯机器，到五金行业使用的铸钱机器、洗炼五金机器，再到纺织用的织布机、采矿用的吸水机器、钻测地内机器、挖泥机、动力蒸汽机、水镬等，各种行业的机器几乎无所不包。在这一系列的机器广告中，附有大量的机器实物插图，对机器的构造和机器的使用方法多有说明。

1872年9月20日，《申报》登出第一则图文广告：成衣机器出售。成衣机，也就是我们今天所说的缝纫机，在当时是问世不久的新奇玩意儿，在西方被誉为继农用锄具发明之后的又一伟大发明，一时被称为世界上最著名的机械，相对人工成衣的高效性是不言而喻的。成衣机广告中，行文告知售卖

"成衣机器出售"广告，载《申报》，1872 年 9 月 20 日

"磨粉机器出售"广告，载《申报》，1873 年 5 月 29 日

地点，图片则直观反映商品原貌。从此，《申报》经常刊登图文广告。如 1873 年 5 月 29 日的《申报》登出了"磨粉机器"广告，广告附有磨粉机器的大幅解剖图片，文中介绍说："左边磨盘竖起以便看其下面形状，既平放且盖上，则与右边一样，右边哆管纳谷于中，其粉自从台盘上小卮口而出，走轮激荡，转运如飞。"诸如此类的广告，当时《申报》广告版上屡见不鲜。[①]

在大做机器广告同时，西方一些机器制造公司的大幅公司广告也出现在《申报》上，如"英国林根省创造机器罗鼻公司"[②]。在这类机器公司广告中，除对公司制造的产品的种类、性能、质量作详尽的介绍外，还对公司自身的历史、发展状况、优势以及公司地址等作了介绍。如在"伦敦创造水镬火炉汽机之西将苏公司"广告中，除介绍该公司生产的各类机器外，更着重强调了公司产品的品种齐全、质量优良、价格公道——

① 王儒年、陈晓鸣《早期〈申报〉广告价值分析》，《史林》2004 年第 2 期，第 101—105 页。
② 《申报》，1879 年 5 月 25 日。

“本公司之各机器最好而价最廉，本公司机器制造最坚，工作最精”。

《申报》上登载的机器广告，让不了解机器为何物的国人看到、摸到，甚至可以用到机器。它以最直接、最形象的方式，把西方科技传播到中国社会最广大的阶层中。大量西方机器制造公司的广告，不仅让国人获取了关于机器结构和机器使用的最有用的知识，而且可以从广告本身了解到西方机器制造公司的历史、实力、信誉及所造机器的性能、特点、价格，为商家选购机器提供了参考。

2. “万国靓颜小舞台”

人人向往良好容颜，化妆品的知名度与利润成正比，因此化妆品商家必定热衷于广告投放。20世纪初，《申报》广告中西方化妆品广告，恰似异彩纷呈的“靓颜小舞台”，构图很美，措辞更美，烘托出美的意境，给人以美的享受，深深留在了中国民众脑海中。

夏士莲雪花膏是英国老牌化妆品，早年由伦敦威廉大药厂生产。1908年5月1日，夏士莲第一次在《申报》刊登广告，此后几十年一直是《申报》的常客，也俘获了几代中国妇女的心。夏士莲广告常选择纯洁无瑕的雪山、高贵典雅的孔雀、气节风雅的松竹做画面背景，高跟鞋、华丽披肩、西餐厅、梳妆台等高端时尚元素频频出现，烘托出夏士莲作为高端化妆品的形象。夏士莲广告中有可剪下的“赠送样品券”，让小姐太太们争相体验其独特功效。有意思的是，夏士莲还推出了回寄空盒赠送鱼肝油和图书的活动。卖家友好大方的做派，对购买者是一份特殊的鼓励。

1927至1929年的《申报》上，频频出现一种叫“珂路搿丝带牙膏”的广告，其实就是今天大家熟悉的高露洁牌牙膏。随着牙具进入中国市场，西医的牙齿保健理念也相伴而来。当时珂路掰丝带牙膏广告称："医生告我曰：欲享口福，健齿为先。坚持之道，每日须刷牙三次，每次需用珂路掰丝带牌牙膏。齿牙既佳，身体自强，科学可证，岂虚言耶？"同时，广告中还说明美牙对于交际的重要性："男女交际，系于谈笑。有芳洁之齿牙，而后有畅美之谈笑。欲求齿牙芳洁，惟有购用珂路掰丝带牙膏"，"君能久用珂路掰丝带牙膏，必可笑容满面，十分得意。因其功用能使君齿光泽悦目，增加君之体面与光荣。"

来自英国的力士美容香皂喜欢启用摩登女郎或电影明星做广告。1932年5月6日，力士美容香皂开始在《申报》上投放明星代言式广告，第一位代言人请的就是旧上海最有名的明星胡蝶。此后，力士在《申报》上频繁邀请阮玲玉、王人美、黎丽丽、陈玉梅、陈燕燕等人们喜爱的女明星做代言，还结合电影上演档期，将电影女主角作为同期广告形象代言，强调力士是世界明星的首选，好莱坞明星也个个称赞，这对当时崇洋的摩登女性无疑具有强大吸引力。有意思的是，在每年5至7月的夏季，考虑到此时人们洗浴较多，力士平均每周都会登一个半版甚至整版广告。

来自美国的旁氏化妆品，1918年1月15日在《申报》刊登第一份广告，至1941年3月27日，旁氏在《申报》上停止露面。每年9月至来年3月是旁氏投放广告的季节，可能是考虑到冬春季节的护肤要求比较高。与其他化妆品反复刊登相同内容的广告不同，旁氏几乎每则广告都不重复。旁氏广告行文优美清新，给人以美好的感受，以1919年11月23日的《申报》旁氏广告为例，其精妙文笔可见一斑："西风起，落叶飞，寒云在天霜满地。闺中人，玉肤变，渐渐粗糙像树皮。十个纤指儿，难拈针线做冬衣。一张玫瑰脸，自顾也觉不美丽。旁氏白玉霜是件好东西，润皮肤相宜，美容貌更相宜，要算天下妇女第一好知己，任他香水香皂香粉一概不能比。试一试，方不骗。"

当然，男士脸面同样需要打理。创建于美国的吉列剃须刀于 1919 年进入中国上海，在《申报》刊登广告是其打开市场的良好途径。吉列剃须刀广告树立起了其做工精良、广受喜爱的形象，比如“出售以来累被假冒仿造，致有三百余家之多，但终不能通销，如吉列刀之广可谓旷世无匹之奇特品也”，“每片检验及试验，计有 115 次之多”。吉列每年在广告中，都要宣扬其用户数，1919 年声称全球有 150 万人喜用吉列安全剃刀，1920 年为 1500 万，至 1930 年为 11500 万人，以说明其产品在全球得到的广泛认可。

众多的外国品牌，以《申报》一方广告进入当时中国民众视野。其广告行文与构图，都采用中国人喜闻乐见的元素，以本土化方式消除品牌异域文化的隔膜感。多年以后，新中国改革开放之际，这些昔日红遍上海的外国化妆品再度进入中国。有研究表明，他们当代广告策略或多或少留有往昔的印记。

二、寻常生活的变迁：由《申报》广告看文化交融

广告与社会生活有着密切的互动关系：一方面广告反映了时代的需求，另一方面它又反过来强化了时代的需求。因此，从广告的角度来研究百姓的社会生活，能较为真切地反映社会生活的变迁。“衣”、“食”、“住”、“行”、“医”，构成了社会生活中最为细碎庞杂的消费市场，于是，与这 5 个方面有关的广告往往以丰富的形式、宽裕的篇幅在《申报》上频频登场，匹配着社会各个角度、各个层次的需求。那广告描述的画面，有些似乎只在老电影镜头中一闪而过；而另一些品牌，至今仍在我们视野中。

1. 当长衫马褂遇到西装衬衫

当其他城市的人们还穿着长衫马褂徜徉在街头的时候，上海人已戴上了礼帽，穿上了衬衫，套上了西装。起初，只有个别留过洋的人穿西装，慢慢的，西装衬衫和长衫马褂一起晃动在上海滩上，后来西式服装作为校服在学生中出现并流行。民国成立，政府加快接受西式服装和西式风格的步伐，“民国新建，亟应规定服制，以期整齐划一。今世界各国，趋用西式，自以从同为宜”①，及至20世纪30年代，西式服装已占据上海服装界主流。不仅如此，近代上海还是欧美服饰特别是女装的流行中心，上海有航线通往欧美名城，巴黎、伦敦、纽约的流行服装三四个月即可传入上海，再以上海为中心，传向全国各地。以1930年《申报》为例，人们可以看到“气派非凡的亚西亚皮鞋”、“中国内衣公司生产销售西内裤、西衬衫，减低定价”的广告语。当时上海女性解散了辫子，或挽着发髻，或垂于耳际，下穿高腰洋袜，如“菊花牌线光丝袜”，足蹬高跟鞋，头上斜顶蓬帽，手款“启文丝织钱袋”，俨然西洋味十足的摩登女郎。

“回力牌球鞋”广告，载《申报》，1948年4月6日

回力牌球鞋是人们熟知的民族品牌，其早年登载于《申报》上的广告巧妙运用了由西方传至近代中国的“篮球赛”作为宣传素材，达到了很好的效果。1934年10月7日，《申报》刊登了

---

① 《申报》，1912年8月20日。

由正泰信记橡胶厂发布的回力球鞋征求改名的大幅广告，让民众投稿投票，决定是否采用“回力”作为商标，结果“回力”得到认可。1935 年 4 月 4 日，“回力”正式注册商标，影响力与日俱增。1948 年《申报》回力广告，画面细腻传神，行文简洁明了，其主要内容是 3 幅图：一个比赛场面，一个居家，一个远足。还分别配有一段广告语：球战穿着，精神百倍；平时穿着，舒适无比；郊游穿着，不感疲劳。1948 年 10 月 7 日，这一天《申报》上有一则篮球比赛的消息：精彩篮球表演，回力迎战混合。“回力队本年异军突起，拥有王永芳、田福海等好手，主将曹志吉剽悍善战，投篮奇准，全队合作默契，深得观众赞许，近曾远征京锡，每仗俱捷，威播遐迩……”原来正泰信记橡胶厂以“回力”冠名赞助了一支“每仗俱捷”的篮球队，球赛新闻也就成了回力的软广告。

2. 中餐桌上的传统菜式与牛奶、面包

近代上海社会少了份乡村的慵懒，多了份都市的紧凑；少了份乡村的悠闲，多了份都市的忙碌。随着西式饮食进驻上海滩，西方人简化快捷的宴客风格也深深影响了上海人。从西方的饮食到宴客方式，上海人皆移为我用。20 世纪早期，西式饮食介入上海人生活，饼干、蛋糕、面包、牛奶摆上了上海人的餐桌。“中华珐琅厂：立鹤牌西式面点，您居家旅行的伴侣”，“义利洋行：经营各种饼干”，“可的牛奶：滋养丰富，强身妙品”，“自由农场：A 字消毒牛奶”，这些食品颇能迎合上海人清淡喜甜的口味。精制的味精酱油如“天一味母”、“天厨味精”成为上海人厨房常备的佐料。上海人还端起了西方人最爱的白兰地、葡萄酒、香槟、啤酒。从“烟台啤酒，清新爽口”、“友啤啤酒，提神爽心”、“游泳以后，请用怡和啤酒”等广告在《申报》上的醒目位置就能看出当时上海人饮酒种类之繁多。

“冠生园中秋月饼”广告，载《申报》，1925 年 9 月 29 日

中西的饮食结构、饮食方式皆有其独特的文化背景与文化内涵，相互交融中产生了独特的“中菜西吃”，“西菜中吃”。烹调出与英式菜系相结合的广东大菜就是一例：“得月酒楼：由广东名厨烹制精美粤菜，再佐以英式配料，风味独特。”①

至今仍是食品业著名品牌的冠生园，早在 1925 年 9 月 29 日，就开始在《申报》投放其月饼广告。一则“事实上的圆满”将佳节阖家团圆与品食冠生园月饼紧密联系起来：“冠生园月饼外形园且美术，内中质料丰满。自食送礼能使食之者口福圆满，受之者心仪圆满也。”冠生园同其他饼铺一样，卖普通的月饼，不同之处在于它还策划中秋赏月活动。1935 年秋，冠生园举办了别有情趣的水上赏月活动，租游览船畅游黄浦江，邀请著名戏曲演员上船表演节目。1939 年中秋，冠生园又包租火车陆上赏月，车厢内张灯结彩，满载顾客，直达青阳港铁路花园饭店，大草坪上琴弦歌舞，水上安排划船赏月，热闹非凡。广告宣称：凡购冠生园月饼十盒者送游览券一张。于是，赏月体验之旅与品尝冠生园月饼成为百姓中秋之乐事。

3. 从“石库门”招租广告说起

近代上海的石库门建筑格式，比较典型地体现了海派中西合璧的居所特色，其总体布置采用欧洲联排式，平面结构脱胎

---

① 《申报》，1938 年 9 月 14 日。

于传统的民居四合院形式，一般以其用花岗石或宁波石为门楼而得名，给人一种厚实、富足、灵便的感觉，既保留了传统民居的长处，又体现了商业社会的一种外向精神[①]。有学者研究表明，“石库门”一词，最早出现在《申报》的广告中[②]。1872年，《申报》出现了最早一则石库门广告：

房屋出租

启者：今有新造厅式楼房一所，在石库门内，计十幢四厢房，后连平屋五间，坐落石路中三元轩衙内。倘有贵客欲租者，即请至老闸养德药铺间壁衙内向本号面议可也。九月二十七日洪元成谨启。[③]

同在1872年，老沙逊洋行作为当时有名的房地产经营洋行，亦在《申报》登载石库门“期房”招租广告：

启者：本行今新造市房一所，在宁波路兴仁里西首朝南，石库门六幢，每幢计六楼六底面两厢房，后连披屋三间，井俱全，准于明年二月中旬可能完工。其租价格外公道，倘欲先为租定者，请至本行经租账房面议可也，特此布闻。同治十一年十月二十七日老沙逊洋行启。[④]

至20世纪30年代，石库门房屋招租广告仍不鲜见，如“圣达里新屋招租：头等石库门房子，样式新颖”[⑤]，“派克路协和里

---

① 忻平《从上海发现历史：现代化进程中的上海人及其社会生活》，上海人民出版社1996年版，第418页。

② 邹振环《近代上海的石库门与江南民居文化》，载邹振环、黄敬斌主编《复旦史学集刊·明清以来江南城市发展与文化交流》，复旦大学出版社2011年版，第83—101页。

③ 《申报》，1872年年9月27日。

④ 《申报》，1872年10月27日。

⑤ 《申报》，1930年5月30日。

招租：石库住宅及西式公寓，热水汀、卫生器具均全”[①]等。

此外，随着大量西方人在上海经商及定居，西式建筑如雨后春笋般在上海滩破土而起。近代上海可以很容易找到西方各种建筑流派与各个时期建筑样式的影子。上海人对西式建筑的悟性与青睐，给房产商带来无限商机，他们竞相在《申报》上刊登房屋租售广告，如“新新屋顶花园”，“愚园坊：西式风格、设置齐全、无轨电车相通”，“新建西式住宅招租：华美高大、马赛克瓷砖、备抽水马桶”。1933年12月2日的普益地产广告，更是巧妙地化用了孟母三迁的故事来说明选择一个好的住所对消费者的重要性，进而提醒大家：选择普益地产是明智之举。

在20世纪初，关于居住环境卫生管理告示也经常出现在《申报》的广告版面。涉及事务比较琐碎，如清理路边的凉棚，不允许乱搭乱建。1907年7月29日，《申报》开始正式登载城市道路清理公告，这则告示采用四言形式，也是为了让中国读者更容易接受，且方便诵记：

> 工程局清道韵示意：总工程局今日发点四言告示云：
> 时届盛暑，疾疫易生；预防之法，首先清洁；
> 通衢大道，派夫勤扫；限时竣工，严惩偷懒；
> 倒弃垃圾，九点以前；过时乱倾，照章拘罚；
> 恐未周知，特再广告。

4. 令人赞叹的“道奇车”推广意识

1901年匈牙利人李恩斯将汽车带到上海，满足了西人和少数上海人的代步要求，汽车出租也有利可图，“共用黄汽车”、“云飞汽车，日夜出租”之类的广告常见诸报端。私人拥有小

① 《申报》，1935年3月1日。

汽车亦不足为怪，当时流行的品牌是“新飞霞”、“纳喜”、“别克”[1]，并出现教授驾驶的广告。开始对汽车不甚感冒者也冲着“教授驾驶汽车，包领驾驶执照”[2]的广告学开车了。

《申报》1934年3月12日刊登的整版“道奇车”广告便是一例。在“道奇可靠之又一铁证”的大字通栏标题下，引出中号字的“肩题”——“去年十一月十七日道奇全钢独幅车身保全四命；今年本月四日道奇全钢独幅车身又保全五命”。接下来是源和洋行大班甘德氏所乘道奇汽车在翻车后开至中国汽车公司门前之留影照片。照片旁边刊出的是4则相关报道的剪报影印件，即《申报》“撞不坏之道奇汽车”；《申报》“道奇车之奇迹”；《时事新报》“沪杭公路上道奇汽车神通”；《新闻报》“沪杭公路又一覆车案，道奇汽车保全五命”。与此同时，还刊出了甘德氏致本埠中国汽车公司的英文信函，报告其在沪杭公路覆车经过，内容大致与报载相同，甘德氏在信中最后一段称：对于道奇汽车之构造坚固表示万分感激。其广告词为：“道奇汽车之坚强卓绝，在四个月内已有两次之证明，事实俱在，请阅上面申、新、时事三报所载之新闻”；“道奇担保乘客安全；承蒙惠顾，请向本公司华总经理周梦贤君接洽。”[3]

从上述广告编排看，对于道奇车遭遇两起交通事故而无损的新闻报道是及时的。而更为可贵的是，道奇车销售商家具有高度的新闻敏感性，事发之后就立即组织了这一整版“事实胜于雄辩”的宣传广告，在当时不太发达的通讯、印刷和广告设计条件下，能在事发一周之后即推出了这一具有说服力和震撼力的广告，应当说其运作速度是相当快的。

① 《申报》，1934年4月2日。
② 《申报》，1937年7月2日。
③ 彭援军《大打安全牌、名人牌的民国老报纸汽车广告》，《中国汽车市场》2007年第10期，第72—73页。

5. 从《申报》广告看西医“牛痘术”到西药盛行

据1877年12月22日的《申报》描述：“自中国通商以后，西医之至中国者，各口岸皆有之，非徒来医西人，而且欲医华人。但华人不识西国药性，不敢延请西医，故初时华人均不肯信西国西药。于是西医邀请中西商富，先集巨资，创立医馆；次集岁费，备办药材，以为送医之举。初则贫贱患病、无力医药者就之，常常有效；继则富贵患病、华医束手者就之，往往奏功；今则无论富贵贫贱，皆有喜西药之简便与西药之奇异，而就医馆医治者，日多一日，日盛一日也。”

牛痘接种通过《申报》广告传播这一事件，也可以映证上述西医传入中国的过程。牛痘是预防天花病毒的有效疫苗，牛痘接种术传入中国是西医在华传播史上的一件大事，在中国医学史上被称为“第二次西洋医学传入时期”的开端。19世纪下半叶，牛痘术传播至中国，先是广州，然后传到北京、上海和宁波一带。1873年，《申报》连续41期登载了一则牛痘接种广告。

施种牛痘

> 大法国工部牛痘局，今设在上海新北门外东兴圣街姚辰庭大方脉医室内，每逢礼拜二礼拜六为期，如来种者，到期两点钟到局种痘无误，分文不取。倘有贫者，给钱三百文，为调养费。此亦西国人成美之道济之德也。

这则广告行文很有特点，“大方脉”一词，可以理解为是在中医院内实行牛痘接种，以打消中国公众对西医的种种顾虑或误解，便于习惯传统医学的普通民众接受。其次，本则广告中明确表示对接种者不仅不收费，还给贫者以“三百文”的调养费以为鼓励。清末，一斤（相当于1.2市斤）猪肉只要20文钱。300文相当于18市斤猪肉的购买力，可以说对普通市民还是有吸引力的。

上海公共租界为何如此煞费苦心地推广“接种牛痘”呢？原来在1871年，上海公共租界卫生官爱德华·亨得森博士准备在上海推行西医接种牛痘的运动，[①]他甚至得到保守的上海道台的支持。在爱德华·亨得森的建议下，上海公共租界工部局致信美国、俄国等驻沪领事，要求各方支持在租界内禁止使用中国传统的天花预防手段，代之以接种牛痘的西医天花防疫措施。但是，来自民间的反应却是寥寥，中国人对于西医接种牛痘还是有很多顾虑。无奈之下，上海公共租界工部局在《申报》刊出上述公告，表示愿意给前来接种的贫困小孩每人给300文的赏钱！此后，愿意接种的中国公众才逐渐增多起来。

即便如此，接种牛痘在中国的推行仍不是一帆风顺的。由于多种因素影响，尤其是受抵制外强的民族情绪的影响，中国公众对接种牛痘也有排斥态度。然而，就天花防疫而言，西医“接种牛痘”相对中国传统医学确实更具明显效果，当时主持《申报》的有识之士也刊登相关事件，引导读者认识西医预防天花的优良性。1873年4月29日，署名“恻隐生”者以《论谬种牛痘》呼吁人们拒绝私种人痘，积极接种牛痘。这之后，经常有牛痘接种广告和论述牛痘接种之益的文章见于《申报》。1878年4月11日的《申报》记载了一则发生在苏州的采用旧法预防天花引起传染的事件，有引导、规劝、告诫之意。摘引如下：

痘花危险

本年吴门城厢内外所有种痘之家莫不随种随发，随发随回，天花等症，绝无仅有。惟近日突冷都有非陷即伏者。童殇可悯，人何执成见而不懂牛痘耶？

① 史梅定《上海租界志》，上海社会科学院出版社2001年版，第509页。

戈公振曾以1922年《申报》上的各类广告为依据加以统计分析，医药广告在数量和面积上占广告总数的34.9%，居各类广告之首。黄克武把《申报》上医药广告分为5类：医院、诊所、药房、制药公司和进口洋行。医院包括综合医院和专科医院两类。一些西医制药公司，如美商兜安氏西药公司、英商第威德公司、美国纽约利亚化学制药公司、江逢治制药公司、大生制药公司等长期在《申报》上做广告。[①]其中兜安氏西药公司的广告量最大，该公司出产的“兜安氏秘制保肾丸”常年刊登巨幅广告，“堪称居于民初各类医药广告之冠”。1912年《申报》登出的日本仁丹广告，通过一次事件营销，将产品免费赠送黎元洪军队，在读者心目中塑起支持中国革命的形象，然后黎元洪作为“中华民国”副总统，亲笔题字赞赏其功效。1914年《申报》登出的阿司匹灵广告，更是将产品所能治疗的症状——伤寒重症、脑筋疼痛、风火牙疼——配以形象的症状图，还画有躺在床上的病人，站在一边束手无策的家人，此情此景，在日常生活中常见，容易打动消费者。

如此，西医日盛、中医式微的格局在当时中国社会逐步形成。

值得一提的是，《申报》广告除了商业目的，也体现出尊重社会道义与关怀平民的意识。比如在收费较高的“紧急告白”广告版面中，为一些丢失孩童的贫民家庭免费做广告：“凡有贫苦之人来登寻孩广告，概免取费；如有不识字之人，不能自拟告白，本馆亦可代拟。”《申报》广告还经常刊登读者来信，表扬好人好事，激励社会德行；在天灾、疫情发生之年也经常刊发慈善启事等，示范公德，呼吁社会救助。由此，《申报》广告在百姓社会生活中愈发引起重视。

---

① 黄克武《从〈申报〉医药广告看民初上海的医疗文化与社会生活，1912—1926》，《“中央研究院”近代史研究所集刊》1988年第17期。

三、从文明结婚到集团婚礼——由《申报》广告看民国婚仪演变

19世纪末，随着中国社会的发展变化和西方婚仪的影响，一些思想开放的中国人开始参酌中西礼法，既吸取西式婚仪隆重、简便的优点，又摈弃其在教堂举行的宗教习俗，另行文明结婚仪式。下文拟以《申报》广告为切入点，从广告这一新的角度来观察民国时期以上海为代表的都市文明结婚、集团结婚等新式婚礼。

《蒋中正启事》，载《申报》，1927年11月26日

1. 蒋宋"文明婚礼"

1924年11月18日美女牌葡萄干广告、1930年3月1日李施德霖药水广告图案，都出现了当时的文明婚礼场面：新娘着白色婚纱长裙，手捧鲜花，有的还有女傧相相伴，说明民国时期的西式婚礼在上海是较为公众喜爱的婚礼形式。文明结婚之所以能为较多人所接受，除了本身简单、隆重、经济的特点之外，还与众多名流都是举行这种婚礼，有名人效应有着密切的关系。1927年底，身为北伐军总司令的蒋介石与宋氏家族的三小姐宋美龄举行的婚礼就是如此。

1927年11月26日，蒋介石在包括《申报》在内的上海各大报上登出了一则将于12月1日与宋美龄举行"婚仪简单"的婚礼的启事。12月1日的结婚大典上，蒋介石身穿黑色燕尾服，手戴雪白的手套，宋美龄身着白色长裙礼服，手捧鲜花。1927年12月2日《申报》"本埠新闻"中刊登了《蒋介

石宋美龄昨日结婚盛况》：整个婚礼仪式从三时五分开始到“礼乃告成”的四时四十分正，共耗时一小时三十五分；婚礼在大华饭店部分的礼节共有向国旗党旗总理遗像行三鞠躬礼、蔡元培宣读婚书、用印、新郎新娘互行一鞠躬、新郎新娘向来宾行一鞠躬、招待贺客香槟茶点六个程序。蒋宋婚礼，隆重、庄严、费时短，是当时名副其实的文明结婚。

明星电影公司随即利用蒋宋的名人效应做文章，他们极有预见性地将婚礼进行的过程摄制成电影《蒋宋结婚盛会》。影片的最大卖点，如其广告所称：蒋宋婚礼“系最近时式之仪式”[①]。影片的主角身份显赫，他们的婚礼又是最近时式的，不难想象蒋宋婚礼通过电影所产生的轰动效应：想去看这部电影，并且以后在自己结婚时仿效蒋宋的青年男女数量一定不在少数。

出租结婚礼服及其他相关用品的广告，在蒋宋联姻之前基本没有出现过。它们在此时的出现，无疑是受蒋宋婚礼影响的结果，因为许多准新郎新娘也准备举行类似的婚礼，但对大多数人来说，购买西式结婚礼服既不现实也无必要，而租借则既简单又经济，因此出租礼服的市场应运而生。结婚礼服的出租业务也可谓是蒋宋婚礼名人效应的产物。蒋宋婚礼举行后不久的1928年2月，亨利洋行刊登了重点是介绍公司“备有结婚礼服、鞋帽另件及新妇披纱钻花，一起完备出租”业务的广告[②]。

2. 民间集团婚礼

集团婚礼就是集体婚礼，20世纪30年代，由上海市政府倡导，并很快风靡全国大中城市。民国时期商办集团婚礼经历了一个兴起、发展、繁荣的过程，其举办次数频繁，费用低廉，

---

① 《申报》，1927年12月3日。
② 《申报》，1928年2月17日。

有名人证婚。商办集团婚礼推动了婚仪改革。

据统计，截至抗战前，光是由上海市社会局主办的集团婚礼就达 14 届。从举办的地点看，14 届中有 13 届是在市政府大礼堂举行，这说明市政当局始终对集团结婚这种新式婚礼高度重视。从人数上看，前 3 届都限制在 50 对，但第一、第三届的人数还是超限，第二届的人数之所以少是因为举办的月份与人们习惯上的结婚时令不一致。第四届没有人数限制，结果急速增加到 142 对；从第五届开始，人数限定在 100 对。总的来说，参加人数呈现一个不断增长的势头，多届的人数都超过限制人数，这说明人们普遍欢迎这种新式婚礼。

今日舉行
首屆集團結婚
昨日先演習婚禮

新生活集團結婚首屆婚禮、定於今日下午三時、在市政府大禮堂舉行、參加者計五十七對、由市長吳鐵城・社會局長吳醒亞・證婚、昨日下午三時、並先期舉行演習、以謀嫻熟、特誌各情如次、

今午舉行

首屆集團結婚、準今日下午三時、在市府禮堂舉行、屆時五十七對璧人、將偕主婚人（即家長）全體參加、由吳市長及吳局長證婚、所有結婚證書、均已先期蓋章完畢、證婚人並定製純銀之太極圖形之紀念品、題有新生活集團結婚字樣、下嵌國花、裝於紅色絨盒中、贈給結婚人、以資紀念、

禮堂佈置

市府大禮堂、已從事加以佈置、禮臺之下、爲結婚人行禮完畢後集中之地、下舖紅毯、並排定數字、四面圍以紅帶、其傍爲結婚人竚立等候行禮之地、再傍爲主席人之坐席、臺左爲音樂隊、其外均爲觀衆席、禮臺及階梯上、均以鮮花佈置、正中總理銅像、旁交叉黨國旗、像前臺上、有結婚證書及紀念品、

結婚儀式

參觀婚禮劵、已發出七百餘張、因禮堂祇能容此數、婚禮舉行時、由社會局王先青司儀、然後介紹人領導男女、由禮檯傍之小梯登臺行禮、證婚人及全體職員、均一律藍袍黑馬褂、結婚人除已規定服裝外、胸間並配有紅底金字之結婚人字樣、其上有一徽章、印有新生活集團結婚及各個號碼、結婚儀式爲㈠證婚人登臺、㈡主婚人介紹人入位、㈢結婚人入禮堂、㈣音樂隊奏樂、㈤結婚人立於規定地位、㈥唱黨歌、㈦司儀唱名、㈧結婚人登臺行禮、㈨證婚人發給證書及禮物、㈩謝證婚人、(十一)市長訓詞、(十二)局長訓詞、(十三)奏樂、(十四)禮成、市長並囑女方須一律用白手套、並應勿使頭髮散亂、以壯觀瞻、

市長訓詞

市長吳鐵城、屆時當致訓詞、其原文如下、蓋聞夫婦乃人倫之始、家庭爲社會之原、是故法嚴媒妁、禮重采名、往制前規、夐乎向矣、晚近寰海棣通、習俗丕變、襲禮治樂、既未慨夫世情、成俗化民、實有待於新制、此本市集團結

关于首届集团结婚的报道，载《申报》，1935 年 4 月 3 日

1935 年 2 月 7 日，上海市社会局公告了以简单、经济、庄严为宗旨的集团结婚办法。公告规定：凡本市市民举行婚礼，得申请参加集团婚礼；集团结婚每月第一个星期三在市府大礼堂举行，由市长、社会局长证婚；参加者应向社会局申请核准，并缴费 20 元，市府印发结婚证书；婚礼不用傧相等等。4 月 3 日下午 3 时，上海也即全国首届集团结婚典礼在江湾的上海市政府大礼堂举行，共 57 对新人参加。按要求，新郎均着蓝袍黑褂，新娘均着粉红色软缎旗袍，头披白纱，手持鲜花，在军乐进行曲中随着引导相挽步入礼堂，分列两行，司仪宣读新人名单，新人按照名单顺序，两对一次轮番登台，向孙中山像三鞠躬，新人相互两鞠躬，向证婚人一鞠躬。然后由证婚人赠送结婚证书和纪念品，致证婚辞。礼毕，新人在乐声中步出礼

堂，到广场摄影留念。[①] 在 4 月 3 日这一天的《申报》上，为新人们提供礼服的美亚织绸厂特意刊登了一则广告以示祝福，上写“敬祝五十七对贤伉俪甜蜜的爱，无量的幸福”字样，并附上 57 对新人的亲笔签名。上海首届集团婚礼的隆重、热烈、简朴、文明，给人以耳目一新的感觉，一时要求参加者甚众，是年上海举行了 5 届，参加者达 300 多对，并很快风靡全国大中城市。

1937 年 7 月全面抗战爆发后，国民政府主办的集团结婚被迫停办，直到 1943 年 2 月 28 日，汪伪政府主办第一届集团结婚，这期间上海无官方主办集团结婚。加之处于战争时期，市民更愿意选择简单、经济、又不失庄严的集团结婚，因此商办集团结婚社有了较快的发展。[②] 上海集团结婚代办所、大华集团结婚服务社、大来集团结婚服务社等陆续成立。如，《申报》1939 年 4 月 21 日第二版刊登广告：“中国集团结婚服务社主办八届集团结婚，典礼五月十三日，证婚严荫武大律师，礼堂仙乐大礼堂，礼服喜临门出租集团结婚礼服，章程函索群章附邮二分。各界士女如欲参加，请速登记。总社：法界贝勒路九〇一号。分社：静安寺路七四九号，静安大楼，三〇六号，卡德路口，电话八三八一九号。”又如，《申报》1938 年 12 月 24 日第十二版刊登广告：“第七届集团结婚，今日假甬同乡会举行。上海集团结婚代办所，首先主办之集团结婚……并备新章备索，凡拟参加可向四川路仁记路一一九号三楼，该所登记或索章。”

如果拿集团结婚与此前的文明结婚相比较的话，集团结婚更体现了一种“简单、经济、庄严”的原则，因而受到了上海市民的支持和欢迎，吸引了众多的准新人来参加这种婚礼。愿意

① 伍野春、华国梁《民国时期的集团结婚》，《民国档案》1996 年第 2 期，第 134—140 页。
② 邓晶《从上海“集团结婚”看中国婚制的近代变迁》，《咸宁学院学报》2011 年第 2 期，第 44—46 页。

参加集团结婚的人越来越多，以致政府举办的集团结婚不能满足更多人的愿望。一些精明的商人由此立刻悟出了其中所蕴含的无限商机，于是由民间机构举办的以盈利为目的的集团结婚如雨后春笋般涌现，由民间机构刊登的举办集团结婚的广告在《申报》上比比皆是。

抗战后举办集团结婚的机构更多，而且举办得也更频繁。这一现象既与战后经济萧条、社会动荡的社会环境有着很大的关系，同时也可能与人们对于集团结婚认识更多有着密切的关系。当时很多人认为理想的结婚仪式就是集团结婚，因为"集团结婚的仪式既不过分简单，又不过分繁琐；集团结婚比不上老法新法的隆重，但来得实际；集团结婚既省时间，又省金钱。集团结婚是大众化的，不分贫富贵贱，人人可享受到这种结婚仪式"①。

上海市社会局于1945年12月25日举办了战后的第一届集团婚礼，名为"胜利纪念集团婚礼"；接着又于1946年3月3日、10月10日、12月12日、1947年4月4日举行了第二至第五届集团结婚。由社会局举办的战后集团结婚与战前的相比，除了同样庄严以外，就是更加简单经济。如胜利纪念集团婚礼的费用已经到"省无可省"的地步，为力求节省，社会局"不备茶点。每对新人只收费三千五百元，包括一切礼堂、照相、鲜花等项"，以致有人说"结次婚只要一双袜子的钱呢！"②

除了上海市社会局外，有更多的民间机构举办集团结婚，光是1947年4月5日这一天，《申报》上就有5个民间机构举办集团结婚的广告。它们分别是"宁社集团结婚"、号称"创办最早、同业领袖、省钱省时"的"大华集团结婚"、"大来集团结婚"、"创办十年、省钱省时上海第一家"的"中国集团结婚"以及"良缘集团结婚"。这些民间机构举办的集团结婚，不但都号

① 《婚礼仪式讨论》，《申报·自由谈》，1946年11月17日。
② 《申报》，1947年4月5日。

称省钱省时，而且举办的次数多，间隔的时间短，比如“中国集团结婚”4月预计举办4次，5月举办7次，6月举办4次，平均下来，几乎不到一星期就要举办一次集团结婚。[①]

3. 嫁妆及饰品

尽管新式婚礼在当时已经比较普及，但大肆筹办嫁娶的习俗仍不鲜见，不少人仍热衷准备丰厚的嫁妆、风光的仪式。“殷实之家自不必说，就是贫苦的人家，也要筹措一番，装饰她的场面。一般女子，临了出阁的时候，又复争多论少，绝不顾及母家的生活程度，好像韩信点兵多多益善，往往因为分配不平均，酿成兄弟姐妹们极大风潮”[②]。还有，人们不但要求新娘的妆饰要华贵，就是女傧相的也不能寒碜，甚至于有的时候，女傧相的风头可能还要盖过新娘的。一些广告从一个侧面反映出很多人家在女儿出嫁时是要准备很丰盛的嫁妆的。一则以一首办妆奁歌作广告词的百货公司广告说：“办嫁妆，办嫁妆，老父劳心老母忙。为女郎，费忖量，百货之中较短长。何货宜厅堂？何物宜新房？罗帐锦被配铜床，四季衣物满橱箱。”[③] 一家搬家公司的广告也说：“爱女出嫁，父母忙着办齐了嫁妆，一件一件，尽是女儿心爱的。正拟送往婿家，忽然想到搬运如不得法，损坏了物件，爱女是要心痛的。好了，上海搬场公司有精美的汽车，备熟手的工役，迎送嫁妆，父母之心可安矣。”[④]

从另一些广告中还可以看出不少人在结婚时都要购买价值高昂的结婚用品。一则专门推销结婚首饰的广告所推销的十多个种类的金银首饰中，最便宜的一种也要5角钱，最贵的一种要卖到350元。[⑤] 另一则标题是“她快要出嫁了”的广告说：“本

---

① 《申报》，1947年4月5日。
② 枫江《妇女妆奁问题》，《申报·常识》，1923年4月26日。
③ 《申报》，1926年3月17日。
④ 《申报》，1927年11月21日。
⑤ 《申报》，1926年6月7日。

公司新自海外运到新娘珠冠，上缀明珠数百颗，光芒万道，目眩神迷；又新娘花冠多种，极富丽堂皇之致；尚有女傧相佩戴花球，以及其他襟花等等，均为当今最新式者。”① 一顶新娘珠冠，上缀明珠数百颗，并且是来自海外，不难想象它的价值有多高昂。

① 《申报》，1929年10月27日。

第七章 《申报》与社会文化教育

申报馆在20世纪三四十年代已成为上海乃至全中国最有影响力的新闻媒体机构之一，总经理史量才利用《申报》的社会影响力，先后创办了一系列社会文化教育机构，努力承担了开启民智、教育民众的社会责任。史量才被刺后，其继任者也积极继承其遗志，设立奖学金资助文教，在当时的中国社会、尤其是上海中下层民众中产生了极大的影响力。

一、申报流通图书馆

在《申报》纪念创刊60周年之时，报社制定了一系列革新计划，提出了12项措施，包括副刊《自由谈》主编易人，创办《申报月刊》、《申报年鉴》，举办一系列社会文化教育事业等，其中最为重要的要数1932年11月创办的“申报流通图书馆”。

1. 创办宗旨

创办图书馆的计划是在《申报》总经理史量才的积极推动下进行的，这与史量才的文化教育思想有着密切的关系。史量才认为，办报纸和办图书馆都是致力于传播文化知识、普及民众教育的具体方式，非但不相冲突，且可以“互为经纬”。《申报》创办60年来，“论政事，搜史料，尽其发扬民智之能事”，但仅仅靠报纸还不足以实现其普及文化教育的目标，因为报纸“为史家之别裁，编年之一体，能同其经而不能穷其纬”。只有“使人民得熏沐文化以尽其长”，才能使“教化由之日笃，治道由之日宏”。而“文化托于学艺，学艺载之典籍”，因此在申报创办60周年之际，作为一系列纪念活动中的重要项目，申报流通图书馆正式创办。史量才希望该图书馆与《申报》“殊途同源，一则以史事为经，一则以学艺为纬。俾合力于文化，庶民智因而日进，民德因而日立，以抵于国家富强之域”。[①] 作为商人出身的报社总经理，史量才能够从“发扬民智、促进文化”的宗旨来创办图书馆，这在整个图书馆事业还并不发达的中国，确是体现了他的远见卓识和具现代意识的办馆理念。1934年史氏遇害后，时人评论，申报流通图书馆的创办，不仅是史量才“心血的结晶”，也是他“从事于社会教育最后的一桩事业”。[②]

史量才聘用了著名的文化民主人士李公朴担任图书馆的馆长，具体负责图书馆的创建和日常工作。李公朴在图书馆创办一周年之际，也提出了自己的办馆思想：一、大众化。他强调图书馆的公共性，针对当时国内多数图书馆以藏书为主、不重利用，他认为“此种现象应有根本的改革”，要提高图书馆的利用率，“使图书馆的效用一天天的扩大起来，使图书馆的效用大众化”。二、充分发挥图书馆的教育意义。图书馆应该成为“社会大众的学校，那些无力求学的人们要在这里求取他们所需的知识，所负教育的使命非常重大”。三、负起推动中国文化复兴的责任。图书馆应“帮助读者在社会上获得有意识的生活，使

① 史量才《申报流通图书馆一周年纪念册》序，1934年。
② 《本馆两年来的进展过程和今后一年的计划》，载《申报流通图书馆第二年工作报告》，1935年，第1页。

每一个人都与图书馆发生深切的关系，感觉求新知识的迫切需要”。[①] 李公朴关于图书馆的职责的 3 点提法层层递进，不仅要求图书馆更开放，而且要求图书馆担负起教育民众、提高国民整体文化素质的责任。可以说，李公朴的办馆思想正是史量才文教思想在图书馆事业上的具体化，在主办申报流通图书馆的任期内，李公朴也是努力实践着他的这些思想的。

2. 读者与藏书

经过短短几个月的紧张筹备，1932 年 12 月 1 日，申报流通图书馆在上海繁华的南京路大陆商场三楼正式创办，12 月 10 日起，开始提供图书外借业务。我们从当时对外发布的图书馆《缘起》和《借书简章》中，就可以很明显地看出该馆从一开始就确立了社会中下层群众的读者定位和服务大众的办馆宗旨。该馆将它的服务对象定位在“没有机会求学的成人和青年”，特别是“工商界的店员工友学徒”，图书馆的职责就是灌输与引导，一方面，“使他们能得到一点读书的机会，灌输他们以种种常识，以增进其工作之技能和对社会服务的效率”，进一步“改

申报流通图书馆编目处

申报流通图书馆编审部

① 李公朴《本馆的新使命》，《申报流通图书馆一周年纪念册》，第 4—6 页。

良业余生活，引导他们对读书发生兴趣，以防闲其不正当的娱乐”。[①] 从 1934 年底公布的读者职业类别统计来看，店员占到 37%，其次是学生和职员，分别占到 18% 和 15%，工人占 8%，[②] 这 4 类人群应该都属于社会中下层群体，基本符合了图书馆草创时期的读者定位。

申报流通图书馆面对城市草根阶层的功能定位，使得图书馆的读者人数增长非常迅速，第一个月有 365 名注册读者，一年后，就增长到 2700 余人（1933 年 11 月）。[③] 到 1934 年底，“参加本馆借书的读者已达万人（经常性读者五千以上），平均每日来馆借书者七百余人，来馆阅览者三百余人”。由于读者人数不断增加，工作人员也从最初的 4 人增至 28 人。[④] 我们比较 1933 年和 1934 年的数据，在短短一年内注册读者人数呈持续增长的态势，可见流通图书馆在当时是受到普通平民的广泛欢迎的。

随着读者人数的不断增长，申报流通图书馆的藏书也在不断地添购充实。在图书馆创办之初，针对普通市民的读者定位，馆方就明确公布了图书购买的标准，即“一切青年必读的图书，我们必尽量的搜罗，而其他一切低级趣味的读物和不正当的图书，我们决不购置”[⑤]。依据这一购书标准，申报流通图书馆专设编审部负责图书的购置与编目工作：“选购图书，为图书馆设施中最重要的一项，倘若选购不慎，小之靡费款项，大则贻误

申报流通图书馆借书处读者

① 《申报流通图书馆缘起》和《借书简章》，载《申报流通图书馆一周年纪念册》，第 28—31 页。
② 参见“读者职业类别统计图”，载《申报流通图书馆第二年工作报告》。
③ 参见“读者加入退出一览表”，载《申报流通图书馆一周年纪念册》。
④ 李公朴《纪念创办人史量才先生》，载《申报流通图书馆第二年工作报告》。
⑤ 《申报流通图书馆缘起》，载《申报流通图书馆一周年纪念册》，第 30 页。

读者。”[①] 该图书馆对购书工作非常重视，在编审部下面又设有“图书选购委员会”，另外还印制了一种“读者介绍图书卡”，鼓励读者将所喜欢或需要的图书推荐给图书馆，供采购时参考。经过馆方的努力，藏书数量从开馆时的不足千册，到 1933 年底，达到 1 万册以上，1934 年底，更是增加到 3 万册以上。[②] 从藏书的种类上看，据 1934 年底的统计，文学类图书有 4756 种，占 37.37%；社会科学类 3963 种，占 31.17%。这两类图书合计占到藏书总量的 68%，居绝对多数。此外，应用科学类 1195 种，占 9.39%；自然科学类 851 种，占 6.68%；哲学、美术分别为 558 种和 523 种，占 4.37% 和 4.11%；总类（参考工具书）880 种，占 6.91%。[③] 这一藏书比例与图书馆的受众定位和其文化普及的宗旨是有密切关系的：“本馆既然是以扶助一般失学者为宗旨，所有的图书当然是着重于普通常识的一方面了；关于专门研究的书籍，现在是比较少一点。”“本馆过去的购书比例，似乎文学方面的占据得多些，一方面固然是适应读者的需要，另一方面也是各种科学书的出版量比较少的缘故。”[④] 由于申报流通图书馆面对的读者以普通中下层店员、学生、职员为主，文学类书籍和常识类书籍很自然地成了图书馆主要的藏书门类，这和图书馆“灌输常识”的职能定位也是一致的。

3. 服务方式与特点

申报流通图书馆在短短的几年间，不断地探索各种服务模式，有些服务在当时的中国图书馆中具有开创性意义，有些即使用今天的眼光来看仍具有一定的借鉴和实践价值。

图书馆最早实行也是最主要的服务方式是图书外借服务。这从创始人史量才对图书馆“流通”之名的解释就能看出：“必

① 《申报流通图书馆第二年工作报告》，第 38 页。
② 《申报流通图书馆第二年工作报告》，第 16、29 页。
③ 参见“藏书分类图”，载《申报流通图书馆第二年工作报告》。
④ 《一年来之回顾与今后之计划》，载《申报流通图书馆一周年纪念册》，第 11、15 页。

使好学深思之士，聚于斗室之中，势所不可能，则又俾读者得假之而归，流通之名，所由昉也。”① 由于图书馆的读者以从事职业或求学的青年为主，在工余时间方能来图书馆借书，且也不可能有闲暇时间在馆内阅览，所以外借服务是针对这一读者群体的最合适的服务形式。据当时的《借书简章》，图书馆除周一休息外每周开放 6 天，每天上午 10 点到 12 点，下午 1 点到 6 点。来馆借书的读者只需缴纳保证金二元，经审查后发给借书证，即可凭证借书。每次限借图书一册，借期为一星期，到期未看完的，可到馆申请延期一星期。图书如逾期不还，每日罚铜元两枚。② 申报流通图书馆借阅手续方便，保证金也不算高，很快就受到了读者的欢迎。虽然最初开馆的一个月，每天来馆借书的读者仅 20 至 30 人，但到 1933 年底，每天来馆借书的读者已达 600 余人，每月超过万人次。到 1934 年底，平均每日来馆借书者达 700 余人。再看图书外借量，到 1933 年底，来馆外借图书总量达 8.7 万册，随着馆藏图书的不断增加，1934 年，来馆外借图书总计达 19 万余册，占到所有借阅图书量的 92%，这一流通量对于一家仅有 3 万册藏书的图书馆来说，是相当可观的。

申报流通图书馆书库

为了方便读者借阅图书，自开馆以来，申报流通图书馆每隔一两个月就会将新书目录印制出来，供读者查书选书之用。“本馆新书，月有添进，所以目录也按月印送”，并在《申报》“本市新闻栏”内发布广告。1933 年底，由于添购了两千余册

① 史量才《申报流通图书馆一周年纪念册·序》。
② 《借书简章》，载《申报流通图书馆一周年纪念册》，第 31 页。

《申报流通图书馆图书目录汇编》书影

新书，藏书达万册以上，遂“决计将前后目录汇编一册”，于1934年1月出版，售钱每本200文。[①]

申报流通图书馆还为那些由于“路途往返不便、职务时间冲突”而无法来馆借书的读者提供“邮借”图书的服务。这项服务应该说在当时还是具有一定的实验性和开创性，因此，图书馆也是一边探索服务的可操作性，一边扩大“邮借”服务的范围。1933年6月，图书馆开始提供邮借服务。邮递范围最初限于上海本埠，邮递的图书都用牛皮纸包好，以麻线捆扎，读者寄还时，只需将牛皮纸反一个面包好扎牢即可。往返邮费由馆方和读者各负担一半，邮借期限（连邮程在内）不得超过14天。“从此远道读者，均无往返不便之遗憾”。[②]在半年时间里，通过邮政送书上门的图书达4000余册，于是，在建馆一周年之际，推出了外埠邮借服务，“利用邮政的力量，将图书流通至全国各处”。[③]外埠读者借书办法基本与本市类似，只是由于路程的关系，往返邮费都由读者承担，借期也相应地延长到一个月。据1934年底的统计，参加邮借部的读者达500余人，邮借图书6550册，虽然不能与到馆的借阅量相比，但这项服务也是受到了一部分读者的响应的。

① 《申报流通图书馆第二年工作报告》，第16、26页。
② 《申报流通图书馆第二年工作报告》，第11页。
③ 《申报流通图书馆一周年纪念册》，第16页。

申报流通图书馆在创办之初，由于馆舍空间有限，并无开设阅览室的计划。在正式开馆后不久，为满足读者在馆内阅览的需求，决定将原在馆外的阳台改为“阅览室”，1933 年 3 月正式对读者开放，阅览室内提供本外埠日报和杂志的阅览，亦可借阅图书。读者在馆阅览不必交保证金，只需向管理员领取阅览证，离室时交还即可。无论阅览报纸杂志还是图书，读者不得同时取阅两份读物。至 1934 年底，阅览室已“备有中、英、日文报纸本埠 20 余份，外埠 30 余种，杂志、周刊、月刊、季刊 170 余种，合订本旧杂志 240 余册”[①]，已能基本满足一般市民的需求。因此，平均每天接待来馆阅览的读者约 300 人次。1934 年全年，在馆阅览的读者借阅图书共 11960 册。一个小小的阅览室能有这样的访问量，已是很可观了。

申报流通图书馆流通部

申报流通图书馆阅览室

4. 读书指导

除了常规的外借与阅览服务外，申报流通图书馆在创办一周年之时，针对读者中的一些不良阅读倾向，成立了“读书指导部”，这在当时的全国图书馆界可以说是一个“创举”。根据第

① 《申报流通图书馆第二年工作报告》，第 7 页。

一年的借出图书统计数据，工作人员发现一部分读者“读书还是无目的、无系统的，在浩如烟海的图书中，随便的读”。又有些读者仍沉溺在低级趣味与消遣无聊的读物中，“小说占去了读者一半，甚至一半以上的光阴”，而对于“其他……社会科学及自然科学初步的知识”，则兴趣不大。[①] 图书馆针对读者中普遍存在的这些现象，于1934年初创设“读书指导部”，订立了三条工作方针：一、打破图书馆只“消极的供给读者以读物，而不予以指示或帮助”的现状，让读者把图书馆作为“大众的书斋和精神食粮的仓库”；二、为解决读者“在浩如烟海的典籍中茫无适从的困难”，读书指导部将提供“各学科的‘书目’、‘研究方法’、‘重要书籍提要’，使读者能有目的、有系统，依照需要而开展自己的读书生活”；三、改善读者的读书态度，使读者“为了要认识并解决实际问题”而读书，排斥“因闲暇无聊而读书的消遣态度”。[②] 在此方针下，读书指导部具体帮助读者订立自学计划，介绍书籍，解答疑难等。

申报流通图书馆读书指导部

读书指导部的工作最初由艾思奇、柳湜、夏征农负责，他们在《申报》本市新闻后面辟出“读书问答”专栏，专门解答读者在阅读过程中碰到的疑难问题（尤其是读者中带有普遍性的问题），每天一篇，由三人轮流撰写。据夏征农在《我和〈读书生活〉》中回忆：“我们三人分别是‘左联’和‘社联’的成员，都想做一个马克思主义者。因此，我们通过这块园地，试图用马克思主义的立场、观点、方法和通俗语言来解释当时社

① 《创设“读书指导”告读者书》，《申报流通图书馆图书目录汇编》，1935年，第16页。
② 《创设“读书指导”缘起》，《申报流通图书馆第二年工作报告》，第131页。

会上发生的各种问题，向读者做一点启蒙工作。”[1]他们利用“读书问答”这一平台，向读者推荐恩格斯的《家庭私有制及国家的起源》、李达的《辩证法唯物论教程》等书籍，向他们宣传用“辩证唯物论观察宇宙世界”。[2]截至 1934 年 10 月，总计回信字数已在 30 万字以上。[3]

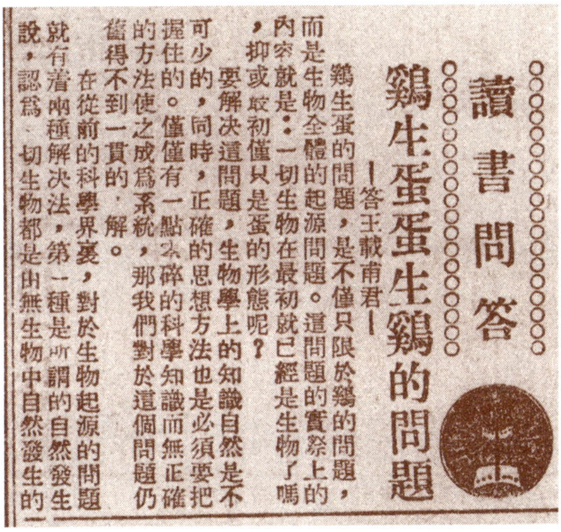
讀書問答

鷄生蛋蛋生鷄的問題

—答王載甫君—

鷄生蛋的問題，是不僅只限於鷄的問題，而是生物全體的起源問題。這問題的實際上的內容就是：一切生物在最初就已經是生物了嗎，抑或最初僅只是蛋的形態呢？

要解決這問題，生物學上的知識自然是不可少的，同時，正確的思想方法也是必須要把握住的。僅僅有一點零碎的科學知識而無正確的方法使之成爲系統，那我們對於這個問題仍舊得不到一貫的解。

在從前的科學界裏，對於生物起源的問題就有着兩種解決法，第一種是所謂的自然發生說，認爲一切生物都是由無生物中自然發生的—

《申报·读书问答》专栏

由于“读书问答”受到了读者的欢迎，他们又将这些文字汇编成《读书问答集》（李公朴主编）出版。该书内容分为 6 个部分：（一）读书与生活，（二）读书的态度，（三）语文学习，（四）读书的方法，（五）读书与实践，（六）科目的选择。根据李公朴的解释，第一、第二部分是对于“为什么读书”这个问题的基本解释，第三、第四部分是阐明“读些什么书”和“怎么去读”的问题。第五部分内容最重要，因为它提出了“许多实际问题来充实理论上的讨论，打破了读者死抱住书本不放的成见，而使他们明白怎样从书本上所得应用到实际问题上去”，引导读者理论联系实际和学以致用，这是“读书问答”栏的一个编辑特色。由于图书馆的读者大多是失学的青年，“读书问答”努力做到深入浅出，不仅在文字技巧上力求通俗，而且在内容上也力求通俗化，力求使大多数读者能够理解。[4]由于读者来信踊跃，而《申报》“读书问答”栏篇幅有限，已不能满足刊登稿件的需要，1934 年 11 月《读书生活》杂志创刊后，决定将“读书问答”专栏转

① 转引自李建中《关于申报流通图书馆》，《图书馆杂志》1982 年第 3 期。
② 参见程彩萍等《史量才办报设馆的历史启示》，《图书馆理论与实践》2003 年第 5 期。
③ 《申报流通图书馆读书指导部过去一年的工作和今后一年的计划》，《读书生活》1935 年 3 月第 10 期。
④ 李公朴主编《读书问答集·编者弁言》，1934 年 5 月初版。

李公朴《读书问答集》书影

柳湜《如何生活》书影

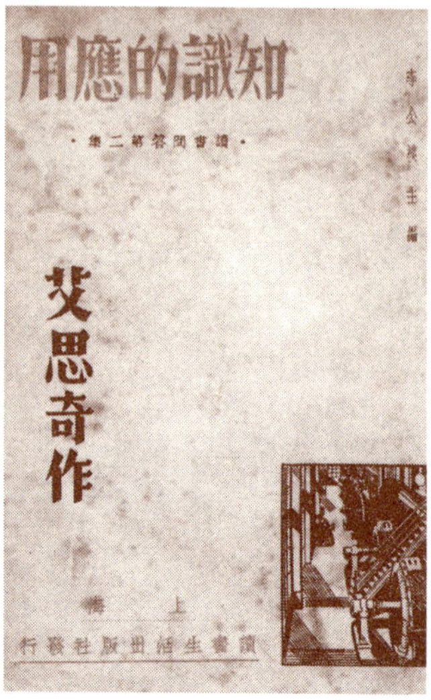

艾思奇《知识的应用》书影

到《读书生活》发表。1936 年初读书生活出版社创办后，两位作者又将“读书问答”栏的来往信件分别结集出版，即艾思奇的《知识的应用》（1936 年 2 月初版）和柳湜的《如何生活》（1936 年 3 月初版）。可以说，《申报》的“读书问答”栏成为了申报流通图书馆与读者沟通交流、指导读者阅读的一个桥梁，是读书指导部的一项最主要的工作内容。

读书指导部还通过其他途径来开展工作，帮助读者进行“读物的选择，疑难的解释，以及观念上的指示”。[①]

一、个别回信。一般读者的来信，提出字句不明、书本选择、译文难解、读书计划以及读书方法等方面的问题。1934 年一年间就回复 1800 余封信件，解答各种学术问题。

二、个别谈话。对于那些没有能力用文字形式提问的读者，或者所提问题较为复杂的读者，读书指导部会与他们约定时间个别交流。

三、设置“读书消息”专栏。发表于《申报》，每星期一期，共出 30 期，主要内容为向读者提供图书出版信息，推荐优秀读

① 《申报流通图书馆读书指导部过去一年的工作和今后一年的计划》。

物，利用图书馆的优势告知读者最新出版动态，对那些茫无头绪的读者起到了引导作用。

讀書消息

申報流通圖書館讀書指導部編

第三十二期

目錄

(一)自己看不見進步

(二)外埠讀者通信用箋變通辦法

(三)徵求讀書生活縮寫

自己看不見進步

在許多讀書報告中，都說到自己沒有進步。有的在慨嘆，有的在自恨，同時也有帶着幾分謙虛氣氛的。我們姑不論寫報告的人是在那一種心情下着筆，但這種現象我們却不能完全視爲不重要，不作一番合理的解釋。讀書要求進步，是一般的心理，不進步幹嗎還要讀書呢？不過，讀書的人往往過於躁進，把學問看得太容易。我們祇要看書坊裏有什麼英文百日通之類的滑頭書出現，就明白可以看見社會上原來有一種讀書的僥倖心，投機心存在。固然躁進不一定是投機心理，却與投機心理多少保有一點關聯。至少我們可以說，希望過急的心理是不明白讀書的過程，不把進步在過程中去了解。

《申报·读书消息》专栏

四、出版。除了《读书问答集》外，读书指导部还计划编印一套“自学丛书”，指导失学青年利用工余时间自学。这套书最终仅出版了一种《怎样自学社会科学》（柳辰夫著，1934 年 5 月），但从它的出版计划看，这套丛书其实是一套当时各学科的自学入门书，内容相当丰富，书后附有系统的书目提要。①

柳辰夫《怎样自学社会科学》书影

五、编制研究书目和名著提要。对于那些自学的读者，由于对所学学科不熟悉，不知从何读起，指导部便为他们编制各学科的研究书目，以帮助他们在最短的时间内找到合适的读本。缺乏读书方法的读者，往往拿到一部名著而不得要领，指导部便选择各科的经典名著，每部撰写一篇提要，帮助读者尽快理解名著的思想。

六、借书指导与阅览室指导。在借书处和阅览室派值班人员，对于到馆读者中那些缺乏读书经验的人，根据他们的个性化需要，为他们选定图书或报纸杂志。②

① 《自学丛书》拟出的第一期书目如下：《怎样自学社会科学》、《怎样自学文学》、《怎样研究国际问题》、《报纸读法》、《怎样自学哲学》、《怎样自学经济学》、《怎样自学自然科学》、《怎样研究中国经济问题》、《小说读法》、《怎样自学新闻学》、《怎样自学英语》、《法律常识自学入门》、《商业常识自学入门》。

② 《申报流通图书馆读书指导部过去一年的工作和今后一年的计划》。

读书指导部的工作满足了许多读者的需求，在短短一年间，参加该部的通讯研究者就达到六百余人。他们的工作也取得了一定的实效，读者在读书趣味和读物选择上有了明显的变化，根据当年的借书统计，“低级趣味的读物垂直的下落，高尚文艺书籍却笔直的上涨，同时，在自然科学社会科学两栏上也有巨大的增长”[1]。当时有一位读者来信说，一年多前，“除了浪费宝贵的时间和金钱外，所得到的代价只是一些低级趣味麻木神经淫荡的下流举动。加入了量才图书馆，使我感到意外的收获，尤其是几本前进的创作，是给我无限的兴奋、鼓励，真所谓‘书本是精神的食粮’”[2]，可见读书指导部创办时的工作预期和目标是获得读者认可的。

5.《读书生活》与《量才月刊》

申报流通图书馆一开始利用《申报》的影响力，开设专栏，与读者交流。为了与读者取得更大的联系，指导读者学习，增加与读者交流的深度，扩大社会影响力，图书馆还创办了自己的馆刊——《读书生活》杂志。1934 年 11 月 10 日，申报流通图书馆创办两周年之际，李公朴主编的《读书生活》杂志正式创刊，由上海杂志公司负责发行。该刊为半月刊，至 1936 年 11 月为止共出 50 期。该刊提倡大众读书，对于不大读书的人提出读书方面的正确观念，帮助读者从通俗的科学知识渐渐进入专门的研究，为了解各界创设生活记录，鼓励大众写作，解除读者在读书过程中的疑难问题。《读书生活》的作者中有许多是图书馆的读者，包括商店店员、工人、小贩、公务员、店员，甚至有婢女、船夫。1936 年 2 月，读书生活出版社成立，李公朴任社长，柳湜任出版部主任，艾思奇任编辑部主任，基本是读书指导部主创人员的延续。第一批推出《读书生活丛书》，内容也主

① 《申报流通图书馆读书指导部过去一年的工作和今后一年的计划》。
② 《量才流通图书馆馆刊》，第 8 期，1937 年 3 月第 6 页。

《读书生活》创刊号书影

艾思奇《哲学讲话》书影

要来自《读书生活》杂志的积累。这套丛书包括艾思奇的《哲学讲话》（1936 年 1 月，后以《大众哲学》为名再版，社会反响很大）、柳湜的《社会相》（1936 年 4 月）、集中汇编读者来稿的《生活记录》（1936 年 9 月）和《我们的抗敌英雄》（1936 年 6 月）、李公朴编《读书与写作》和曹伯韩的《生活的逻辑》（1936 年 10 月）。

《量才流通图书馆馆刊》书影

1934 年 11 月史量才遇害后，为纪念图书馆的创办人，申报流通图书馆更名为“量才流通图书馆”，1936 年 8 月，创刊了《量才流通图书馆馆刊》（后改名为《量才月刊》），每月一期，至 1937 年 7 月抗战爆发，共出 10 期。该刊辟有“时事一月谈”、“青年习作”、“自学经验谈”、“介绍与批评”、“读者园地”、“新书月报”等专栏，可以看出该刊秉承了流通图书馆的定位和读书指导部的工作内容，始终将辅导读者阅读与自学作为图书馆的中心职能，提高读者的实际工作与生活技能，最终提高整体国民文化素质，一直是该馆同仁的心之所系。

“八一三事变”后，《申报》一度停刊，由于筹措经费遇到困难，创办近 5 年的申报流通图书馆也被迫闭馆。1938 年 4 月由上海美星明记卷烟厂出资接办，因该厂生产“丁香牌”香烟，图书馆亦改名丁香图书馆，在原址对外开放，全部藏书都包上了印有“丁香牌”香烟广告的包书纸，工作人员基本上是前量才流通图书馆的职员，“孤岛”初期仍拥有读者 6000 余人。1939 年元旦，图书馆又由新亚制药厂接办，改名新亚图书馆，直到抗战胜利后的一段时期，始终得以维持，并略有发展。上海解放后，图书馆解散，藏书并入市工人文化宫图书馆。[①]

二、其他教育机构与组织

1. 申报新闻函授学校

1933 年 1 月，在《申报》创办 60 周年之际，另一项与新闻事业关系更直接的社会事业——申报新闻函授学校——正式成立。《申报》同人认识到“我国今后之新闻事业，既必将随时之迈进，而益趋发皇”，“然新闻人才竟甚缺乏”，“在不久之将来，此种需要必将日益加增。不先事养成，必不足以应付将来”，所以《申报》决定创办新闻函授学校，以“简便的方法，教育国内有志新闻事业者，以养成切实而有用之新闻人才”。[②] 可见申报馆创办该校，目的在于普及新闻教育、培养新闻人才。申报

① 朱庆祚主编《上海图书馆事业志》，上海社会科学出版社 1996 年 11 月版，第 64 页。
② 《申报新闻函授学校概况》，载《申报》，1934 年 1 月 1 日。

新闻函授学校把工作重点特别放在“养成营业与编辑地方报纸之人才，训练其采访与通信之技能，并授以推广发行报纸之方法”[1]，也就是培养地方报纸的编辑、管理人才和优秀通讯员，使“中国的新闻事业将来有更普遍而平均的发展，而不限于局部（大城市）的繁荣”。[2]

同时发布的《申报新闻函授学校章程》对办学中的许多具体问题作了规定。如师资，规定“本校聘请专门教授若干人，担任教学、问答、通信、改课事”。关于学生入学条件及学制，规定“凡有志投考本校者，不分年龄性别，但须具高中毕业或相当之程度”，“本校修业期限为一年，自缴费之日起算”。此外还规定了“入学手续”、“纳费”、“课业”、“毕业及奖励”、“通信”等。[3]

1933年3月，学校开始招生授课，学校办事处设在南京路大陆商场内。同年10月，学校迁到申报馆。自创办起到1935年，先后参加学习的学生共466人。1935年10月，首届学生经考试合格毕业的共183人。由于是函授学校，学生不受地域限制，来自全国各地，尤以上海周边的省份居多，如江苏省197人，浙江省45人，河北省25人，江西省23人，福建省21人，广东省27人。甚至还有来自国外的学员，如新加坡3人，日本2人。学员以20至30岁的青年

上海市教育局登記
上海市私立
申報
新聞函授學校概況
二十四年十二月

《申报新闻函授学校概况》书影

① 《申报新闻函授学校缘起》，载《申报》，1933年1月15日。
② 《申报新闻函授学校概况》，1935年12月，第3页。
③ 《申报新闻函授学校章程》，载《申报》，1933年1月15日。

男性为主，多数有中学、大学文化程度，从事职业以学校教员、商店职员、公务员、学生最多，当然也有新闻界的从业人士。[①]

学校所设课程，参照国内各大学新闻学系课程设定，以“切合实际需要并合于实际应用为主”，分必修和选修两科。必修科课程包括：1）国文，2）实用新闻学，3）印刷常识，4）报馆组织与管理，5）广告学，6）报纸推广学，7）时事问题研究，8）通讯练习，9）出版法，10）记者常识。选修科课程，每一学生只限选修两科。其课程如下：1）选读英文报纸，2）新闻学概论，3）外国新闻事业，4）本国新闻事业，5）评论作法，6）新闻储藏法（并剪报），7）散文研究，8）摄影术。[②]

申报新闻函授学校校长由史量才兼任，副校长张蕴和。教师队伍也实力雄厚，包括：谢六逸（复旦大学新闻系主任、教授）、章先梅（复旦大学教授，《新闻报》印刷部主任）、钱伯涵（曾留学美国，专门研究新闻学）、赵君豪（兼任各大学教授，《申报》记者）、徐润若（留学日本，经济学家）、凌其翰（留比法学博士，《申报》月刊编辑）、汪馥泉（复旦大学教授）、孙怀仁（法学院教授，《申报年鉴》编辑）、郭步陶（复旦大学教授，《新闻报》评论记者）、伍蠡甫（复旦大学外文系教授）等，都是上海的知名教授或资深报人。

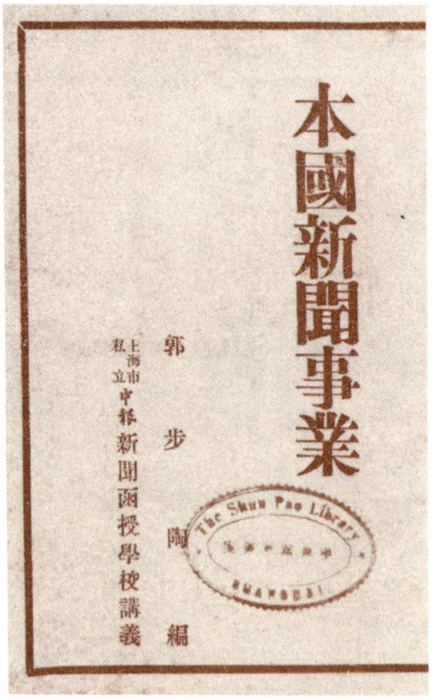

《申报新闻函授学校讲义》之《本国新闻事业》书影

担任学校教学工作的教授们针对其专门研究的学科，编写了一套新闻专业教材，供函授学生自学之用，后由申报馆于1940年出版《申报新闻函授学校讲义丛

① 《申报新闻函授学校概况》，第8页。
② 《申报新闻函授学校章程》，载《申报》，1933年1月15日。

书》，内容“虽属报学初步，要于各部门咸涉及”，包括了新闻学所必须研习的各门学科，编者都系该学科的专家学者。讲解精深简要，而文字则力求浅通显明，便于没有新闻学基础的学习者自学，“诸研修之士，一加浏览，于报学可得其概矣。”。①

《申报新闻函授学校讲义丛书》16种书目如下：

编著者	讲义内容	编著者	讲义内容
1. 孙怀仁	新闻学概论	9. 徐渊若	新闻发行学
2. 孙恩霖 钱伯涵	报纸管理与组织	10. 赵君豪	广告学
3. 谢六逸	实用新闻学	11. 郭步陶	本国新闻事业
4. 谢六逸	通讯练习	12. 谢六逸	国外新闻事业
5. 郭步陶	评论作法	13. 凌其翰	出版法
6. 谢六逸	新闻储藏研究	14. 罗又玄	时事问题研究
7. 汪馥泉	记者常识	15. 蒋寿同	散文研究
8. 章先梅	报纸印刷术	16. 蒋寿同	国文讲义

2. 申报业余补习学校

申报流通图书馆开馆后，工作人员发现一些读者因缺乏基本知识，无法利用图书馆读书自学，于是创办申报业余补习学校，帮助“男女有志青年，尤其是一般店员工友学徒”，利用业余时间，“补充必要的基本学识和职业技能，并培养其公民资格”。② 和流通图书馆一样，业余补习学校是服务于普通市民阶层的职业青年、提高其文化知识水平和进行职业培训的社会教育机构。

1933年2月，学校登报招生，3月13日，即开始授课。学校把晚间6点闭馆后的申报流通图书馆阅览室作为教室，学生仅83人，教师则由图书馆的馆员兼任。

---

① 《上海市私立申报新闻函授学校讲义》丛书，出版说明。
② 《申报业余补习学校简章》，《申报流通图书馆第二年工作报告》，第141页。

由于业余补习学校地处闹市中心的南京路大陆商场，收费又较其他学校低，很快就受到社会民众的热情响应，纷纷报名入校。自3月20日到5月1日，不到两个月内，由2个教室增加到8个教室，学生也由83人增加到400人。同时，学校还在上海各地商借校舍，设置分校，从5月到10月半年间，先后在澄衷中学、中山文化教育馆、留云小学、申报妇女补习学校、曹义小学校舍开办了5家分校，加上南京路本部，共计6校。至1934年年底短短两年不到的时间里，学生总数已达1764人。业余补习学校扩张迅速，可见当时社会上确实有这种普及教育的需求。

学制与课程方面，学校开设英语、日语、德语、俄语、中文、数学、会计等7门课程，每周上课5小时。英语、俄语、德语3门，需4年毕业；中文、日语2门，需2年毕业；数学和会计2门，需1年毕业。学生可选学多门课程，学费还给予一定的优惠，鼓励学生修习多门。为方便学员，学校上课时间安排在非工作时间的每晚7点到9点半。每班人数不超过50名，不满30名不开班。每月要举行测验，每学期举行期终考试。学生必须有80%的出勤率，并经考试合格，才能获颁毕业证书。[①]业余补习学校虽是业余性质，但从学制上看还是相当重视教学的系统性和教学质量的。

3. 申报妇女补习学校

申报馆创办的另一项社会教育事业——申报妇女补习学校，是面向成年家庭妇女而开设的。当时社会上大多数成年的女子，由于没有合适的学校可进，“既不能获得独立谋生的技能，直接去服务社会，又不能取得处理家事上必须的知识，来改良组成社会的细胞——家庭”。为改变这种现状，申报馆创办妇女补习学校，以给予那些失学的妇女“补习之机会，增进其知识

① 《申报业余补习学校简章》,《申报流通图书馆第二年工作报告》, 第137—146页。

技能，并注意品性修养，使能改良家庭，服务社会”。[①] 针对家庭妇女的特点，申报妇女补习学校不仅进行职业技能的传授，还有针对性地开展生活知识的培训。

学校创办于 1933 年 6 月，校址在当时的静安寺路斜桥弄 75 号三层洋房内。最初是暑期补习班，学生仅 26 人，分为语文、数学、英语 3 个班，每班再分高级和初级两级。同年 9 月正式招生，学生数猛增到 105 人。次年春，又增加到 127 人。学员年龄以 20 岁左右的女性为主。

申报馆业余补习学校与妇女补习学校招生广告

学校学制两年，课程主要分职业技能和家事常识两部分。针对不同学员的需要和文化程度，分初级班和高级班，高级班又分家事与职业两科。除了语文、数学、英语为共同课程外，初级班另设公民、家事、唱歌 3 门，高级班家事科设历史、珠算、音乐、缝纫、刺绣等课，高级班职业科设历史、珠算、会计（簿记）、打字、速写等课程。此外，还另开设钢琴课、国画课、英文打字速成班等专修课。从课程设置不难看出，妇女补习学校针对当时社会条件下家庭女性的不同需求，通过有针对性的课堂教学，培训合格的职业女性或家庭妇女，“让每个毕业生能负起服务社会和改良家庭的责任”[②]。

4. 量才奖学基金团

1935 年 11 月，在史量才被害一周年之时，其妻史庞明德和儿子史詠庚捐出法币 16 万元作为奖学金，成立了“量才奖学

① 《申报妇女补习学校缘起》、《申报妇女补习学校章程》，《申报流通图书馆第二年工作报告》，第 173—175 页。
② 《申报流通图书馆第二年工作报告》，第 174—180 页。

基金团”，用于奖励学术研究、培养科研人才。奖学基金团成立6年内，只用于奖励自然科学学科，奖励范围为因经济原因无法继续学业的优秀学生，包括：

向高中最优等毕业生，无力升学的，补助升学费；

向国内公立私立大学学生，家境清寒、成绩优异的，补助学费；

向国内各大学最优等毕业生，想去国外留学而财力不足的，补助留学费；

向国内外各大学优等毕业生，毕业后从事专门研究的，资助研究费；

向学术上有特别发明或重大贡献的，颁发奖金。

奖学金从基金的利息中支出，每年从利息中提出部分冲为基金。受资助人如学业有成后自愿归还的资助款也并入基金。

为严格管理奖学基金，基金团成立了董事会，由沈信卿、徐静仁、陈陶遗、钱新之、张镕西、杜月笙、马荫良、史詠庚8人任常任董事，另设张蕴和、黄任之、胡笔江、王晓籁、吴蕴斋、徐采臣、汪伯奇7名非常任董事，任期3年。董事会负责每年的奖学金奖励方法与人选。由董事会选出保管委员徐静仁、马荫良、钱新之3人，负责基金的保管与日常管理，拟定基金的利用方法。董事会还聘请专门学者翁文灏、李叔华、凌鸿勋为审议委员，负责学术事项的审议。①

经过一年多的准备，第一批获得量才奖学金资助的6名研究生人选确定，分别是清华大学黄席棠、清华大学王大衍、浙江大学陈世昌、永利化学工业公司卢玉川、中国科学社生物研究所李瑞轩、资源委员会矿室党刚。每位研究生补助费为每月80元法币，计发6个月，共法币2880元。②

量才奖学基金团还根据需要不断地扩大奖金授予范围，让

---

① 《财团法人量才奖学基金团成立文件》，量才奖学基金团，1935年。
② 《量才奖学基金团增加补助新闻学系研究生》，载《申报》，1937年4月1日。

更多的好学之士能完成学业。1937年4月，经汪伯奇、马荫良、钱新之提议，因“新闻学系人才需要，并为纪念量才先生事业”，董事会决定增加补助新闻学系研究生。另外，还设立发明奖励金，授予“以适应生产事业需要为目的，而发明代替汽油之材料，经实业部审查合格，给予证书，适合于经济原则者”，以资鼓励。①

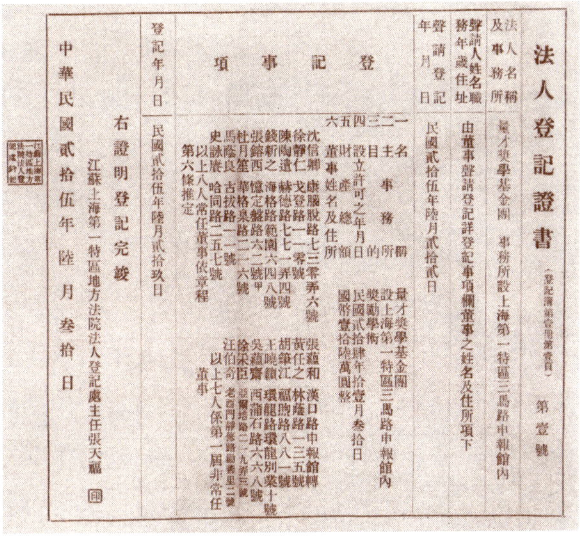
法人登記證書

（登記簿第壹冊第壹頁） 第壹號

法人名稱及事務所：量才奬學基金團 事務所設上海第一特區三馬路申報館內

聲請人姓名職務年歲住址：由董事聲請登記詳登記事項欄董事之姓名及住所項下

聲請登記年月日：民國貳拾伍年陸月貳拾貳日

登記事項：

一 名稱 量才奬學基金團

二 主事務所 設上海第一特區三馬路申報館內

三 目的 奬勵學術

四 設立許可之年月日 民國貳拾肆年拾壹月叁拾日

五 財產總額 國幣壹拾陸萬圓整

六 董事姓名及住所

沈信卿 康腦脫路七三零弄六號

徐靜仁 戈登路一一零號

陳陶遺 赫德路七七一弄四號

錢新之 海格路範園一六四八號

張鎔西 憶定盤路六二號甲

杜月笙 華格臬路二一六號

馬蔭良 古拔路一一號

史詠賡 哈同路二五七號

以上八人常任董事依章程第六條推定

張蘊和 漢口路申報館轉

黃任之 林蔭路一三五號

胡筆江 福煦路八八一號

王曉籟 環龍路環龍別業十號

吳蘊齋 西蒲石路六六八號

徐采臣 亞爾培路二一九弄三號

汪伯奇 老西門靜修路蘭秀里二號

以上七人係第一屆非常任董事

登記年月日：民國貳拾伍年陸月貳拾玖日

右證明登記完竣

江蘇上海第一特區地方法院法人登記處主任張天福

中華民國貳拾伍年陸月叁拾日

财团法人量才奖学基金团法人登记证书

抗战爆发后，由于时局动荡，自费留学欧美的学生，“或因家庭经济发生变化，或因购买外汇受有限制，陷于困境”，量才奖学基金团“特在奖学基金利息下，划出若干元”，设立免息贷学金，以“接济家境艰窘成绩优良之留学生，俾可完成学业”。获得贷学金的学生名额为6名，每人每年不得超过3000元，以两年为限。② 与奖学金的区别在于，获资助学生须在学成归国工作后2至4年内，将贷学金本金分期归还给基金团。首批获得免息贷学金的学生有德国明兴高等工业学校的黄是、德国维也纳大学医科黄正、意国国立米兰高等工程大学方柏客、德国哥廷根大学王子昌、美国塔克萨斯农科学校狄福豫、美国印第安纳省大学黄学渊。③

5. 申报读者助学金

除了采用基金会的形式资助贫寒学生求学之外，在上海

① 《量才奖学基金团增加补助新闻学系研究生》，载《申报》，1937年4月1日。
② 《量才奖学基金团拨款充免息贷学金》，载《申报》，1939年2月13日。
③ 《量才奖学基金团核准自费留学免息贷款学生揭晓》，载《申报》，1939年9月29日。

"孤岛"时期，申报馆还利用大众媒体的力量，发起捐资助学运动，成立"申报读者助学金"，在当时社会上产生了很大的影响。

1941年7月13日的《申报》刊登了设立"申报读者助学金"的筹款计划，呼吁社会各界人士积极捐款："本报素以服务社会发扬文化为职志，凡涉公共福利，辄效绵薄，未敢后人"，值此抗日战争期间，"为将来社会中心力量之学生，值此时艰，往往以经济关系，致中途辍学者有之，无力入学典质以应者有之。今日有志勤学之学生，即为将来复兴社会之柱石，同人何忍对于勤学而无财力之子弟，不为勉力尽呼吁之劳，集中力量筹备组设'申报助学金'，将以办理中小学贷学金及大学奖学金。所望各界社会热心人士督促教导，踊跃捐助。"①7月16日，成立了助学金委员会，担任委员的多来自上海各文化机关的负责人，有圣约翰大学校长沈嗣良、工部局华人教育处副处长陈青士、工部局女中校长聂灵瑜、世界书局总经理陆高谊、申报馆赵宗预等。②

申报的呼吁一经发出，立即得到了上海及周边地区的热情响应，这段时间内，《申报》几乎每日都会刊出捐款人士的名单和捐款数额以及一些感人的捐款故事，利用报纸的影响力作宣传发动工作。捐款人士遍布各阶层，不但"工商领袖，银钱同业，致送巨额捐款"，而且"市肆学徒，书贩报童，以及侍役女佣，亦莫不争先恐后，致送其得来不易之金钱"。③捐款来自"工厂商号，寿仪婚筵，工资薪给，书画义卖，糖果饼饵，儿童压岁，学生互助，学徒节约，甚至衣物变卖，绨袍相加"，④至8月21日短短一个多月，就募集各界捐款54204元法币。

在募集捐款的同时，助学金的申请工作也开始进行。7月

---

① 《本报同人筹办申报助学金》，载《申报》，1941年7月13日。
② 《申报读者助学金委员人选确定》，载《申报》，1941年7月16日。
③ 《社评：本报读者助学运动》，载《申报》，1941年8月20日。
④ 小耕《申报读者助学金》，《新都周刊》第19期，1943年7月。

23日，《申报》刊登启事："凡大中小学各学生确实家境清寒而上学年考试成绩优异者，亲自来馆，向营业部索取登记表格。"委员会还确定了成绩的具体标准，学生成绩必须达到平均在70分以上，主要科目在80分以上。[①]至8月5日申请截止，第一届助学金的正式申请人数达856人。

8月3日起，报社开始对申请人员的调查核实。调查分两种形式，一种是家访，由报社派人员，"访问各家庭之生活实况"。在调查过程中，《申报》经常会刊出记者的"访问记"，详述申请学生的生活现实和记者的观感，"所到的地方，不是阁楼亭子间，便是灶披间或离市窎远之处。我们认为这些居处，正是待助学生应当的住址"[②]。由于战乱的缘故，他们还发现清寒学生的家庭背景很不同，"诸生中亦有家境向极优裕者，以转徙流亡，遽告贫困；其恃薪给自赡者，或因失所栖止，饔飧不继；又若父兄远道服役，戋戋所入，难维个人生计，焉有余力，以供子弟膏火？至于寡妇孤儿，穷愁煎迫，益处悲惨之境地"。[③]这些学生都急需助学金的帮助，才能免于辍学。第二种调查采用面谈方式，对于家住郊区、不便家访的学生，报社"分函通知，约期面谈"。

经过严格的调查核实后，经申报助学金委员会审查合格，1941年8月15日，《申报》首先公布了小学组的资助名单，"准予助金者共80名，凡合格之学生，请家长携带图章，必须率同该生亲来本馆营业部柜台领款"[④]。8月19日，委员会召开第三次会议，详细审核大中学组的申请人的学行成绩及家庭情况，核准大学组43人，发给助学金共4666元，中学组224人，发给助学金13366元，加上提前公布的小学组80人，发给助学金2558元，实际获得资助者共计347人，助学金20591元。

① 《申报读者助学金明日开始申请》，载《申报》，1941年7月23日。
② 小耕《申报读者助学金》，《新都周刊》第19期，1943年7月。
③ 《社评：本报读者助学运动》，载《申报》，1941年8月20日。
④ 《申报读者助学金小学名额发布》，载《申报》，1941年8月15日。

同时，由于收到了许多来函和建议，申报读者助学金又立即发起了“店员读书运动”，将助学金受益人群扩大到工商业普通职员，面向“工商界有志进修之店员学徒，竭力赞助，促其达成进修之目的”，决定在助学金余款中拨出5000元，另设“工商从业员组”，资助业余补习教育。① 倡议一经发出，应者踊跃，一周内持各公司行号经理和负责人证明、来馆办理申请助学手续的店员遍及各行业，如新新公司、永安公司、上海电力公司、仁济医院、济民医院、荣康地产公司、新亚书店、三友内衣公司、大亚银行、瑞丰五金号、协大米行等。② 申报馆经与申请人面谈，办理审核工作后，于9月1日至9月9日连续公布工商业组的核准名单，③ 获资助人可以获得在职进修补习的学费。工商组核准人数总计648人，资助金额约12800元，平均每人25元。

继第一届申报读者助学金活动圆满完成后，申报馆每年在夏季和冬季举办一届助学金活动，直至1944年底。随着战争对平民生活的影响，申请人数也逐年增加，第二届2503人，第三届3105人，第四届5468人。资助金额也相应的有大幅增加，以1942年的两届为例，各组别补助金额如下④：

	小学组	中学组	大学组	补习组	共　计
1942年3月	7633元	34898元	5206元	3850元	51587元
1942年9月	16405元	85382元	41993元	3751元	147531元

综上所述，申报馆在20世纪三四十年代，在史量才的倡导下，积极投身于社会文化和教育事业，面向上海普通市民和社会各界中下层民众，先后创办了申报流通图书馆、申报业余补

① 《申报读者助学金大中学生名额发表》，载《申报》，1941年8月20日。
② 《店员读书运动推展及于各业》，载《申报》，1941年8月27日。
③ 《申报读者助学金工商名额发表》，载《申报》，1941年9月1日—9日。
④ 《申报助学金第二届帐目报告》，载《申报》，1942年4月13日。《申报助学金第三届帐目报告》，载《申报》，1942年9月27日。

习学校和申报妇女补习学校等普及性文化机构，开办了培养新闻界人才的申报新闻函授学校，设立了资助贫困优秀学生的量才奖学金和读者助学金，为上海及周边地区普通民众提供了接受文化教育的机会和经济资助，在普及教育、促进文化方面产生了积极的社会影响。

第八章　申报馆出版物

在申报馆的经营业务中，除了主营的报纸《申报》外，图书、期刊杂志、画报等出版事业也有很大的成就。申报馆是商务印书馆成立前中国近代最重要的出版机构之一，其由报而刊、由刊至书的多元化、全方位经营模式，与其主持人对于报馆的经营管理以及文化科学的重视和大力提倡是分不开的。它的经营模式开创了中国近代报业参与经营出版的先河，它的成功经验也能给现代报业和出版业带来宝贵的经验。因此，这里所称的申报馆出版物，是指申报馆及其附属机构，包括申昌书局、点石斋石印书局、图书集成印书局、集成图书公司及申报所办社会文化教育机构在内，所出版发行的图书、期刊、画报、地图、教材等所有出版物的总称。

这些出版物按载体形态来分，可大致分为 4 大类，包括：

（1）图书：丛书类如《申报馆丛书》200 余种、《古今图书集成》1628 册、《申报月刊社丛书》12 种、《申报丛书》40 余种、《读书生活丛书》6 种、《申报新闻函授学校讲义丛书》16 种；单行本如《最近之五十年》、《申报年鉴》、《申报上海市民手册》、《申报评论选》等等。

（2）期刊：月刊类有《瀛寰琐纪》、《四溟琐纪》、《寰宇琐

纪》、《申报月刊》；周刊类有《申报周刊》、《汽车增刊》、《文学周刊》、《教育与人生》、《通俗周刊》、《儿童之友：申报儿童专刊汇编》以及《申报全国运动会纪念特刊》等。

（3）画报：《寰瀛画报》、《点石斋画报》和《图画周刊》。

（4）地图：《中华民国新地图》、《中国分省新图》等。

一、经营出版的背景

虽然申报馆自始至终都是以出版报纸为主业，但是《申报》创刊后不久，申报馆就开始了由报而刊、由刊至书的多方面经营。

（一）经济利益

同治十一年（1872），美查与友人集资1600两白银筹办了《申报》。虽然1600两白银对于普通民众而言已是一笔巨款，但是用来创办一份报纸却明显不足了。马光仁对此的评论是：这点点本钱买铅字和印刷机器也不够。据他介绍，当年王韬等在香港筹办《循环日报》，出资盘进英华书院原属伦敦会的印刷设备，代价是21000元。而美查的1600两在当时兑换成银元，约为2300元左右，仅是《循环日报》的11%。[①] 当年，《申报》的销量仅为每天600张左右，即使到了同治十三年末（1875），这一数字也仅为1200份。[②] 按每张售价八文计算，卖报的收入实在少得可怜。同治十二年（1873），《申报》曾经登报公告，由于成本太高，报馆几乎已经到了入不敷出的地步，遂决定将《申报》涨价至十文销售。但正如报馆自己所言，“每日所消三千余张”，也只不过是杯水车薪[③]。

---

① 马光仁主编《上海新闻史（一八五〇—一九四九）》，第62页、第101页。

② 徐忍寒《申报七十七年史料》，第51页。关于此售卖数字，另可见李嵩生《本报之沿革》，载申报馆编《最近之五十年》第三编“五十年来之新闻业”，第31页。

③ 佚名《本馆告白》，载《申报》，1873年2月22日。

（二）设备的不断进步

日新月异的印刷设备，是申报馆出版事业的重要保障。同治年间，报馆已经采用当时先进的手摇式印刷机，单面印刷，每小时可印数百张，比传统的雕版印刷术效率提高很多。按照美查的说法，“每日刷印四千张，仅用不过两时有余，即能告竣”[①]。几年后，改用大英架单滚筒机，印活字版，每小时印数已达1000张，而且已经改人工操作为电力驱动。[②]民国以后，购置日本造单式轮转机，开中国报业先河。1918年购得美国三层轮转机，1928年又购置最新式司各脱直线式轮转机，最快每小时可印4张一份的报纸48000份。此外，如铜版机、浇字机、纸版机、浇版机、铅版机、铅字铜模等器材设备也日臻完善。

新式日本轮转机

新式美国轮转机

（三）印刷技术

民国以后，申报馆专门设立铜版照相部，印刷新闻、

① 佚名《铅字印书宜用机器论》，载《申报》，1873年12月13日。
② 李嵩生《本报之沿革》，载申报馆编《最近之五十年》第三编“五十年来之新闻业”，第32页。

广告上的图片。报馆还自己用铜模浇铸新字一套，将原来新闻和广告上所用的旧五号铅字改为新五号铅字。如1930年创刊的《图画周刊》中，采用铜版纸印的照相图画，影写版印刷而成，图像非常逼真，精致美观。而《中华民国新地图》和《中国分省新图》都按照地形高下的等高线分层设色，不但图画清晰，而且美观，是当时印刷地图最先进的技术。

（四）销售网络

再从销售方面看，美查一直努力寻找合作者代售《申报》，拓展销售渠道，这同时也惠及报馆其他出版物的销售。[①] 至光绪三年（1877），《申报》除了在上海发售外，其销售网络已延伸至当时几个重要的城市，包括北京、天津、南京、苏州、杭州、扬州、南昌、武昌、福州、汉口、汉阳、温州以及宁波，甚至在香港中环百步街的循环日报馆也可购买到《申报》。[②] 而在上海，除了申报馆本馆账房外，邑庙青囊室、千顷堂书坊、味三堂书坊、宋筠阁书坊、醉六堂书坊等书坊也可以买到申报馆出版的图书。此外，在当地没有售书处的外地读者，可以“作札由信局或信船带该价交至上海老北门外四马路口本馆账房收启。欲何书籍，信中开示明晰，即当遵示将书由原班奉上，断不致误”[③]。这也使得申报馆出版的图书、期刊有足够的空间和渠道进行售卖。

（五）广告效应

申报馆充分利用了《申报》的便利，经常在醒目位置为其出版的图书、刊物登载广告，进行广泛宣传，向读者及时传递信息以帮助销售。[④]

---

① 同治十一年，美查已经“派友人”在南京代卖《申报》，而当地士绅如有文要登在《申报》上的话，也由其友人代为寄送。《本馆告白》，载《申报》，1872年12月4日。

② 《申报》得以在香港售卖，有赖于王韬主持的循环日报馆，或许这也与他和《申报》主笔钱昕伯的翁婿关系有关。

③ 尊闻阁主辑《申报馆书目·发售住址》，载尊闻阁主辑《申报馆书目》，上海申报馆印，光绪三年夏五月。

④ 如在《申报》上能看到大量关于《瀛寰琐纪》等刊物的出版、《古今图书集成》的仿印等告白、启文等。

（六）人际网络

通过书刊的出版发行，报馆与中国的士大夫建立起一种广泛的社会关系。[①]初期，《申报》通过它的一群华人主笔、编纂与众多文人建立、保持友谊。[②]之后大量的图书和期刊印刷出版，不仅有赖于文人的投稿，更需要通过他们扩大申报馆在社会上的影响。

二、图书

1.《申报馆丛书》

申报馆涉足图书发行，最早始于一部专为科举考生设计的《文苑菁华》。[③]同治十二年（1873）三月，《申报》上刊登了一条征集告白，称准备推出一部新近名作，请读者投稿，并表示"一切陈文概不登入"。两个多月后，汇集了510篇从征稿中选出的文章、由《申报》总编纂蒋芷湘辑的这部《文苑菁华》正式出版。[④]

或许是首次出书所取得的经济成绩不甚理想，直到一年多以后第二部图书的成功销售，才促使申报馆大量投入于图书的出版，这就是铅活字版小说《儒林外史》的翻印。鲁道夫·瓦格纳认为，这一年多的时间，使美查了解到晚清的图书市场由于战争造成很大缺失，而将那些毁于战争的中文书

---

① 鲁道夫·瓦格纳著、魏泉译《申报馆早期的书籍出版（1872—1875）》，陈平原等编《晚明与晚清——历史传承与文化创新》，湖北教育出版社2002年版，第169页。

② 如钱昕伯与王韬的翁婿关系，《申报》首任主笔蒋芷湘曾发起诗友会，获得江浙文人对《申报》的支持。参见邵志择《〈申报〉第一任主笔蒋芷湘考略》，《新闻与传播研究》2008年第5期。

③ 虽然在此之前，《申报》上曾经有承印书籍的启事，但并不是申报馆发行的图书。参见鲁道夫·瓦格纳著、魏泉译《申报馆早期的书籍出版（1872—1875）》，《晚明与晚清——历史传承与文化创新》，第170页。

④ 《申报馆书目》中辑录为"蒋芷湘"。关于两者的关系，可见邵志择《〈申报〉第一任主笔蒋芷湘考略》，《新闻与传播研究》2008年第5期，第55—61页。

籍逐渐出版则应该是江南地区书商们的努力方向。[①]同治十三年（1874）九月，申报馆排印了1000部《儒林外史》，每部售价洋五角。发售后大受欢迎，“不浃旬而便即售罄。在后购阅者，俱以来迟弗获为憾”[②]。后来加印的1500部也销售一空，至光绪七年（1881），这部书又被第三次排印出版。开卖不到10天，1000部书就赚了洋500元，若按之前提到的1600两白银兑换2300元计，大概折合银350两左右。这一数字明显比卖报来得多，而且回报更快速。

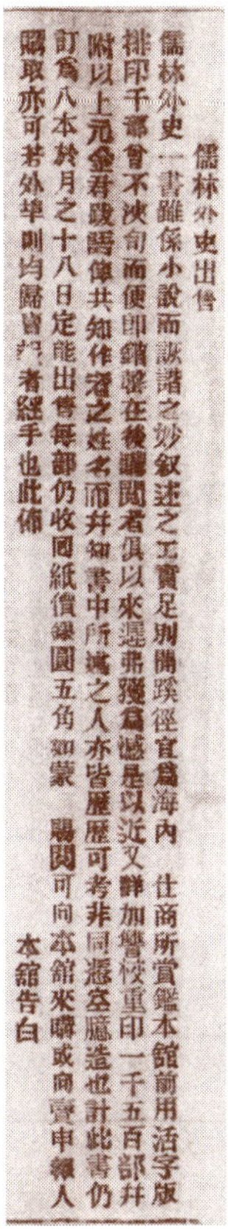
儒林外史出售
儒林外史一書雖係小說而談諧之妙叙述之工實足别開蹊徑宜爲海內 仕商所賞鑒本館前用活字版排印千部曾不浹旬而便即銷罄在後購閱者俱以來遲弗獲爲憾是以近又詳加讐校重印一千五百部并附以上元金和跋語俾共知作者之姓名而并知書中所寓之人亦皆歷歷可考非同憑空臆造也計此書仍訂爲八本於月之十八日定能出售每部仍收回紙價洋圓五角如蒙 賜閱可向本館來購或商賣申報人購取亦可若外埠則均歸賣報者經手也此佈
本館告白

『〈儒林外史〉出售』消息

这次成功的图书发行令美查意识到，发售优质、受欢迎的中文书籍可以获得丰厚的报酬，同时也使他确定了通过发行善本书籍传承中国文化的愿望。在他看来，中国的士人君子无论生前功名如何，然而“物换星移，湮没而不彰者何可胜道？独有游思竹素，发为著述，藏之名山，传之其人者，百世而后，犹动人以高山仰止、景行行止之心。呜呼！可不谓不朽之盛业欤？虽然，亦赖有传之者耳”，所以“仆少长泰西，壮游中土，间尝究极中国之文字，思欲一一有以传之”[③]。在这方面，他非常推崇乾隆制《四库全书》的丰功伟绩。在《申报馆目录》出版前，美查原想用“提要”为这本目录小册定名，意欲将自己的事业向前人看齐。而蔡尔康认为，一来他的才能无法与纪昀这样的先达相提并论，二来“提要”二字也不符合尊王之

① 鲁道夫·瓦格纳著、魏泉译《申报馆早期的书籍出版（1872—1875）》，《晚明与晚清——历史传承与文化创新》，第171—172页。
② 《〈儒林外史〉出售》，载《申报》，1875年5月19日。
③ 尊闻阁主《申报馆书目续集·序》，载周振鹤《晚清营业书目》，上海书店出版社2005年4月版，第197页。

制，所以劝美查改为“书目”，稍显谦恭。[1]在美查的努力下，此后申报馆用铅活字排印的线装书籍的出版发行事业进入了鼎盛时期，他以书传世的志向从慨然而发进入了实际的操作阶段。在这段时间，许多名家作品通过出版被保存了下来，其中甚至不乏久已失传的珍本，具有很高的价值。

由于创馆不久，可以用来印刷的书籍不多，于是报馆开始刊登“搜书”、“觅书”之类的广告，向社会征稿。最早显示美查想要出版“丛书”想法的，是同治十三年（1874）《申报》上的一条《搜书》启事：“本馆现在搜求新奇、艳异、幽僻、瑰玮之

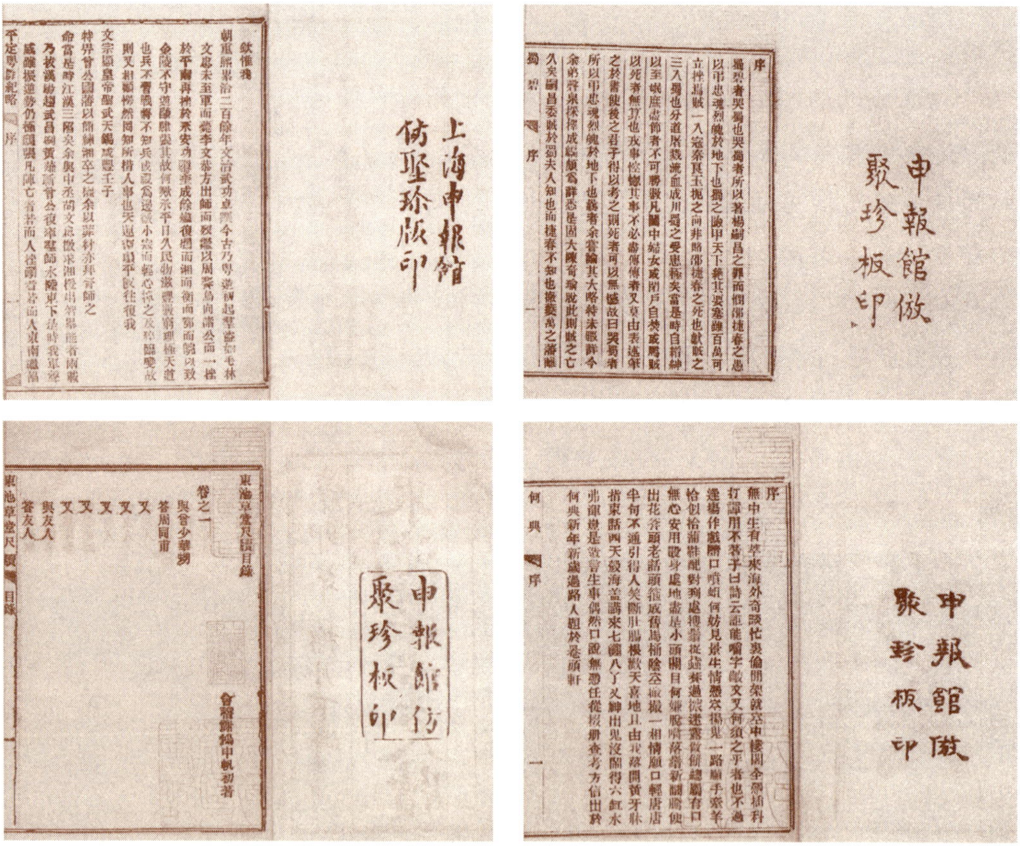

《申报馆丛书》书影

① 海上缕馨仙史《申报馆书目·序》，载尊闻阁主辑《申报馆书目》，上海申报馆印，光绪三年夏五月。

书，拟陆续摆印汇作丛书。”申报馆同时声称，如果家里藏有珍庋秘本，希望能拿出来，由申报馆代为印刷，共享文坛，而且承诺决不损伤原书；等到该书出版后，还会向提供者赠送新书，作为感谢。经过几年的努力，申报馆的这个计划得到了文人士庶的支持，因此“日有搜辑，月有投赠”，而且其中很多都是“从未刊行及原板业经毁失者”，非常受人关注。报馆也非常负责，请文人精加校对后再行出版。

由于《儒林外史》获得了巨大成功，报馆推出新书的脚步也明显加快了。1876 年 12 月 20 日《申报》新印书籍出售的广告中，有 39 部图书可供购买；到了次年旧历五月，申报馆出版的《申报馆目录》中汇录了当年端午节前已经出版的各种新印书籍共 56 种，其中包括《西青散记》、《外科全生集》两种已经售完且报馆没有重印计划的在内。这样快的发行速度，也印证了报馆“印行之书，每月不下三四部”的说法。

《申报馆书目》由申报馆主美查辑录，委托海上缕馨仙史为该书作序，并为所有图书撰写介绍。海上缕馨仙史即蔡尔康（1852—？），时任申报馆襄理笔政。他出身生员，虽未能中举，但却很有才华。早年曾担任传教士的中文秘书，光绪二年（1876）进入申报馆工作，主编《民报》，后又参加了《寰瀛画报》的编辑工作，并与第二任主笔钱昕伯共同辑录了《屑玉丛谭初集》。光绪四年（1878）离开申报馆后，出任过《字林沪报》主笔、《万国公报》华人主笔等职。此外，他还曾协助李提摩太、林乐知等翻译了《泰西新史览要》、《中东战纪本末》等重要作品。

这本书目中所开列的图书都是仿照乾隆武英殿聚珍版式样，采用铅活字印刷而成的。而且申报馆也一直以此而自豪，“申江以聚珍版印书问世者不下四五家，而申报馆独为其创”，并且在上海的市场上已经取得了很高的声誉。[①] 以 19 世纪中

① 海上缕馨仙史《申报馆书目·序》。

晚期的印刷技术而言，申报馆使用的精制铅铸聚珍小字，笔画端整、勾勒分明，与木制雕版相比，用来排印图书清晰度提高很多。

申报馆出版的图书，从体裁上来看，种类非常丰富，有小说、笔记、杂录、游记、札记等，内容不一，甚至有较为罕见的《中英和约》、《中东和约》这类条约类书籍，可见美查的取材并不拘泥于一种。从书稿来源情况而言，既有时人创作的，如王韬《遁窟谰言》、《庸闲斋笔记》；有在已经问世却无法出版的，如《笑史》、《风月梦》等；有《印雪轩随笔》这类已经出版、而美查觉得很好，打算重新刊印的；还有诸如《红楼梦补》、《西游补》之类为原书作续的；更有在中国本土已经较少流传、申报馆从海外购得加以出版传世的，如《快心编》等。从市场反应来看，一些如《儒林外史》、《曾文正公家书》、《青楼梦》、《啸亭杂录》等比较受欢迎的图书，以后都被重新印刷出版。[①] 这些铅活字版图书，最后大多被归入《申报馆丛书》中。

对于申报馆铅活字印刷的书籍，还有另一种提法，即《申报聚珍版丛书》、或袖珍本《聚珍版丛书》。蔡尔康在《屑玉丛谭初集》的序中说，主人"广罗群玉之储，永寿聚珍之版"[②]；徐忍寒在《申报七十七年史料》中提到："光绪元年至二十年间，用铅制活字，仿乾隆'聚珍版丛书'排印新著及旧书，也称为《聚珍版丛书》，先后刊行 160 余种。"[③] 张静庐在《中国近代出版史料初编》中也引用胡道静的说法："申报铅字聚珍版书凡 160 余种，1877 年曾印有《申报馆书目》，著录所印书籍 54 种；1879 年又印有《申报馆续书目》，著录 64 种，尚未将所刊各书完全著录也。"[④]

---

① 《重印〈曾文正公家书〉》，载《申报》，1885 年 6 月 30 日；《重印〈青楼梦〉告成》，载《申报》，1885 年 8 月 14 日；《重印〈啸亭杂录〉出售》，载《申报》，1886 年 10 月 9 日。
② 钱征、蔡尔康《屑玉丛谭初集·序》，上海申报馆印。
③ 徐忍寒《申报七十七年史料》，第 33 页。
④ 张静庐辑注《中国近代出版史料初编》，上海书店出版社 2003 年版，第 285 页。

从字面来看，“聚珍”本就是活字的雅称，而印刷成“袖珍本”，则可能源于美查出于携带方便的考虑。[1]因此，《申报馆丛书》与《申报聚珍版丛书》可能是对同一种丛书的不同称法。此外，关于《申报馆丛书》的数量，李纯如自记手抄本《申报馆丛书目录》中记录有 205 种，而根据《中国丛书综录》，合计为 203 种。从内容上看，《中国丛书综录》是根据美查辑《申报馆丛书正集》、蔡尔康辑《申报馆丛书续集》以及美查辑《申报馆丛书余集》3 本书目而得。以下选择丛书中的几种，包括时人创作的《遁窟谰言》、中国几已绝迹的《快心编》以及早已成稿却无法传世的《笑史》等，略作介绍。

（1）《遁窟谰言》12 卷

《遁窟谰言》是清人王韬所撰的一部笔记小说，这是美查发出搜书启事后由申报馆印行的第一部小说。王韬（1828—1897），原名利宾，号仲弢。曾在墨海书馆担任麦都思助手，因上书太平天国被清廷通缉，在英国驻沪领事、麦都思之子的帮助下逃亡至香港。

《遁窟谰言》12 卷，与王韬的另一部著作《眉珠盦忆语》合刊，共 4 册。封面题记“乙亥（1875 年）春正月申报馆仿聚珍版印行”，高 16.4 厘米，宽 11 厘米，每半叶 11 行，每行 24 字。书前有叙一篇，署名“甫里王韬自叙”，书后有钱昕伯所题《跋》一篇。该书作于王韬流亡广州之时，原本自藏未出。王韬的女婿钱昕伯在癸酉（1873 年）冬去香港，转述了美查向他求征书稿的事情，于是王韬就把这部《遁窟谰言》展示给钱昕伯。王韬自言这部书是“一卷残书汇荒言于狐史游戏之作”，“大半皆莫须有之词”，而且是在花晨月夕时随意写成，脱稿后没有进行修饰，希望钱昕伯帮他修改之后再出版。蔡尔康则称：“其叙丽情诸作，远山眉黛若隐若现，仿佛陶靖节之《闲情赋》、杜浣花之

[1] 鲁道夫・瓦格纳著、魏泉译《申报馆早期的书籍出版（1872—1875）》，《晚明与晚清——历史传承与文化创新》，第 174 页。

《丽人行》，阅之令人意远，至述侠士则须眉毕现，志奇鬼则毛发森竖，书畸行则耳目一新，载异景则胸膈顿爽，诚于挥麈清谈者，不无小补尔。”[①] 该书收入美查辑《申报馆书目》。

（2）《馈贫粮》1卷

《馈贫粮》，健饭老人辑，1卷，合1册。书封面题“馈贫粮”、“戊寅短至，梦仙署”，内页题“申报馆仿聚珍板印”，健饭老人序一篇。高16.2厘米，宽11.3厘米，共75叶，每半叶10行，每行24字。共发行2000部。此书的出版是为了赈助山西、河南等地的饥荒，美查仿照西方的方法，收集海内名作辑为一册而后进行义卖。书中所选择的都是清朝名家名著，收录了《熊纯叔论灾书》、《长春邱真人救荒三策》、《阎少司空筹办山陕赈务书》、《尺牍写心精粹》、《邹壮节公书牍》、《谈任之先生论汴梁荒象书》、《朱烈女墓碣》、《游鸡鸣山记》等。售价洋五角，售书所得全做赈捐之用。该书收入蔡尔康辑《申报馆书目续集》。

（3）《笑史》4卷

《笑史》4卷，清陈庚撰，署名觉来子，内页题记“上海申报馆仿聚珍版印”，售价洋一角五分。民国时期曾重印。清道光年间成书，却没有出版。书前有童翚所题弁言，李为、殷熙贤、谢金衔、路璜、刘融昌分别作序，另有陈庚自序。该书为笔记小说，书中所描写的都是荒唐诞幻之词，主要阐扬圣学、三纲五常、克己复礼、穷理尽性等。

（4）《快心编》初集、二集、三集

《快心编》，天花才子作，章回小说，32卷，分为初集、二集、三集共10册出版。内容新奇，文字通俗，无亵词艳语，无论老少，都适宜阅读，可以益神智、启聪明。由于此书书板在中国已经绝迹，几乎找不到善本，光绪元年（1875），申报馆在日

① 尊闻阁主辑《申报馆书目》。

本购回此书，用铅活字重新排印。封面题“四桥居士评《快心编》，申报馆重印”，内页题记“光绪纪元十月活字板印”，有原序一篇、凡例一篇。同年十一月十六日（1875 年 12 月 13 日）正式出版，每部定价洋五角。

2.《古今图书集成》

《古今图书集成》是清康熙年间由陈梦雷主持编纂的、现存中国古代最大的一部类书，它也被西方人称为《康熙百科全书》。该书收录了从上古到清初的各类古代文献资料，其内容“上自万象，下至方洲，以及明伦、博物、理学、经济，靡不必备”，几乎无所不包。雍正即位后，派蒋廷锡领衔重新编校后，用铜活字排印，至雍正四年（1726）印成，正书 10000 卷，目录 40 卷，装订为 5020 册，包括正书 5000 册，目录 20 册。当时，这部鸿文巨制一共只排印了 64 部，流传不广。[①]

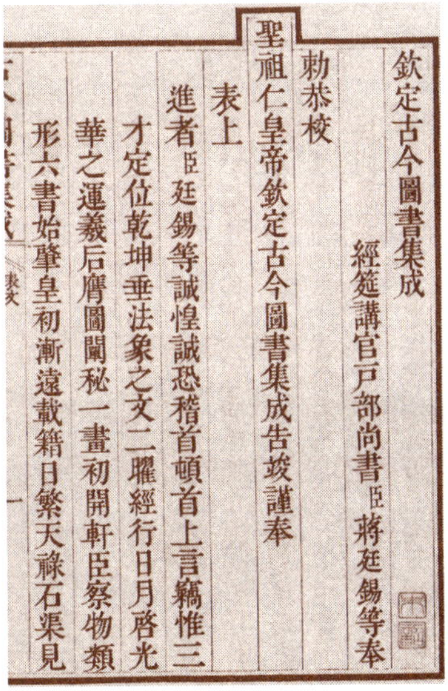
欽定古今圖書集成
經筵講官戶部尚書臣蔣廷錫等奉
勅恭校
聖祖仁皇帝欽定古今圖書集成告竣謹奉
表上
進者臣廷錫等誠惶誠恐稽首頓首上言竊惟三
才定位乾坤垂法象之文二曜經行日月啓光
華之運羲后膺圖闢秘一畫初開軒臣察物類
形六書始肇皇初漸遠載籍日繁天祿石渠見

雍正四年版《古今图书集成》书影

① 曹红军《〈古今图书集成〉版本研究》，《故宫博物院院刊》2007 年第 3 期，第 61 页。

一百多年后的1883年6月2日，《申报》头版刊登了一条点石斋主人撰写的《招股缩印〈古今图书集成〉启》。申报馆这种通过社会集资的方式来印刷发行图书，也开创了出版行业一种新的行为模式。该启文说，《古今图书集成》"诸友邦阅之，均惊骇赞叹以为卷帙繁多，当以是书为首屈一指，诚哉。中国为文治之邦也，惜当年竭诸臣之才力，费内库之金钱而所刷印者，仅此数十部"，而且由于经历了上百年的剥蚀消沉，致使该书流传渐少，为了使此书避免"再越数世，恐只存其名而尽归磨灭"，所以准备利用点石斋的照相石印印刷技术，将此书缩小翻印。此外还说明了具体的集股办法以及缩印计划：

《招股缩印〈古今图书集成〉启》，载《申报》，1883年6月2日

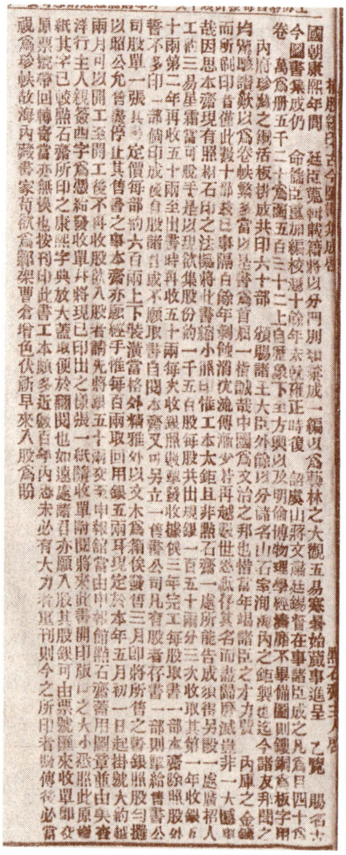

（1）申报馆拟集股1500份，每份规银150两，分3次交齐。书成之后，每股可以得到《集成》一部。同时承诺，如果入股者不要此书，点石斋将另设售书公司销售，定价600两，所得将"照股匀摊"，若由点石斋代为销售，则按5%收取佣银；

（2）由于成本巨大，不是点石斋一处所能完成，所以要在点石斋之外另设一处，招募人手，大约两个月后可以开工，计划3年完成；

（3）打算入股的人可以先交银50两至申报馆，点石斋会开具一张由美查亲笔签字、盖有图章的收单作为凭证，同时附给一纸已印好的样张，将来照样张的版口大小印刷，用字比点石斋先前印的《康熙字典》大；

（4）外地有愿意加入的，也可以通过票号汇银；最重要的一点是，"至开工后不再收股"，名额有限。[①]

① 点石斋主人《招股缩印〈古今图书集成〉启》，载《申报》，1883年6月2日。

十几天之后，第二版《招股缩印〈古今图书集成〉启》又出现在了《申报》的头版。除了和上次一样的介绍说明外，还增加了一段说明：“本斋所印各书均选用极品之墨，字迹能历久不磨，虽越千百年而墨色仍如初印。外洋亦有古时石印书画流传，今取阅之，从无漶漫澌灭等弊。盖石印书籍与照相理同而事异，其中工料大相径庭。故照相年久或落色，而石印书年久则无此虑也。”①

从这两篇宣传文字中我们可以看到，美查认为《古今图书集成》具有很高的历史价值，如果将它翻印，则不仅能为申报馆带来良好的声望，而且也能使它流传于后世，为中国的文化传承尽力。但是要印刷如此大规模的图书需要大量资金，申报馆无法独立承担，因此，筹股集资不失为一个很好的办法。美查出版发行这部书吸引人的地方是，这样一部曾经被深藏于内府、文渊阁等藏书楼的煌煌巨制，现在只要出银150两参与集股印刷，就可以免费得到一部由申报馆采用先进的石印技术印刷而成的翻印本，绝对能“为邺架、曹仓增色”。而且美查还宣称，从刊印的成本考虑，恐怕近数百年内不会再重印，且“本斋除照股外，誓不多印一部”。按照美查的想法，《古今图书集成》既如此难得，必定会有很多文人士子对此产生兴趣。而事实上也如此，这样一部巨制，不仅由于深藏于皇家，“天府之珍，不易窥视”，而且因卷轴过多，很难购置，因此只知其名却未曾见过的艺林饱学之士都深以为憾。

《申报》上《招股缩印》的启事连续占据着头版首要位置，以期吸引更多人的关注。1883年6月5日招股登记工作开始，“不逾旬日，而入股者纷至沓来”。几天之后，更吸引人的消息出现了，美查宣布经过到处访求，已经购买到了纸色光洁、没有缺张脱卷的全本《古今图书集成》。② 与此同时，另一家书局——

① 点石斋主人《招股缩印〈古今图书集成〉启》，载《申报》，1883年6月14日。
② 《购到〈古今图书集成〉》，载《申报》，1883年6月24日。

同文书局号称也准备缩印1000多本《古今图书集成》，且样张已经开印。为了与申报馆竞争，同文书局称以万余元购得白纸本一部作为缩印底本，另用六千多元买来竹纸本已备校对。同时，还列举了5种款式征求意见。[①]

在从招股到仿印的过程中，美查及他的申报馆、点石斋尽心尽力为《集成》的出版做着各种计划，并不断进行适时的调整。入股者在这个过程中也不是完全被动的，他们的要求有时也会在某种程度上被接纳。正是通过《申报》的媒介作用，发行方与买方（也是股东）之间对于图书出版的沟通交流、妥协改进，以及最后的结果都一一呈现了出来。

按照点石斋原来的出样，《古今图书集成》将以三层横排印刷，但是有股友认为此样式欠雅观，应该排成直行。考虑到入股者的要求，出版方最后将两种式样同时附于股票后寄送，由股友们进行挑选。但点石斋也表示，如果要排直行的话，必须筹集到2000股，否则因为成本过高，只能按原样印刷。1884年1月10日，股友们的回馈结果是“皆以大字样为醒目雅观……喜用小字者，止有二人”。美查最后决定，如果年底之前再没有其他回音，就将按照大字印刷。在这篇“启诸君”的声明最后，报馆称：“本斋现拟于1400股外，复自多印数百部加价发卖，以冀稍资津贴。故此后入股者，如尚在1400股内，其股银仍照原议150两，设来者稍迟在1400股以外，每股价银须180两，仍按三次照付。”[②]

排版的式样问题，在双方的互动中解决了。但是却透露出了另外一个重要的信息，那就是资金问题。入不敷出、短银缺资的问题似乎一直困扰着印书局。《古今图书集成》原定于当年七月开工印刷，但时至年底，却还拖延着。即使美查表明最晚光绪十年（1884）正月必须开工，但是直至1884年9月4日才

① 裴芹《〈古今图书集成〉研究》，北京图书馆出版社2001年版，第192页。
② 《致股印〈古今图书集成〉诸君启》，载《申报》，1884年1月10日。

向股东们宣布，正式开印《古今图书集成》。[①] 从最初的计划到真正开印，时间拖延了整整一年。这一年中，美查间或会在《申报》上刊登告白，告诉股友们该事的进程：

1883 年 9 月 16 日《本斋告白》：已经在点石斋附近新购一片旷地，将另建印书馆，同时从海外订购多部印刷机器；

1884 年 2 月 21 日《股印〈古今图书集成〉告白》：印书馆已经确定印刷大字本，约计二年半可以完成；

1884 年 9 月 4 日《开印〈古今图书集成〉告白》：印书馆更换字模，用黄杨木所铸成字模，逐日浇字，大约要排印九千余万个字。

从上文不难看出，申报馆点石斋购地建屋、从国外进口设备、浇铸字模等花费甚巨。而经过如此长的时间还没有看到成果，一些股东们也许开始焦急了。为了缓解他们的心情，美查声明，《古今图书集成》已经印成数百本，虽未装订，而“书之式样、字之精湛极为雅观”，可先来观览；等工人熟悉之后，就能迅速完工。[②] 虽然书已经在不停地印刷了，但是点石斋的财政状况仍然没有好转，甚至更加糟糕。由于采用大字，纸张耗费越多，它的亏损也就越大。本该于光绪十一年（1885）三月底缴清的第二笔股银，直至十一月底也仍未能收齐。于是，报馆决定采取惩罚性措施，即年内未能缴清款项的，印成之后不再给书，其所认缴的书用来出售，出售价格则根据购书时间定为 200 两和 350 两两种。[③]

惩罚性的措施似乎没有改变这样糟糕的情况，这显然也影响了印书的进度，甚至有可能也影响到了发行方和股东方双方之间的关系。在自信满满地声称工程迅速、解释石印图画不能速印、丙戌年（1886）四月内可出第一期的告白之后，《申报》

① 《开印〈古今图书集成〉告白》，载《申报》，1884 年 9 月 4 日。
② 申报馆点石斋主人《请缴第二批〈古今图书集成〉股银》，载《申报》，1885 年 4 月 3 日。
③ 申报馆点石斋主人《〈古今图书集成〉出书告白》，载《申报》，1885 年 12 月 30 日。

上就再也没有出现关于该部书的消息了。没有抱怨成本的巨大，也没有对股友的解释和交代，在这段空白期内，只有印刷机仍在不停地工作着。

直至10个月后的1886年10月10日，《〈古今图书集成〉告白》才告诉大家已经印过原书2745本，尚存未印者2275本。[①]值得注意的是，这次告白美查是以"申报馆点石斋北局"的名义发出的。在10月28日的告白中，发表人又换为"图书集成印书局主人"，这可算是"图书集成印书局"的首次正名，虽然这个图书集成局在吴友如看来是"四周荒冢累累"。[②]在这之前，美查都是署名"申报馆点石斋主人启"或"点石斋"，而且开印之初也自称"本斋开印"而不是"本局开印"。此后每个月月初，《申报》上都会有《古今图书集成》的印刷进程，说明本月印数以及已印和未印之数，给大家一个交代。

《古今图书集成》开印进程表[③]　　（单位：册）

日期（旧历）	印数	完成	未印	日期（旧历）	印数	完成	未印
光绪十二年九月	173	2918	2102	光绪十三年三月	192	3856	1164
光绪十二年十月	160	3078	1942	光绪十三年四月	194	4059	970
光绪十二年十一月	152	3230	1790	光绪十三年闰四月	203	4253	767
光绪十二年十二月	129	3359	1661	光绪十三年五月	181	4434	586
光绪十三年一月	119	3478	1542	光绪十三年六月	163	4597	423
光绪十三年二月	186	3664	1356	光绪十三年七月			188

一年以后的1887年4月29日，申报馆宣布《古今图书集成》第一批出书。然而，关于《古今图书集成》具体是何时完成全部印刷的，《申报》上却没有登载。从图书集成印书局《代印大部书籍》的广告中可以推断，当年底之前，这部书已经完成印

① 申报馆点石斋北局《〈古今图书集成〉告白》，载《申报》，1886年10月10日。
② 吴友如绘《申江胜景图》，上海点石斋，1884年。
③ 印数、完成数及未开工数是指《古今图书集成》雍正版的原书册数，根据光绪十二年九月至光绪十三年八月《申报》头版《〈古今图书集成〉告白》所录。

刷，只等装订好出书了。至此，这部鸿文巨典终于完成了自雍正朝之后的第一次翻印。

此版《古今图书集成》是该书的第二次印本，被称为“美查版”；由于所用字体为 3 号扁体字，也被称为“扁字本”。共印 1500 部，每部 1620 册，另有目录 8 册。书高 19.6 厘米，宽 13.1 厘米，每半叶 12 行，每行 38 字，四周单边栏，白口单鱼尾，内封题记“光绪甲申夏上海图书集成局铅版印书局集股重印”以及“此书计共印一千五百部”字样。其中文字部分用机器连

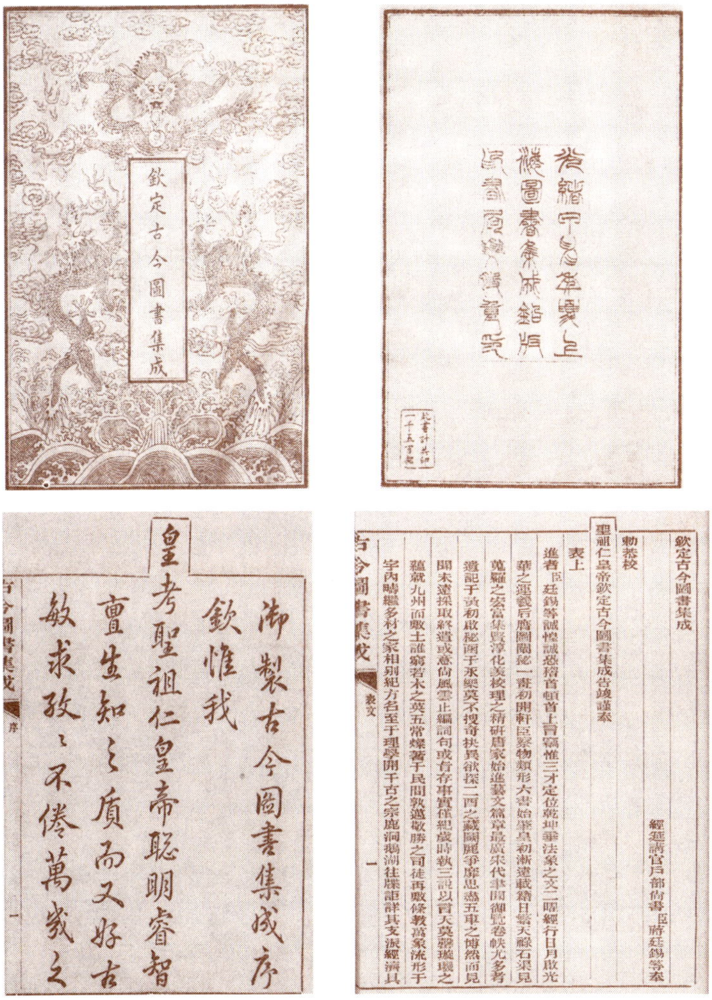

美查版《古今图书集成》书影

史纸铅活字板印刷，绘图部分则用较好的宣纸石印，非常精美。除了参与集股之人每人得到一部以外，其余的书则由申昌书局售卖，价每部实银二百两正。①

美查从1883年起计划重印《古今图书集成》，经过4年多的努力终于完成。虽然我们无法见到出版过程中的艰辛，但是我们可以从一份他人的参观记中得到些许轮廓：

"排字房，字共七十余架，每架之字约重一千四百镑，排字者一百六七十人，人多而手敏……询其一日之中，所添之字约以万计，故有铸字机器两架，一则用拍，一则用手摇……又有剞劂氏十余人……校对之人据案批校无倦容，盖书之校对最为紧要……用校书者四十余人……全局上下三百余人，晨夬即开工，至日入而息，冬月日短则佐以夜工。……其已印之书，则皆庋之栈房，除局中自有栈房外，尚有栈房数处以备藏储。"②

在成功完成《古今图书集成》的翻印后不久，图书集成印书局立即开印《二十四史》、《九通》、《资治通鉴》等史籍，也为其他书局代印图书。③由于选用的纸张洁白，用墨上等，加之字体新而且大，校对精细，所出之书为人所喜爱，图书集成印书局也成为继点石斋、申昌书局之后，申报馆附属的又一个重要印刷机构，为申报馆的图书出版事业服务。

3.《最近之五十年：申报馆五十周年纪念》④

1922年，申报馆在《申报》创刊50周年之际，以回顾过去50年的形式，编纂了一部大型纪念册《最近之五十年》。黄炎培任主编，沈湘之、薛雨孙、李嵩生协助，陆以铭校理英文，顾叔

---

① 《上海申昌书局发兑石印铅板各种书籍》，载周振鹤编《晚清营业书目》，第480页。
② 佚名《观机器刷印〈古今图书集成〉记》，载《申报》，1887年5月20日。
③ 图书集成印书局《代印大部书籍》："本局（图书集成）将次完工，现所排存者只有二百本光景，现下排字襄校诸人已空，如贵客欲印大部各书，望请来局议价或向申报馆议订均可……"，载《申报》，1887年9月13日。
④ 该书全名为《最近之五十年 =The past fifty years：申报馆五十周年纪念：The commemoration of the Shun Pao's golden jubilee》自清同治十一年至民国十一年（1872—1922）。

奇监印，张竹平负责发行，约稿于各海内外专家学者，从订例、征文到编辑、印刷，前后历时一年多，于1923年2月印行。

《最近之五十年》封面

该书为8开大本，400余页。卷首有发刊词、例言，印有张謇、章炳麟亲笔序言两篇和史量才的自序，收录胡适、孙文、马寅初、梁启超、蔡元培等众多的专家学者、知名人士文章70余篇，数百万字。各篇文字或文言或白话，形式体裁不一，所涉资料亦不限于50年，突显了时代之精神。

全书分为3编。第一编为“五十年来之世界”。有徐则陵的《五十年来世界进化概论》、胡适的《五十年来之世界哲学》、张嘉森的《严氏复输入之四大哲学家学说及西洋哲学界最近之变迁》、任鸿隽的《五十年来之世界科学》，以及李大钊的《一八七一年的巴黎“康妙恩”》、江亢虎的《新民主主义与新社会主义》等等，更有妇女运动等方面的论著。附有《世界大事表》、《世界变迁大势图》。第二编为“五十年来之中国”。对国内哲学、科学、文学、外交、法制、财政、军事、教育、经济、交通、水利、卫生等方方面面无不涉及。作者有梁启超、胡适、蔡元培、孙文、杨铨、丁文江等。内含黄炎培与沈铸的《五十年来中国大事表》、《四十五年来中国之对外贸易统计》等各种图表，统计科学，数据详尽。第三编为“五十年来之新闻事业”。内容有谢福生、秦理斋等关于世界和中国的新闻事业，报纸进化小史的论述，以及周瘦鹃、黄协埙、李嵩生、徐忍寒等新闻界人士对《申报》以往的观察和对将来之希望，《申报》50年的沿革，新闻业务如广告方面的文章。

最近之五十年
目錄

《最近之五十年》目录

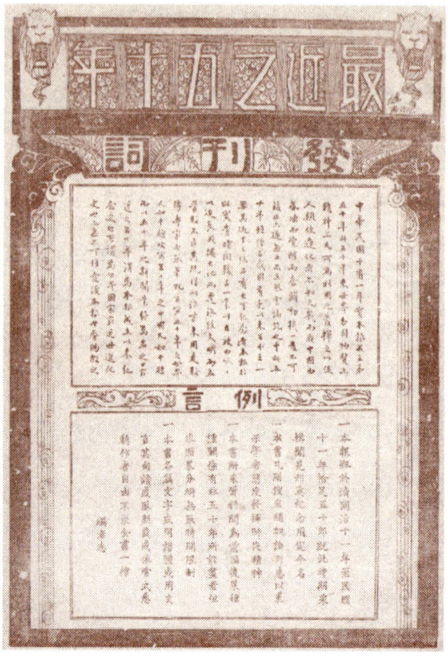
最近之五十年
發刊詞
例言

《最近之五十年》发刊词

末有《申报》50周年纪念赠言及编辑余谈等。为“引起友邦人士之注意”，了解我国“过去与现时实况”，故将目录和书本大旨转译英文置于卷首。书中除附有申报馆、创始人、职员、该刊编辑等图片外，还配刊了张仲照老人的肖像，以鸣谢他当年慷慨馈赠全套《申报》予申报馆的义举。

4.《申报年鉴》

为纪念《申报》创刊60周年，史量才聘请谨慎细心的张梓生编撰《申报年鉴》，“综集一年来我国内政治经济以致社会的主要事实，加以系统的叙述，附以各种重要的统计。每年出一巨册，即不啻为我国国情逐年的信使”[①]，供读者检索。1933年4月第一册初刊，至1936年连续出版4册，1935年出版的第三册正册附有补编。后因抗日战争而停刊，1944年又出了一本续编。总计约一千多万字，是我国编制的最早的年鉴之一。

① 《申报月刊》，1932年11月30日。

《申报年鉴》是为纪念《申报》创刊60周年“十二项革新计划”中的一项。总经理史量才指出：“《申报》既以促进文化之责自励，又以顺时演进自策，则为读者需要计，宁有故步自封于日报之理？……以月刊辅日报，乃又益之以年鉴。俾日报月刊为经，年鉴为纬。论时治史者得日报为之备载无遗，月刊为之征引提举，而年鉴则又包日报月刊而增补其未能详于旦夕经之间者，合三事错综以观之，庶足无挂漏之虞。”[①]张蕴和在《序》中同样写道：“年鉴占世界各国出版界之重要位置。自世界文明日进而后，事态之变化日繁，一切政教工商经济社会种种事业之进展，亦一日千里。非有年鉴，无以资逐年之比较；亦非有年鉴，无以供平常几用之参考。”[②]申报馆编印年鉴是因“日报的记载，缺乏系统的叙述与综合的探究。为进一步服务社会满足国民的需要”[③]而作。

《申报年鉴》第一册从1932年7月开始筹备，由张梓生总理其事，财政经济专家孙怀仁、政治法律专家章倬汉协助。唐公宪、陈赓雅、金澍人、黄寄萍、方子川等参加编辑工作。特约撰稿人有：陈文鹭、吴斐丹、蒋坚忍、郭力三、张柳云、王德发、刘士木、房动安、王维骐、吴觉农、徐寿龄、萧勃、徐调孚、李继之、唐敬杲、金仲华、伍迁耀、吴杜若、黄幼雄、崔唯吾、曾养甫等。31人经过10余月的准备，方才于1933年4月出版。时年94岁的复旦大学创始人马相伯，欣然在扉页题字。32开本，首尾登载不少黑白广告。要目分为：一年来之国难、土地、历象、人口、党务、政制、行政、立法、司法、考试、监察、国防、财政经济、侨务、交通水利、社会、教育、出版、学术、宗教、六大都市（南京、上海、汉口、天津、广州、北平）、国内大事日志、世界便览等24大纲，包括子目75条，细目1500条，

① 《申报六十年发行年鉴之旨趣》，载《申报》，1933年4月20日。
② 张蕴和《序》，《申报年鉴（民国二十三年）》。
③ 张梓生《编者序》，《申报年鉴（民国二十三年）》。

1933 年《申报年鉴》封面

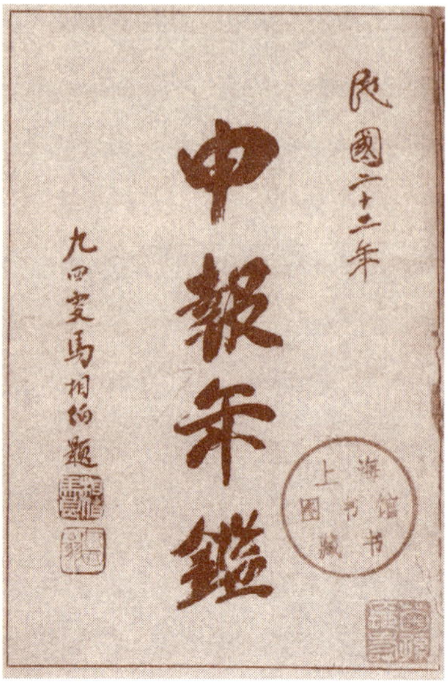

马相伯题签

计 180 余万字。从内容编排来看，该书基本仿照当时欧洲所出的年鉴。所用材料，除采自申报馆所藏图书外，均派员或通函向各方征求而来，重要统计 700 多种。“世界”和“便览”两类，仅参考书报就列有 400 多种。

值得一提的是，《申报年鉴》第一册将淞沪抗战列为重要内容之一。在“一年来之国难”中，有“日军侵袭淞沪”专题，内分《战争之开端》、《江湾庙行一带之浴血苦战》、《浏河被袭与我军退防》、《日军撤退及战事损失统计》、《沪战中全国所受影响及民众御侮意志之表现》等等，详述 1932 年“一·二八”事变发生后，上海民众支持十九路军奋起抵抗侵略之事迹，以及日军的种种暴行。这些无疑都是很珍贵的史料。

《申报年鉴》第二册编于 1934 年，计约 200 万字。大纲目有所调整，将经济拆分为金融、工业、商业及外国贸易、农业及农村、林畜水产业、矿业等，增加“外交”一栏。

《申报年鉴》第三册编于 1935 年。该卷又进行了一定的改进：一、与各方增加了协作，与各公私机关、团体、专家等合作，对外交、工业、水利等栏目革新弥多；二、扩大了通讯调查，如与浙江省图书馆、地址调查所等合作；三、采辑了一些专家研讨所得的单篇专著。增列了“材料供给者”、“特约撰稿人”两表。该卷特别刊登了史量才的生平及创办《申报年鉴》的旨趣，以纪念他为《申报》作出的贡献。为求内容确切，一些重要稿件寄请专门机关审核，未能赶上预定出版日期，故将“国内外大事概述”、“国防”、“国内外大事日志”三类另印补编。《申报年鉴》第三册补编把宣传抗日放在重要位置。在“一年来之国内大事概述”中设“一年来之中日关系与东北问题”专题，对日本的侵略行为作了详尽的描述。

1934 年《申报年鉴》封面

1935 年《申报年鉴》封面

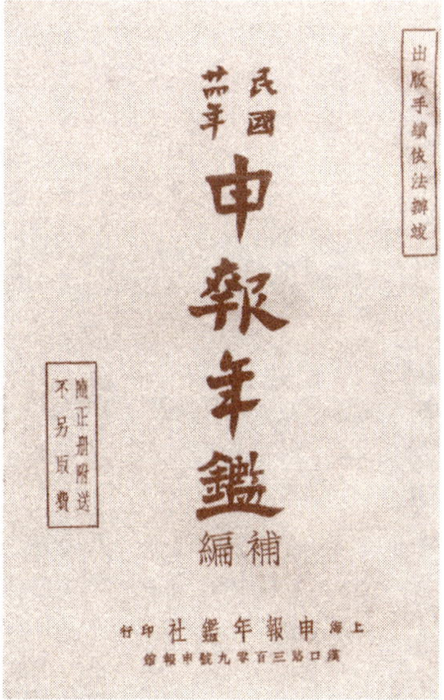

1936 年《申报年鉴》（补编）封面

《申报年鉴》第四册编于 1936 年。体例上大致如前，内容则去旧增新。原来的“教育”、“学术宗教出版”两篇合并为“教育文化”，在商业篇的丝、茶、棉等项下各增加一年间世界市场的供求情况，经济方面的“工业”篇增加材料一倍以上，其他各篇的内容也更为充实。

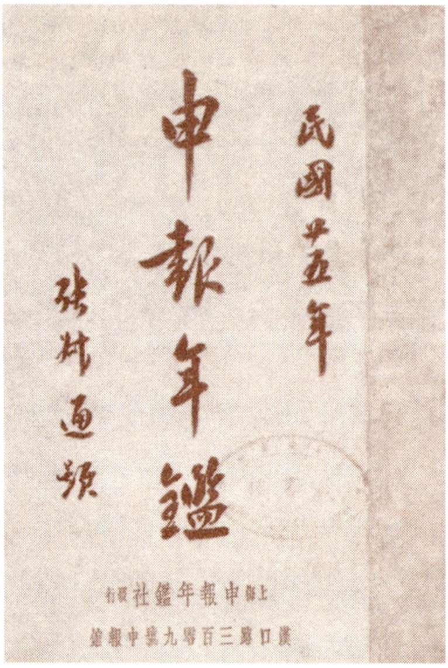

1936 年《申报年鉴》封面

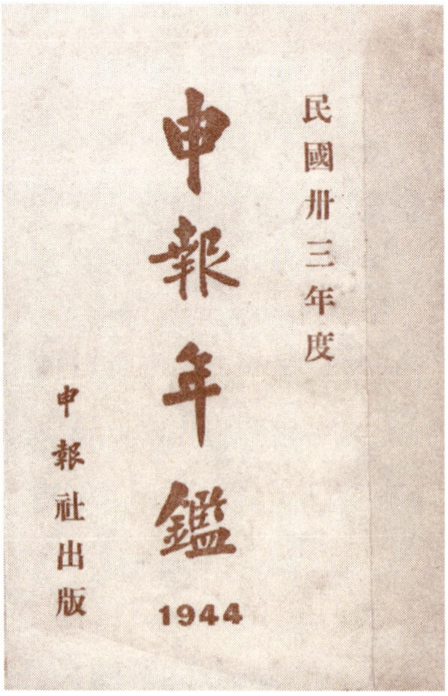

1944 年《申报年鉴》封面

《申报年鉴》第五册编于 1944 年。1943 年 5 月开始筹备，年鉴的时间原拟衔接第四册，如国内大事部分分为“民国二十五年后国内大事”、“一年间国内大事”二篇，国外大事分为“一九三六年后的世界大势”、“一年间的世界政治”二篇。后来迫于形势改变，出版时将记述一年间动态部分放在篇首，1936 年后动态部分作为附录，国外部分也以所谓的“大东亚共荣圈”为重心。

《申报年鉴》五编，前后经历 12 年，它提供了中国现代史上一些重要事件的详细记录，集结了当时社会各方面的统计数字，刊载了学术各方面的重要研究成果，记录了当时新闻事业的发展状况，为中国近现代史的研究留下了极丰富的第一手资料，是一份宝贵的文化遗产。

5.《申报月刊社丛书》

《申报月刊社丛书》，由申报月刊社发行，1932—1935 年共出 12 种。[①]

Ⅰ.《淞沪血战回忆录》

《申报月刊社丛书》第 1 种，翁照垣著，罗吟圃记。1932 年 11 月 1 日初版。翁照垣是 1932 年淞沪抗战时十九路军的旅长，本书据其战事笔记及当日阵中日记整理而成，曾分期在《申报月刊》第一卷第三至六号上发表过。全书分“战事的酝酿”、“一二八之战”、“停战和停战以后”、“吴淞一月”、“三月一日”、“以后”等 7 个部分，字字血泪，可歌可泣，读罢令人爱国之心、敌忾之气油然而生。该书初版三万册，即刻销售一空，后一再重印。书中插页的手绘战斗准备图、战斗图，以及再版时的战时照片 23 幅，都极为珍贵，有独特的历史价值。

Ⅱ.《苏联研究》

《申报月刊社丛书》第 2 种，申报月刊社编，1933 年 5 月 5 日初版。该书全面记述了苏联的历史变迁、政治体系、外交政策、国防运动、生产建设、经济动向、农工现状、教育改进、文坛近况及社会生活等。内收《苏联的国防运动》、《苏联的五年计划与新五年计划》等文章 22 篇。其中胡愈之的《苏联革命史的回顾》等 9 篇为特约作家、专家的新著，其他各篇曾分期刊载于《申报月刊》。自 1932 年 12 月中俄复交后，国人对苏联的情况、日苏及美苏之间的关系日益关注，中苏在外交上、经济上的关系，对抗日将产生重要影响。编者期望借此引起国人对苏联的研究兴趣，促使国人对苏联有一个整体的了解。该书对研究苏联、中苏关系有重要参考价值。

---

① 很多出版物中提到《申报月刊社丛书》共出 11 种，可能是将《创作小说选第一集》、《创作小说选第二集》合为一种，但实际出版时两书是分别作为丛书第 4 种、第 7 种分开出版的，笔者认为根据丛书的实际发行，应为 12 种。

Ⅲ.《人体美之研究》

《申报月刊社丛书》第3种，俞寄凡编，1933年7月20日初版。该书分12章，主要研究人体美的本质、分类、要素，美的姿势、基本的美容体操以及实行方法、美的标准等。综观全书，作者以为人体美是自然美之极致，艺术表现了人体美，表现裸体人性之人体美艺术是超道德的。

Ⅳ.《创作小说选第一集》

《申报月刊社丛书》第4种，申报月刊社编，1933年9月15日初版。该书收录了茅盾的《秋收》与《林家铺子》、巴金的《沙丁》、陈瘦竹的《巨石》、沈从文的《黑暗占领了空间的某夜》等5篇小说。小说都是描写社会现实生活的作品，文中的人物皆为社会的典型、社会的缩影，“把握了真实，而以艺术手腕把它深刻描写”①。

Ⅴ.《一年来中国经济概况》

《申报月刊社丛书》第5种，钱俊瑞、姜君辰、房福安合著，1934年2月1日初版。该书分“导言”、“对外贸易状况”、“工业”、“农村恐慌”、“金融市场动向”、“结论”等6个章节，是中国经济情报社的几位专家搜集了最新颖、较精确的统计资料，对1933年中国经济社会各方面现状做出的综合叙述。该书摈弃专而偏的理论，文字简要明了，合乎一般大众之需要。

Ⅵ.《赣皖湘鄂视察记》

《申报月刊社丛书》第6种，陈赓雅著，1934年3月1日初版。作者于1933年夏参加中山文化教育馆农村土地经济调查团工作，历时5个月，走遍赣、皖、湘、鄂及豫南等地50余县，撰写的关于这些地区政治、经济、军事方面的通讯，前后35篇，曾在《申报》依次发表。另收录作者1933年春在华北视察抗日战况的若干通讯12篇，刊印单本，张蕴和作序。该书是著者实地

① 《创作小说选第一集·编者序言》。

视察的实录，亦可作游记文学看，可窥知中国农村凋敝的情形，各地乡俗、社会之奇形怪象，是研究中国农村问题的珍贵资料。

Ⅶ.《创作小说第二集》

《申报月刊社丛书》第7种，申报月刊社编，1934年8月15日初版。收叶圣陶《席间》、穆时英《夜》、黑婴《帝国的女儿》、马仲殊《三太爷》、沈从文《来客》、王家域《某村记事》、赛先文《被遗忘的人的故事》、徐訏《毛掌柜》、王任叔《牛市》、李同愈《时间与人》小说10篇。这几篇小说就其内容来讲与第一集完全不同，较第一集的“严肃”稍轻快诙谐些，也实践了编者的宿诺：“《申报月刊》上还有其他许多轻松明快的作品……把它集起来成为单行本。”①

Ⅷ.《中国经济现势讲话》

《申报月刊社丛书》第8种，孙怀仁等著，1935年1月15日初版。该书由多位经济学者根据当时中国经济现状合撰而成，共八讲，包括孙怀仁的《中国经济现势概观》，章乃器的《中国财政金融之现势》，武堉干的《中国国内外贸易与国际收支的状况》，中国经济情报社的《工业》、《农业现状》、《交通》、《列强在华经济势力》，钱亦石的《中国国民经济的出路》。著者以为，中国遭受外族入侵，国力日益衰弱，核心问题在于经济，中国的出路、中华民族的生路在于经济的改革。该书旨在唤起国人对中国当前危机的注意，并开出了治愈千疮百孔的中国经济的良方，指出了光明的方向。

Ⅸ.《印度丛谈》

《申报月刊社丛书》第9种，谭云山著，1935年7月1日初版。著者曾游学印度，追随甘地、泰戈尔等研究学术多年，故对印度十分了解。该书收录了作者曾陆续发表于《申报月刊》的文章56篇，大抵关于印度人物、宗教、风俗、习惯与社会等各

① 《创作小说选第一集·编者序言》。

方面的情形，记录其所见所闻以及研究心得。附加铜版插图十余幅，用道林纸精印，极为美观。

Ⅹ.《小品文选》

《申报月刊社丛书》第10种，申报月刊社编，1935年10月15日初版。收《疯子》、《瘴气的谷》、《甲必丹的女儿》、《信与永生》、《奴性憎恶者》、《送阿宝出黄金时代》等41篇作品，作者包括横波、欧阳山、草明、刘明、香山、丰子恺、钦文等30人。小品文，即后来说的杂文，因短小精悍富于刺激性，成为一般人良好的精神食粮。编者认为尽管当时对小品文的评价褒贬不一，但随近代经济的变革，人们的日常生活处于高速运转中，社会矛盾日益突出，国民购买力萎缩，小品文的飞速发展有其存在的必然性，它的价值终将受到认定。

Ⅺ.《杶庐所闻录》

《申报月刊社丛书》第11种，瞿兑之著，1935年7月15日初版。瞿兑之，号铢庵居士，精研史学与文学，著述甚多。该书汇集了他发表于《申报月刊》的关于中国近代史料的笔记98篇。著者对于掌故极为熟悉，凡有征必引，必举原书。该书为笔记小说中的上品，可作笔记读，亦可作史料观。书前有俞颂华序及作者自序。

Ⅻ.《世界经济现势讲话》

《申报月刊社丛书》第12种，孙怀仁等著，1935年9月15日初版。《中国经济现势讲话》之姊妹篇，分7讲，有孙怀仁的《世界经济现势总观》、张仲实的《世界经济恐慌中的新现象》、姜君武的《各国的挽救恐慌策与苏联的计划经济》、武堉干的《世界各国贸以及关税政策》、张原的《各国赤字财政之膨胀》、章乃器的《各国金融恐慌与货币战争》、钱亦石的《世界经济发展的总趋势》等。著者以为除了“知己”还要“知彼”，必须明了中国，同时明了世界，从世界演变的历程中去认识中国，进而设法挽救中国的经济，找到民族的出路。

6.《申报丛书》

《申报丛书》由上海文库主编，申报发行，从 1933 年 5 月开始，陆续编印，共计 40 余种，其中大部分为国际情势以及世界知识的介绍，关于日本与苏联的著述所占最多。

Ⅰ.《日本战时经济》

《申报丛书》第 1 种，罗叔和编译，1933 年 5 月 1 日初版。该书以日本东洋经济社所编的《日本战时经济之全貌》为蓝本，参以作者意见编译而来。全书分 5 章，主要论述战争与国家总动员之间的关系，介绍日本军需品工业及官办事业，并分析战时经济的构成和金融政策的动向。书中有许多实际的数据，附录中的《日本主要资源的需要供给统计表》，对了解日本的情形大有益处。

Ⅱ.《日本的陆军》

《申报丛书》第 2 种，章倬汉编，1933 年 9 月 1 日初版。该书主要介绍了日本陆军的历史、特色、制度、实力、兵器、各兵科现状，以及日本的空中国防、国家总动员等相关内容。书中还对日本兵役各法规、在乡军人会章程等做了简介。

Ⅲ.《日本现状论》（第一集）

《申报丛书》第 3 种，陈彬龢编，1933 年 5 月 30 日初版。该书共分 3 编：第一编“日本史的研究”据日本左派学者佐野学《物观日本史》编译；第二编“国际形势中之日本”据匈牙利的伐尔加的《世界经济年报》第 17 期第一部分材料改编；第三编“日本军事费之膨胀与其财政之危机”据东洋经济新报的《日本经济年报》第 11 期第二部分编译。编者陈彬龢系当时国内最早研究日本的定期刊物《日本研究》的创始人，经过对日本多年的研究，他认为所谓“中日亲善”等政策是没有出路的，与日本“妥协”、“和平”都是“井底之蛙”，提醒国人要认清日本侵略中国的实质。该书原计划不定期出版，是为第一集，先出三编。

Ⅳ.《日本的海军》

《申报丛书》第4种，孙公度著，1933年5月25日初版。该书主要介绍了五大海军国之一日本的情况。就日本与海军的关系、日本的地理、海军的历史、组织、人事行政、军舰、海空队作了详细介绍。还用相当篇幅介绍了“国防第二线”即海军预算、战时做海军后卫的商船队、军事工业等相关情况，并解读了伦敦会议、华盛顿会议对各国海军，尤其是日本海军的相关协定。

Ⅴ.《日本的航空》

《申报丛书》第5种，徐渊若著，1933年5月1日初版。飞机为近代战争的利器，日本当时雄踞东亚，睥睨全球，其空军力量如何该书作了详细介绍。该书从“日本航空之过去现在及将来”、“日本之防空”、“横断太平洋问题”、“少年航空兵”、“杂录”等5个篇章进行了叙述。日本航空事业虽落后于欧美，经济条件有限，但经过不懈努力，有了长足发展。作者强调了飞机发明后对军事战术、世界交通之影响重大，期望国人能学习日本，重视航空业的发展。

Ⅵ.《苏联经济概论》

《申报丛书》第6种，桥本胜彦、加田哲二著，徐渊若译，1934年5月1日初版。全书共分8章，介绍了苏联经济概况，包括经济发展简史、经济动向、人口、资源、电气化、工业分布、交通、农业、对外贸易等方面内容，最后阐述了苏联经济各部门在世界经济的地位。

Ⅶ.《苏联第二五年计划》

《申报丛书》第7种，樊英著，1933年5月1日初版。该书对苏联第一个五年计划进行了回顾，分析了其优缺点，着重介绍了第二个五年计划的基本任务，工业、农业、商业、交通运输业、文教、科技等建设项目所要达到的目标，并论及资本主义世界的前途问题，预言资本主义国家必将挑起战争，重新分配殖民地和市场。著者以为苏联通过全国工业化政策，改造国民经济，奠定了社会主义经济的基础，值得他国借鉴参考。

Ⅷ.《苏联妇女的生活》

《申报丛书》第 8 种，樊英著，1933 年 5 月 1 日初版。该书介绍了世界上唯一获得彻底解放、真正实现男女平等的苏联妇女，包括她们在政治、经济、社会各方面的新生活。作者在莫斯科留学期间，曾参观考察各地的工业农业集体化中心地，作为一位女性，对苏联妇女的生活有较深切的了解与体会。她直指中国都市妇女中的一些现象，批判了国内 1927 年时代妇女运动中出现的问题与偏差，强调妇女运动不单单是把妇女从“三重压迫”之下解放出来，而是不应成为男人的奴隶，不能作为商品，妇女应成为“社会人”——参与社会建设的一员。该书提出了妇女生活的另一种模型，对国内妇女运动的发展提供了一个新的方向。

Ⅸ.《〈申报〉读者顾问集》（第一集）

《申报丛书》第 9 种，王灵均编，1933 年 9 月 15 日出版。该书为记者王灵均与读者来信的答问集。编者于 1932 年底至 1933 年 6 月 28 日担任“读者顾问”，答复读者的来信。来信读者涉及社会各阶层的人员，有教职员、工人、乡村中的知识分子、大中学生、店员、宗教信徒等等，提出了各方面的问题。文章前附读者来信，后为答复，曾发表于《申报》。主要涉及婚姻、恋爱、妇女问题、社会腐败、教育、心理等问题。

Ⅹ.《苏联农业五年计划》

《申报丛书》第 10 种，高志翔译，1933 年 5 月 15 日初版。本书原作者为苏联农业人民委员会委员雅柯李夫。译者根据美国纽约国际出版公司出版的《红材》及日本产业劳动调查所《农业五个年计划》的译本翻译而来。该书对美国和苏联的农业组织、苏联农业发展的新任务以及巩固和发展大农场的组织方法作了介绍，还用一定篇幅叙述了苏联第一次五年计划中农业取

得的骄人成绩，并将美国农民和苏联农民的现状作了比较对照。该书出版时恰逢当时中央即将召开复兴农村会议之际，译者以为苏联仅用一个五年计划即使农业恢复到了惊人的地步，这对农民生活困苦、农业发展落后、农村极度衰弱的中国有一定借鉴意义，希望此书对复兴农村的工作有一定参考意义。

XI.《新兵器上编》

《申报丛书》第 11 种，陈昌蔚编译，1933 年 5 月 30 日初版[①]。该书以日本新光社出版的《最新兵器之惊异》为蓝本编译而成，介绍了兵器的沿革与变迁、军队的机械化、唐克车、装甲及特种汽车、化学战兵器的威力、毒瓦斯及其用法与防御方法、微菌兵器、烧痍剂及火焰放射器、烟幕、近代兵器的特性与补充等。附精美插图 47 幅。译者认为科学技术的发达，促进了武器的发展，武器杀伤力不断增加。中国将成为下一次世界大战的中心战场，国人应了解新兵器的一些基础知识，为下一次大战做准备。

XII.《欧美的航空》

《申报丛书》第 12 种，徐渊若著，1933 年 5 月 25 日初版。该书介绍了欧美列强美国、法国、英国、意大利、苏联各国航空界的现状，涵盖了军事航空与民间航空两个方面，以及列强各国的空防，回顾了欧战中的空袭情况及损失，并以伦敦为例解析了其战时防空的种种。

XIII.《美国战时计划经济》

《申报丛书》第 13 种，森武夫著，陈文鹭译，1933 年 8 月 1 日初版。该书原作者森武夫系日本留美陆军将校，留美两年内参加了产业动员干部训练，对美国产业的战争准备状态有详细了解。该书论述了第一次世界大战前后美国经济实况，包括战前美国的军械工业、普通工业的现状、参战前给协约国的军

① 该书版权页出版日期为“中华民国五月卅日初版”，1933 年系丛书目录所著录的初版时间。

需、工业动员、劳动、铁路、海上运输的统制，战时财政及金融等等。1929年下半年世界经济危机蔓延，各国陷入恐慌，美国的战时经济“对于平和的计划经济多少亦有相当的唆示”[①]。译者提醒国人，自东三省被日本侵略后，要谋求对策，要看清日本所谓效颦他国计划经济的本质是为战争而作准备。

XⅣ.《计划经济学大纲》

《申报丛书》第14种，沈志远著，1933年6月1日初版。苏联第一个五年计划取得了令世界瞩目的成绩，中国国内对于计划经济日益关注，但缺乏对其原理进行系统性介绍的书籍。该书填补了这一空白，将计划经济作为一门科学进行阐述，全面概述了计划经济学的研究对象、经济政策、实质、规律性、利润、资本积累等问题，分析了社会主义计划经济中的问题与矛盾。

XⅤ.《列强军备比较论》

《申报丛书》第15种，神田孝一著，何济翔编译，1934年4月25日初版。该书对苏联、美国、英国、法国、德国、意大利、日本等国的陆军、海军、空军、化学战的准备，以及各自的兵力编制、预算、设施等情况作了一一概述，并附各国比较图表。

XⅥ.《日本现代人物论》

《申报丛书》第16种，孙怀仁编译，1933年6月1日初版[②]。该书在编写时参考了许多日本人的材料，如《现代人物评论》、《政界人物风景》、《转换日本之人物风景》以及《中央公论》、《改造》、《政界往来》、《现代》、《雄辩》等刊物，对当时活跃于日本政坛上的重要人物内田康哉、宇垣一成、若槻礼次郎、铃木喜三郎、安达谦藏、币原喜重郎、斋藤实、芳泽谦吉、大角岑生、松冈洋右等10位人物作了小传和评介。该书虽是以一个中国人的立场来评论日本人，但作者力求避免加入主观意见。

---

① 森武夫《美国战时计划经济·原作者序》。

② 该书版权页出版日期为“中华民国六月一日初版”，1933年系丛书目录所著录的初版时间。

XⅦ.《现代电影论》

《申报丛书》第17种，杨骚编译，1933年10月15日初版。该书内收《美国电影发达史》、《欧洲电影发达史》、《苏俄电影界概观》、《有声电影论》等论文。分为欧美各国从电影的发明到欧战前有声电影，及有声电影的出现到当下三个时期论述，并对有声电影的出现、技术、发展以及未来作了一一阐述。

XⅧ.《少年人》

《申报丛书》第18种，霍丹著，袁文彬编译，1933年10月10日初版。原作者霍丹是一名医生，对少年的性问题及少年性情深有研究。该书通过一群人在一起以对话、讨论的形式，将有关两性问题的基础知识及社会难题，如对性清白的定义、妇女的压迫、卖淫等问题一一呈现。全书共收录了有关性知识文章12篇，及《资产阶级青年运动中之性问题》、《性欲的障碍》附录2篇。此书在那个时代较为新颖，是一本“打开少年人的‘性迷’的书”[①]，深受青年人欢迎，至1938年发行了8版。

XIX.《无线电读本》

《申报丛书》第19种，黄鉴村著，1934年1月1日初版。该书从无线电的原理启蒙（声音传达法、普通谈话原理、有线电话原理、无线电话原理）、收音机的一般构造到矿石收音机、真空管收音机的制造，论述世界各国无线电事业的迅猛发展。中国因真空管昂贵等原因发展迟缓，作者以为可以他仙之石，效法“全国矿石化”来普及于民众。书中配有制造收音机应用各机件的图样符号的解释，有详细图析。是一本集普及与专业性于一身的读本。

XX.《唯物辩证法读本》

《申报丛书》第20种，大森义太郎著，罗叔和编译，1934年3月15日初版。该书主要讲述了辩证唯物论与历史唯物论

① 袁文彬《少年人·译后记》。

的基本原理。书中分别论述了马克思恩格斯的唯物史观、德国古典的哲学，分析了观念论、唯物论、唯物史观的内涵。作者认为需以唯物史观来解释社会上发生的事件的起始原因及结果，才能把握社会法则。

XXI.《西北视察日记》

《申报丛书》第21种，薛桂轮著，1934年3月15日出版。作者曾留学美国数载，立志服务边疆，著有《新疆问题》（1926年）、《英国侵略西藏史》（1927年）、《东北矿学会报》（1928年）等。该书系作者1932年7月至8月间随团宣慰新疆过程中所写的日记。据日记所载，作者沿途经过了江苏、安徽、山东、河南、山西、陕西、甘肃、宁夏、青海、新疆等省，中途遇新疆政变，辗转返沪，全程6210公里。书中对新疆及西北各地盐务、矿务、农业、气象、政治、教育等情况作了一一概述。分析了新疆问题的根本原因，提出了发展西部以求解决问题的途径。书前有黄炎培、朱庆澜的题字及著者自序。附照片60余幅。

XXII.《空中战》

《申报丛书》第22种，徐渊若编译，1934年4月15日初版。20世纪30年代初，航空设备和技术日趋成熟，天空成为新的战场，而列强也越来越重视对这种新式武器的研发与应用。本书分10章，详细介绍了空战所涉及的各个方面，包括空中战的特点，各机种在战斗中的运用与配合，空中防御的要点，各国空军现状及远东空军势力格局。

XXIII.《读者顾问集》（第二集）

《申报丛书》第23种[①]，王灵均著，1934年5月30日初版。该书是《读者顾问集》（第一集）的续集，此集主要收录了农村及就业问题方面的书信答问，如《如何解决失业问题》、《由农

① 《申报丛书》中封面著录为"《申报丛书》第二三种"的有两种，一为《读者顾问集》（第二集），一为《苏联政治制度浅说》。由于在丛书中找不到第33种，疑其中一种为第33种。因无其他旁证信息，本书暂将《苏联政治制度浅说》列为第33种。

村问题说到青年之出路》、《中国农村问题应采何种办法来解决》等47篇文章。较之第一集，又增加了关于“如何解除农民的痛苦”、“农村回得去吗”等问题的讨论14篇。

XXⅣ.《美苏复交》

《申报丛书》第24种，陈念慈著，1934年3月1日初版。该书回顾了美国对苏联的外交政策，第一章概述了美国共和党对苏政策从摇摆不定到最后确定的过程，第二章开始评述其外交政策的得失、美苏复交的背景及其过程等。作者以为两国虽然主义不同、国体不同，但在远东地区各有所需，故双方恢复邦交皆有益处。书末还收录了日本古垣铁郎的《美苏复交问题》、稻原胜治的《美俄复交与苏联极东政策的转变》两篇文章，给读者以新的视角，从日本的角度又一次分析了美苏复交的问题。

XXⅤ.《苏联的教育》

《申报丛书》第25种，张任远著，1933年6月1日初版。该书介绍了苏联教育的政策、系统和发展概况，具体包括教育的任务、实施原则、教育行政系统、学龄前教育、高等教育、民众的文化生活、社会工艺教育、职业技术教育、政治及民众教育等方面的内容，尤其突出了十月革命后关于劳动学校教材、学校管理方面的改革，显示出苏联教育的与众不同。

XXⅥ.《美日苏三国军备》

《申报丛书》第26种，杨伯恺著，1933年6月10日出版。该书分别概述了美国、日本、苏联三国的海军、陆军、空军的军备状况，用相当篇幅对三国军备作了一番详细比较。作者指出，“九一八”事变后，国人要在风起云涌的紧迫时期对太平洋地区有所了解，他认为太平洋因其独特的地理位置成为各国争夺的焦点，导致日美、日苏冲突不断。在以中国为中心的远东问题上，日美两国间的冲突是最为尖锐的，而日苏两国也因东北问题矛盾不断升级。三国于远东问题极有可能爆发战争。作者从地理等方面分析了各国对海、陆、空军发展侧重不同的原因，大胆总结：日美间的战争将是海军的战争，日苏间的战争则是陆军战争，空军在其中都占据重要地位。

XXⅦ.《世界经济恐慌之解剖》

《申报丛书》第27种，保尔恩齐著，陆桂祥编译，1933年6月10日初版[①]。马寅初、任智焕分别作序。译者于1929年游历欧洲，时值美国经济危机爆发，对危机的发展深有体会。他指出经济的变动导致政治的不安定，各国利害冲突不断，金融恐慌之势愈演愈烈，英美日放弃金本位制，是为争逐国际市场，其野心不言而喻。该书分“绪论”、“恐慌成因”、“出路”、“将来展望”等4章，剖析了世界经济危机发生的原因、对世界经济的影响和发展的趋势。作者最后提出世界各国应密切合作的一揽子解决方案，以避免经济的倒退，危机的再次爆发。该书“对恐慌之事实，叙述建明；对恐慌之原因，分析详尽”[②]，原著一经出版，风行欧美，一版再版。

XXⅧ.《世界经济会议》

《申报丛书》第28种，刘惠之编，1933年9月15日初版，分上下卷。上卷辑译外国报刊1933年对伦敦召开的“世界经济会议”的评述论文近20篇，包括会议前的预测、会议中的观察以及会议后的检讨，内容涉及列国利害的错综、主张、世界经济会议的原因、意义、赔款、关税、货币等问题。下卷编入为召开该次经济会议而举行的“华盛顿会谈”及伦敦“世界经济会议”经过的资料。末附申报时评10则，是国内关于该次经济会议各方面的评论。编者认为六十六国会议不可避免地以失败而告终，世界经济会议的决裂是经济的国家主义政策的抬头，是经济的国际协调主义政策的终结，是二次大战的信号。

---

① 该书版权页出版日期为“中华民国六月十日初版”，1933年系丛书目录所著录的初版时间。

② 马寅初《世界经济恐慌之解剖·序》。

XXIX.《俄罗斯历史大纲》

《申报丛书》第29种，米贤鲍克洛夫斯基著，陈念慈译，1933年7月1日出版。全书分两编。第一编内分“俄罗斯史之开首的几世纪”、“莫斯科国之产生”、“莫斯科与诺夫戈罗德间之斗争”、“莫斯科封建制度之灭亡：商业经济与农奴制”、“农民革命”、“罗曼诺夫帝国与教会分化”、“北部战争与俄罗斯帝国”等7章；第二编内分“工业资本主义”、“农奴制度之国家”、“革命之资产阶级”、“民粹派之革命”等4章。叙述了从古代至19世纪80年代的俄国史。米贤鲍克洛夫斯基是马克思主义的拥趸，他以唯物史观的立场将俄国历史重新整理了一番，是世界公认的权威之作。该书成为当时各学校采用的教本。此书根据德译本重译，增加了1905年至1917年的历史，更为完整。

XXX.《德国往哪里去》

《申报丛书》第30种，克尼克尔波克尔著，袁文彬译，1933年9月1日出版。原著为英文版，中译本据德译本转译。该书系作者奉《纽约晚报》派遣，赴德国考察30亿美金投资情况及德国偿还债务能力所作的报告。按作者所经城市逐一记述，书中对当时德国各派政治力量、政治局势、经济形势等详加分析后作出估计：德国当前不能付赔款，虽有能力赔付，但拒绝履行《凡尔赛和约》，仅对个人财产愿意有条件偿还；希特勒终将掌握政权，在英法等国的扶植下，能把权一段时间。

XXXI.《资本主义国际与中国》

《申报丛书》第31种，章乃器编译，1933年11月1日初版。全书分“绪言”、“资本主义的形态”、“资本主义当前的危机”、“资本主义的前瞻”、“资本主义国际间的矛盾与中国”等五章。详细分析了资本主义各国之间关于生产、军备、关税、货币四大方面的矛盾。作者以为一定要认清时代和大环境，且必须从断面与横面（纵向与横向）来观察，从时间和空间上分析前因后果，才能确定事物的本质和由来。他指出，私有制的存在，使得剩余价值必然存在，资本主义的危机恐慌必定无法消灭。

XXXⅡ.《日苏战争之预测》

《申报丛书》第 32 种，陈彬龢著，1934 年 1 月 15 日初版。作者详细分析了“九一八”后日苏两国之间的紧张外交关系，苏联与满洲特殊的地理及利益争端问题，预示日苏之间必然会引发战争。书中对两国各自在军事上的准备与国力进行了一番比较，并以此对战争的胜负作出大胆预测。尽管作者没有直接言明，但他认为事实胜于雄辩，苏联在第一个五年计划后国力日益充实，在各方面显然略胜日本一筹。

XXXⅢ.《苏联政治制度浅说》

《申报丛书》第 33 种，沙普诺夫著，张任远编译，1934 年 4 月 15 日初版。原书于 1928 年出版，译者根据 1930 年增订版所译，对当时苏联社会发生诸多变动，则根据最新材料作了修订、补充或说明。该书分“国家制度的主要特征”、“选举权与被选权”、“国家的构造和中央行政机关”、“地方行政机关”、“自治苏维埃社会主义共和国”等 5 个章节详细解释了苏联的政治体制。译者还增加了《苏联宪法》、《俄罗斯社会主义联邦苏维埃共和国宪法》置于书末，以供读者研究。当时关于苏联的出版物不少，但大多关注其经济方面的发展，对于它的国体、政体以及行政系统、行政区划、法律等极少涉猎，该书填补了这一空白。

XXXⅣ.《战争论》

《申报丛书》第 34 种，荒畑寒村著，沈兹九译，1933 年 8 月 1 日初版。全书共分 8 个部分，分别对日美两国在满洲的对立、军事产业及战争之必然到来、毒瓦斯战及细菌战之威胁、勃利欧盆地之秘密、第二次世界大战之切迫及其意义、围绕着煤油的国际政局、英美资本的争霸、无产阶级眼光中的太平洋军缩会议等多个问题进行论述。作者指出《日内瓦条约》的实施缺乏监督约束，各国埋首于战器的研究，预示第二次世界大战的必将爆发。

XXXV.《国耻演讲录》

《申报丛书》第35种，蔡元培等著，1933年7月1日出版。该书系集上海青年会国耻演讲周演讲词而成。青年会国耻演讲周于1933年5月7日开始，迄5月13日止，前后共7日。有蔡元培的《日本对华政策》、廖茂如的《甲午战争》、陶百川的《二十一条的研究》、沈体兰的《五三惨案》、陈彬龢的《九一八》、王云五的《一二八》及章友三、李公朴、章乃器、黄任之关于《中日关系前途之我见》等演讲，演讲词逐日刊于《申报》。后另编成册单独发行，以应广大青年学子及有志人士的需要。此书在编时，由原讲诸先生亲自审稿修正，编首有马相伯与张蕴和各亲笔序文一篇。全书旨在激起国人知耻明耻之心，能由今奋起，洗雪国耻。

XXXVI.《苏联现状论》

《申报丛书》第36种，陈彬龢编译，1933年8月10日初版。翻译底本为德国雷麦烈氏所著《苏联》一书的第一卷（1931年柏林汉堡卡尔洛意姆书局出版）。雷麦烈氏为德国第一流的共产党理论家、国际共产主义者，常去苏联，对苏联现状有较为真实的了解。该书先由潘在易从德文本译出，陈彬龢对照日本产业劳动调查所译本（1932年丛文阁出版）重加编译而成。全书分4编，主要阐述了苏联社会主义建设的意义、物质基础、工业和运输业的发展，是当时介绍苏联建设现状最翔实的书籍。译者指出苏联在建设方面取得的成就，值得我国借鉴。学习别人的长处，而不是寻找短处，才是研究苏联的目的。

XXXVII.《苏联译丛》

《申报丛书》第37种，杨雪轩编译，1934年4月30日初版。该书是一本有关苏联的翻译文章汇集。收集《苏联经济的状况》、《苏联的农业》、《苏联的妇女》、《苏联的公共卫生事业》等14篇文章，直接译自苏联的一些报刊，如《苏联评论》、《莫斯科周报》、《苏联伊士威斯吉亚报》等等，多为当时最新的信息。

XXXⅧ.《日本论》

《申报丛书》第38种[1]，室伏高信著，1934年初版。分7章，评论日本资本主义的发展及其存在的问题，侧重于论述对农村的深刻影响。

XXXⅨ.《苏联十二种研究》

《申报丛书》第39种，英国新费边研究所编，李公朴译，1934年5月1日初版。该书是由12篇描写苏联社会组织及生活的文章合订而成的。各位作者皆为英国新费边社派出的考察团的专家，在去苏联前都拟定了考察的问题，并有初步的研究，是持着某一问题而去的。尽管在苏联只有短暂的逗留，但“这本书不是普通旅行家的印象，而是许多独立的专家对于在苏维埃组织和生活下的某项特殊问题所作的系统研究之结果”[2]。在研究苏联的文献中具有重要价值。全书对于苏维埃经济的许多重要形态并未详细论述，重点关注及研究了英国对苏联未尝注意或完全忽略的一些问题。每一问题由一专家负责考察，各有不同结论，不求一致，具有独特性，又各有其系统。其中包括苏联的经济、财政、农业、电力工业发展、工人状况、政治司法制度、妇女与儿童、建筑与都市设计、新闻出版业、知识劳动者、电影等12篇。因缺少苏联交通制度与医药及公共卫生事业方面的内容，译者特补编于附录。

XL.《大南洋论》

《申报丛书》第40种，李崇厚编译，1934年12月1日初版。译者曾留学东瀛，浪游南洋各岛，对南洋情形及侨务问题深有研究。全书共28章，详细分析了南洋的自然环境、历史、法规等社会事项。南洋与中国交往最早，历史最久，然而对于其真正的研究和相关材料却少之又少，该书是当时研究南洋问题的罕见之作。

---

① 该书上海图书馆无馆藏。
② 亚特里、柯尔《苏联十二种研究·绪言》。

7.《申报社评选》

申报馆将1941年12月8日《申报》复刊后的社评选辑成册，以回顾当时国际形势、国家动态、社会状况的演变，一共3集。1943年5月先后出版了第一、第二集。第一集的出版是为纪念已故经理史量才，追随先生遗志，主要内容为关于政治问题、中日关系的讨论，以及站在人民立场对当局、对日本表达意见和诉求，收录文章有《政党与政治》、《民力动员与民众教育》、《日本对华新政策感言》等。第二集以战时经济、节约生产等问题为中心，并借此书出版纪念新闻界前辈张蕴和。收有《确定战时经济政策》、《谈物价问题》、《怎样铲除黑市》、《战时生活与勤俭》等文章。1944年1月第三集出版。全书体现了《申报》一贯的精神特点：不屈服于任何势力，要求进步，时时为民众说话、为社会服务，希“由某一时期内一部分人民的意见，进而为全国人民的公意”，为国家、民族与社会、民众谋福。

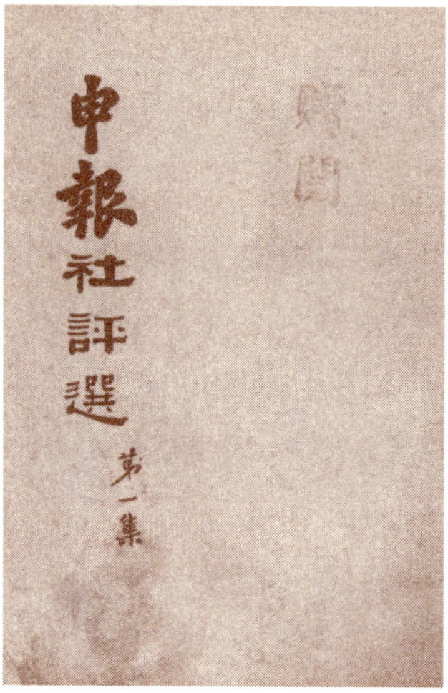

《申报社评选》封面

《申报上海市民手册》封面

8.《申报上海市民手册》

申报馆编，1946年11月出版。该书分为文献、胜利一年、区域人口、交通指南、民政要览、市参议会、机关团体、工商概况、上海生活、游览娱乐等10篇，汇编一册，极便翻阅。附有上海市地形图及各保甲区域地形图。书末附录有印花税率简表、中外度量衡折合表、英美货币、民国三十六年简历、纪念节日表等。书中各种参考资料详细、实用，上至机关政要、下至平民百姓乃至外来人员，皆能从中获益，除能了解一般常识和增加出行便利外，还能解决生活中的诸多具体问题，如房屋租赁管理规则、租赁纠纷、更名改姓规则、邮件寄递办法，故深受广大民众喜爱。

三、期刊杂志

1.《瀛寰琐纪》、《四溟琐纪》和《寰宇琐纪》

申报馆开立5个月后，同年10月19日《申报》头版上发布了一条消息，告知读者报馆将出版《瀛寰琐纪》：“用特勤加搜讨，遍访知交。积三十日之断锦零缣，居然成幅；合四大洲之隋珠和璧，用示奇珍。拟为《瀛寰琐纪》一书，凡已登《申报》者不录。”[①] 几天之后，申报馆登报招揽精通绘画的人，准备将其中山川、人物、器具等绘制图像，“使其豁目醒心”。似乎美查曾意图将《瀛寰琐纪》做成一本图文结合的刊物，但也许由于没有招揽到人手，最后只得作罢。

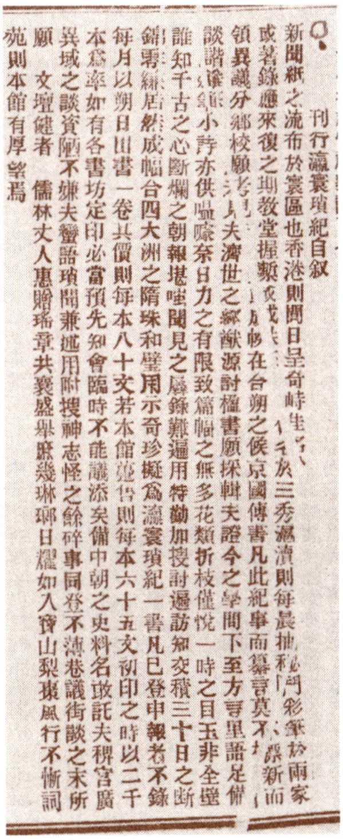
刊行瀛寰瑣紀自叙
新聞紙之流布於寰區也香港則間日呈奇峙生[illegible]於三秀滬瀆則每晨抽秘鬥彩筆於兩家或著錄應來復之期教堂握[illegible]在台朔之候京國傳書凡此紀事而纂言莫不[illegible]新而領異識分鄉校願[illegible]夫濟世之[illegible]獻源討[illegible]書願採輯夫證今之學間下至方言里語足備談諧[illegible]小[illegible]亦供嗢噱奈日力之有限致篇幅之無多花類折枝僅悅一時之目玉非全璧誰知千古之心斷爛之朝報堪嗟聞見之屬錄難遍用特勸加搜討遍訪知交積三十日之斷錦零縑居然成幅合四大洲之隋珠和璧用示奇珍擬爲瀛寰瑣紀一書凡已登申報者不錄每月以朔日出書一卷其價則每本八十文若本館[illegible]售則每本六十五文初印之時以二千本爲率如有各書坊定印必當預先知會臨時不能議添矣備中朝之史料名[illegible]託夫稗宮廣異域之談資陋不嫌夫蠻[illegible]瑣聞兼通用附搜神志怪之餘碎事同登不薄巷議街談之末所願　文壇健者　儒林丈人惠贈瑤章共襄盛舉庶幾琳瑯日耀如入寶山梨棗風行不愉詞苑則本館有厚望焉

《刊行〈瀛寰琐纪〉自叙》，载《申报》，1872年10月19日

从这段自叙来看，《瀛寰琐纪》的出版主要是由于《申报》有限的版面

① 佚名《刊行〈寰瀛琐纪〉自叙》，载《申报》，1872年10月11日。

无法登载文人越来越多的投稿。当初，《申报》为了开辟稿源、丰富报纸内容，所以声明免费登载骚人韵士的“天下各名区竹枝词及长歌纪事之类”，为文人们开辟了发表作品的新途径。[①]此外，还有一个原因，那就是申报馆主美查的主观意识：“尊闻阁主人慨然有志焉，思穷海内外寰宇上下惊奇骇怪之谈、沉博绝丽之作，或可以助测星度地之方，或可以参济世安民之务，或可以益致之格物之神，或可以开弄月吟风之趣，博搜广采，冀成钜观。”[②]钱昕伯在《屑玉丛谭初集・序》中也说：“其时，尊闻阁主方搜辑残篇断简，用活字排版成书，月出一卷问世，初名《瀛寰琐纪》。”[③]作为一名商人，美查创办《瀛寰琐纪》也有着商业上的考量。他在中国做生意很久，且通晓中文，是小有名气的“中国通”，知道科举制度使文学在中国具有广阔的市场，而刊登文学作品，尤其是俗文学，则会有助于扩大报刊的销路。[④]

清同治十一年十月十一日（1872年11月11日），《瀛寰琐纪》正式出刊，标志着中国近代最早定期出版的文学刊物的诞生。其外观高23厘米，宽14厘米，封内页题记卷期号、“瀛寰琐纪”以及刊出日期，铅活字印刷，版式每半叶16行，每行36字。一次印刷2000本，每本售价80文。第一卷出版时共18叶。由于投赠文稿过多，版面不敷排印，所以从第二卷起，改为每卷24叶。一开始，申报馆就计划以月刊的形式每月出版《瀛寰琐纪》，一年完成12卷。对于投稿之人，报馆则赠送一本作为酬谢。[⑤]

---

① 陈大康《报刊文学与商业交换规则——以〈瀛寰琐纪〉的出版史为分析个案》，《学术月刊》2006年第5期，第124页。

② 蠡勺居士《瀛寰琐纪・序》，《瀛寰琐纪》第一卷，申报馆刊，同治壬申年十月（1872年）。

③ 钱昕伯《屑玉丛谭初集・序》，《屑玉丛谭初集》，申报馆刊。

④ 鲁湘元则认为，无论是《申报》还是《瀛寰琐纪》的创办，除了文学性的考量，也有着商业、商品和生意经的内核。参见鲁湘元《现代报刊与现代文学——〈申报〉与中国近现代报刊文学》，《中国现代文学研究丛刊》，2001年第2期，第94页。

⑤ 《拟奉赠〈瀛寰琐纪〉请附刊大著诸君饬人通名来取启》，载《申报》，1873年1月5日。

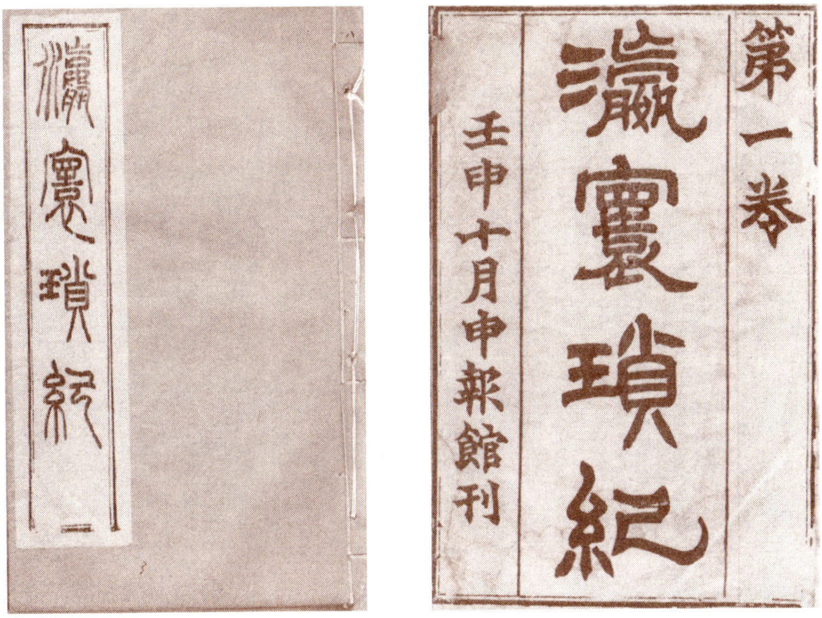

《瀛寰琐纪》书影

负责《瀛寰琐纪》编辑工作的，正是当时申报馆的主笔蒋芷湘。蒋芷湘，原字子相，“蘅梦庵主”、“蠡勺居士”、“小吉罗庵主”等都是他的笔名。[①]1870年乡试中举，申报馆开馆之初，他已在此工作。在报馆期间，蒋芷湘曾发起诗会“消寒雅集”，联络同好，为申报馆在文人中争取到一定的支持。作为一本带有文学性质的定期出版物，《瀛寰琐纪》以登载文学作品为主，涉及诗词散文、论说笔记、人物传记、各地消息、游记札记等。此外，还从《香港新报》中辑录奇闻轶事，作为“海外见闻杂志”专栏。其中像《长崎岛游记》这样“从未有以游记而记及域外之观”、具有创新意义的奇文，在《瀛寰琐纪》中也有不少。在编辑形式方面，《瀛寰琐纪》还以连载的方式刊登作品，如《昕夕闲谈》、《江户繁昌记》等等。在这些连载作品中，最为大家所称道的，要数从第三卷开始刊登的翻译小说《昕夕闲谈》。

---

① 邵志择《〈申报〉第一任主笔蒋芷湘考略》，《新闻与传播研究》2008年第5期，第55—61页。

同治十一年（1872—1873）十二月六日，《申报》上刊登了一条名为《新译英国小说》的消息，预告《瀛寰琐纪》中将译刊一种英国小说《昕夕闲谈》。由于华人对英国小说“目所未见、耳所未闻”，申报馆不惜花大量精力将其翻译为中文。[①] 计划每次刊 3、4 章，大约一年可以完结。果然，一个星期之后出版的《瀛寰琐纪》第三卷里登载了这部小说的首两节。总共刊载了 52 节的这部小说，后来还集结出版了单行本，收入《申报馆丛书》中。

美查对于《瀛寰琐纪》的成功抱有非常大的希望，因此每卷出刊前，都会事先在《申报》上广而告之，登出目录，吸引读者购买。然而，同治十三年（1875）十二月，《瀛寰琐纪》出完第 28 卷后突然停刊。申报馆改出《四溟琐纪》作为《瀛寰琐纪》的续刊，而其内容也与《瀛寰琐纪》相似。关于改刊的原因，申报馆的解释是，原书版式大而页数少，所以从“本年正月份起，改为袖珍版式，增添页数，庶舟车携览更形简便”[②]。除了这个原因之外，也许曾经负责《瀛寰琐纪》的主笔蒋芷湘的离开也与它的结束有关。《瀛寰琐纪》连载的《昕夕闲谈》只登出了一半便停止，也没有在《四溟琐纪》上继续刊登。

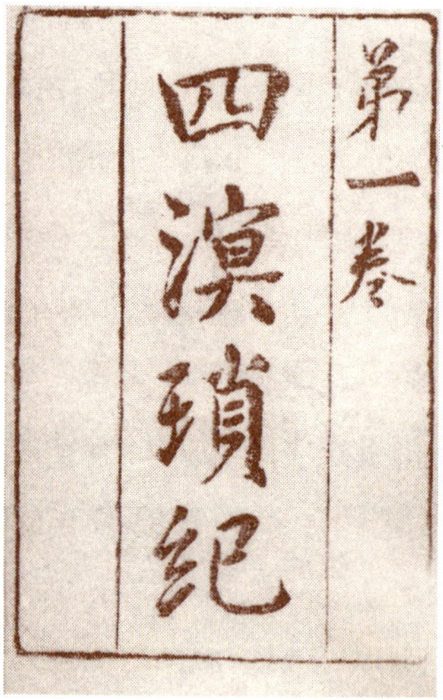

《四溟琐纪》书影

《四溟琐纪》从光绪元年正月开始出版第一卷，封面题“四溟琐纪”及卷期号，封内页题如第二卷的“光绪乙亥二月申报馆刊”，出版 12 卷

---

① 关于《昕夕闲谈》的译者，郭长海曾考证出该小说的第一位中文翻译者名叫蒋子让，见其文《蠡勺居士和藜床卧读生——<昕夕闲谈>的两位译者》，《明清小说研究》1992 年 21 期。后来的研究者则多数接受韩南考证出来的以美查口译、蒋芷湘笔录为模式的说法。见文娟《结缘与流变——申报馆与中国近代小说》，第 54 页。

② 佚名《新印〈四溟琐纪〉出售》，载《申报》，1875 年 4 月 10 日。

后停刊，铅活字版，每卷售价80文。版式高20.5厘米，宽11.3厘米，单口黑鱼尾，每卷24叶，每半叶15行，每行28字。此外，另有一种申报馆后来重新出版的袖珍本，封面题“申报馆仿聚珍板印”，外观高16.7厘米，宽11.3厘米，收入《申报馆丛书》。

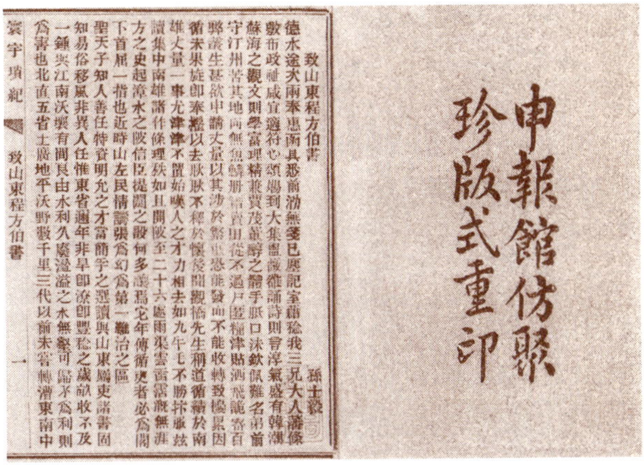
申報館仿聚珍版式重印

寰宇瑣紀　致山東程方伯書

《寰宇琐纪》书影

一年后，《四溟琐纪》更名为《寰宇琐纪》，至光绪三年（1877）五月停刊，共12卷，每卷售价80文。重印本封面题“寰宇琐纪”、卷期以及“申报馆印”四字，内页题记“申报馆仿聚珍版式重印”或“申报馆仿聚珍板印”。高16.7厘米，宽11.3厘米，四周双栏，每卷24叶，每半叶15行，每行28字，后收入《申报馆丛书》中。

从内容上来看，《四溟琐纪》和《寰宇琐纪》都延续了《瀛寰琐纪》的编辑风格和体例，主要刊登文学作品。关于《瀛寰琐纪》最终停刊的命运，有人总结是由于在阅读市场近代化的过程中，读者的阅读取向决定了文学的命运，也是一种商品交换与文学之间的制约。[①]然而，无论是《瀛寰琐纪》，还是《四溟琐纪》、《寰宇琐纪》，它们对近代文学期刊都产生了一定的影响，后来出版的期刊杂志都或多或少地借鉴了《瀛寰琐纪》的体例。

2.《申报星期增刊》

为了扩大《申报》的影响，增加其社会知名度，促进发行量，广辟财源，《申报》开辟了众多专栏、增刊等。

巴黎和会后国人对国际问题、中国与世界的关系日益关

① 陈大康《报刊文学与商业交换规则——以〈瀛寰琐纪〉的出版史为分析个案》，《学术月刊》2006年第5期，第128页。

申報星期增刊

《申报星期增刊》创刊号

注,《申报》认为“旅行记者之通信,电文多从简省,到达或有后先,可为已知者言,不能令未知者得解。通信每就所见闻,邮递又多需时日,其关系或不尽钜,或亦不尽与现状相符”[1],故办增刊,以加强国际消息的报道。仿效《纽约时报》的《星期日特刊》,于1919年8月31日出版《星期增刊》,由此揭开了《申报》大办专栏、增刊的序幕。该刊每逢周日出版,一次两大张8版。专门翻译、介绍世界各国政治、经济、军事、工商、学术各方面的讯息,以补充国际电讯之不足,是一个介绍国际关系问题的增刊,是对日常国际报道的补充和延伸。每期必有一周世界大事概要,另聘专家学者对若干国际问题进行介绍评论。1921年,先后在伦敦、华盛顿、巴黎、日内瓦、罗马、柏林、东京等地设特派记者和通讯员。后来因主编夏颂莱赴北平,增刊渐废。

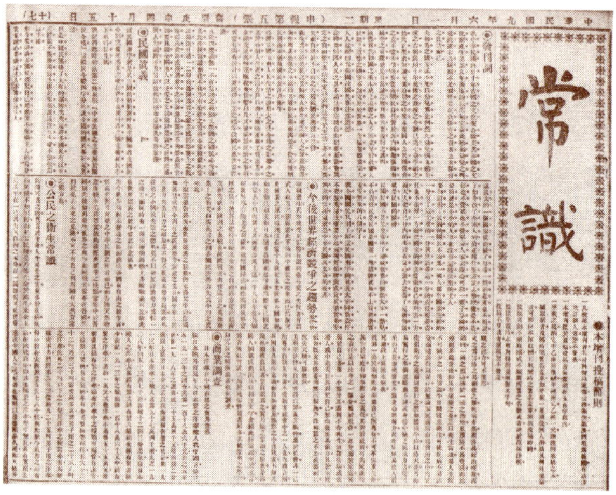
常識

《常识》创刊号

3.《常识》

1920年6月1日创办。主要面向中下层市民。每天出版,一次半张两版。主要介绍各科新知识,包括道德、法律、卫生、市政、经济等方面的常识。内容广泛,文字通俗,形式多样,趣味性较强。

① 《增刊之趣旨》,《申报星期增刊》,1919年8月31日。

4.《汽车增刊》

1921 年 11 月 27 日创刊，逢周六出版。每次一大张 4 版。集广告和知识于一炉，主要是为汽车推销商服务的，内容有调查国内各地应用汽车状况；介绍欧美新出汽车性能及市价；汽车销售情况，矫正买卖中的舞弊；介绍汽车工作原理、安全使用、保养等知识；还设特色服务部，为用户介绍合适的汽车，招寻汽车夫，出售旧车等。该刊独具特色，为全国报纸绝无仅有。

《申报汽车增刊》创刊号

5.《教育与人生》

1923 年 10 月 15 日创刊，初为周刊，逢周一单独发行。主要报道文化教育界消息，介绍各国教育理论和方法，讨论中国教育的实际问题，有论文、学术讨论、教育消息、调查报告、演讲录等。附设“体育”和中等教育协进社编辑的“青年之友”专栏，联系青年读者。该刊认为：“教育，一以人生活为中心，因教育及人生，一义也。将解决人生问题，非假途教育不可，因人生及教育，二义也。教育问题，人生问题，离立面互阐焉，三义也。”[①] 因颇受各界欢迎，单独发行多有不便，在 1924 年 12 月 8 日发行第 60 期后，改为《教育消息》专栏，每天刊登，篇幅大大增加。

《教育与人生》创刊号

① 《发刊词》,《教育与人生》(第一期)，1923 年 10 月 15 日。

6.《本埠增刊》

创办于 1924 年 2 月 8 日，日刊。只向上海订户发行或零售，外地不送。内容分为商店消息、团体消息、出版界消息、艺术消息、艺术评论 6 类，广告占版面十之七八。版面不断扩大，后增至一次两大张 8 版。为了增加趣味性和吸引力，后又特设“艺术界”一栏，专门刊载有关影院戏坛名角的消息和艺术评论。该刊专为本地商业活动服务，又可省去邮资，深受广告客户欢迎。上海各报纷纷效行，创办类似的增刊。

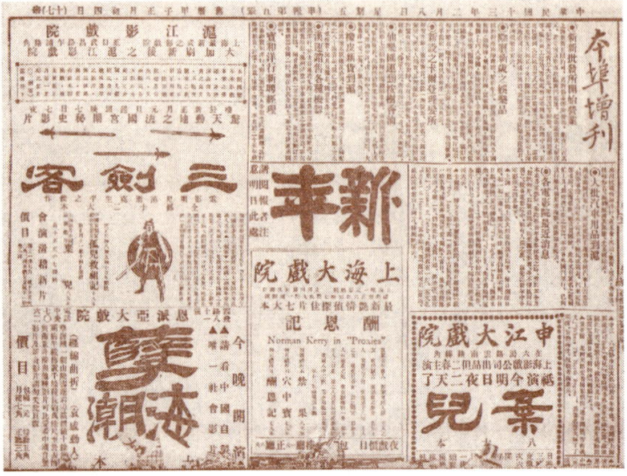
本埠增刊
滬江影戲院
三劍客
上海大戲院
申江大戲院
棄兒
孽海潮

《本埠增刊》

7.《申报图画周刊》

1930 年 5 月 18 日创刊，戈公振任主编，精选国内外时事照片和艺文图照，对开一张，分作 4 页，逢星期日出版，随报附送，深受读者欢迎。用橡皮写影版印刷，铜版纸精印。邹韬奋赞美其可与《纽约时报》的《星期画刊》媲美。1932 年“一·二八”事变后，缩小篇幅，一直出至第 86 期停刊。1934 年 3 月 15 日复刊，改名《图画特刊》，每周发行 2 次，1936 年 1 月 5 日起改为每周发行 1 次。内容大致分文艺、时事两种。文艺照片主要登载演艺界的剧照，名媛、淑女照片，民间生活照；时事照片登载国内外一些重要事件及新闻人物照片，有中英文对照说明。一直办至 1937 年上海沦陷《申报》停刊为止。

《申报图画周刊》创刊号

申報圖畫週刊
五月一日之上海

8.《申报月刊》

1932 年《申报》创办 60 周年之际，史量才聘请了无党派的著名报人俞颂华创办《申报月刊》，以补日报之不足。

《申报月刊》创刊号

1932 年 7 月 15 日，《申报月刊》创刊。俞颂华任主编，张梓生、黄幼雄为编辑。该刊旨在介绍学术文艺，以裨文化的增进，使其“成为学术文艺界一个公共园地，成为各家作品和一般读者自由的联络机关”①。设有“外论摘要”、“时事漫画”、“文艺”、“海外通信”、“科学丛话”、“室内谭瀛”、“一月来之中国与世界”、“小说”等栏目。论述国内时事，分析世界情势，介绍学术思想，选载文艺作品。各栏目多有变化，并不固定，是一份“报章和研究国际、政治、经济、文化的综合性刊物，是文化复兴运动中各方面进行研究讨论和工作检讨的公开园地”②。

9.《文学周刊》

1947 年 11 月 30 日，《申报》突然宣布腾出篇幅，另出 7 种周刊，《春秋》遂告停刊，文学方面“归并”于《文学周刊》。1947 年 12 月 3 日，《文学周刊》第一期出版。因时期特殊敏感，只能委托上海文艺作家协会主编。每周三出版。该刊略分为文学理论、诗歌、小说、戏剧、散文、批评、介绍等栏。按照编者的话说，他们“不想提出什么主义或

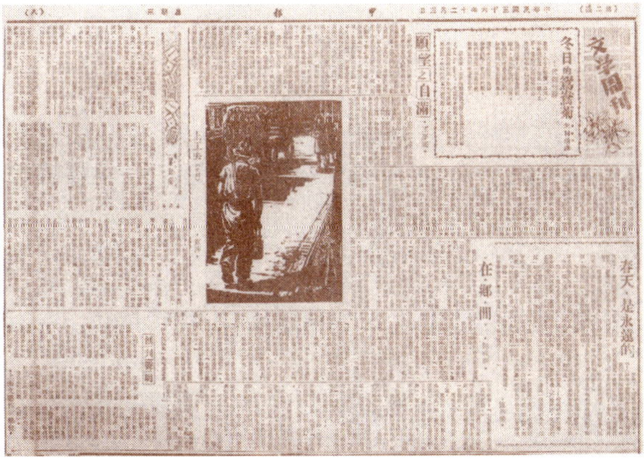

《文学周刊》创刊号

① 《我们的使命（创刊词）》，《申报月刊》（第一卷第一号），1932 年 7 月 15 日。
② 《复刊词》，《申报月刊》（复刊号）第一卷第一期，1943 年 1 月 16 日。

口号之类的高调来作标榜，只想平实地介绍一点文学知识，多登几篇可以一读再读的作品，给生活苦难中的读者一份温暖，为新中国文学前途开辟一条大道”①。一直到1948年6月30日，共出29期。

主编俞颂华有着丰富的新闻工作经验，是蜚声中国新闻界的著名报人，曾任《时事新报》副刊《学灯》的主编、《东方杂志》的编辑。鲁迅、茅盾、巴金等进步人士都曾给《申报月刊》撰文，鲁迅在月刊上发表了16篇杂文。该刊成为《自由谈》之外又一进步舆论阵地。《申报月刊》图文并茂，深受广大读者的青睐，成为当时全国期刊发行量最多的刊物之一，与中华书局的《新中华》、商务印书馆的《东方杂志》共为上海的三大杂志。

《申报周刊》第一卷第一期

《申报每周增刊》第一卷第二期

《申报月刊》复刊号

① 《创刊声明》,《文学周刊》, 1947年11月30日。

1935 年 12 月 15 日，《申报月刊》第 4 卷第 12 号出版。其后因一月出版一次，时间过长，1936 年 1 月 1 日开始改出周刊。刊名先为《申报周刊》，第 2 期即改为《申报每周增刊》，卷期另起，逢周日出版，与外国报纸的星期版相同，随报附送，直至 1937 年 8 月 29 日（第 2 卷第 34 期）。因抗战全面爆发，1938 年至 1942 年停刊。1943 年 1 月 16 日复刊后改回本名，卷期另起，至 1945 年 6 月 16 日（第 3 卷第 6 期）停刊。

四、画报：《寰瀛画报》[①]

在画报问世中国之前，申报馆已经发售其从国外购得、由英国画师所绘的西洋画。1876 年 5 月 26 日，《申报》头版刊登了“洋画出售”的告白，首次出售的中外著名景致画有 18 幅。申报馆逐幅写明来历，而且装帧工整，每本需洋二角。同时声明，此画片的画、刻之人都很有名，因此非常贵重，由于初到中国，为了宣传出名，所以定价低。[②]这些对于当时鲜有机会见识西洋新奇玩意儿的中国民众而言，颇有吸引力，一经发卖就取得了很好的销路。不过短短数十日，报馆就发表告白，称第一次所印只够本地购买，“各外埠未及邮寄，现已催令赶紧装潢，一俟工竣，发往各码头销售”[③]。7 月 19 日，已经两次售罄的洋画不得不再次装订成册出售。[④]

1877 年 5 月 12 日，《申报》第六页的广告专栏里，有一条署名为“《寰瀛画报》主人启”的文字，题目是《寰瀛图画待

① 关于《寰瀛画报》名称的正误，葛伯熙已在其《〈寰瀛画报〉考》一文中有详细叙述，见葛伯熙《〈寰瀛画报〉考》，《新闻与传播研究》，1988 年第 1 期，第 183 页。黄志伟则认为根据《申报》广告推断，《寰瀛画报》和《瀛寰画报》都存在过，前者是成册的画报，而后者仅是单张形式，见黄志伟《我国最早的画报——〈寰瀛画报〉》，《图书馆杂志》1986 年第 3 期，第 58—61 页。
② 《洋画出售》，载《申报》，1876 年 5 月 26 日。
③ 《本馆告白》，载《申报》，1876 年 6 月 7 日。
④ 《洋画重装工竣本埠外埠概可发售》，载《申报》，1876 年 7 月 19 日。

售》:“启者，今拟创设一《寰瀛画报》，定于西历七月内先出第1号，诸事由申报馆经手。其第一号中之画先列入左……”此份广告宣告了《寰瀛画报》的计划出版以及拟定的第一期内容。

其时，画报的形式在西方已经流行了一段时间。而在美查看来，同时代的中国虽然“书籍汗牛充栋，幽奇俶诡，莫可名言”，但图画则绝无仅有、未曾出现。在他看来，“且古今来事事物物，形形色色之奇，有宣之于口而不能永者，则必以文传之，有笔之于文而不能罄者，则必以画达致。所以左史右图，古有明训……”，但是因为缺乏图画，使中国读者知其名而不能究其状。而画报正能解决这个问题，它以图画为主、附带说明的“无字的新闻”形式能比文字的报纸更容易明了，为大众所接受。因此，他把画报这一形式引进中国，将英国寰瀛画报社出版的原刊“邮致来华”后，再由申报馆对内容进行重新编辑和印刷装订，创办了《寰瀛画报》[①]。

《寰瀛画报》书影

1877年6月6日，原拟7月出版的《寰瀛画报》在这一天提前发售，这也是中国近代印行的第一份画报，每本售价洋一角。[②]从出版第一卷开始至光绪六年(1880)二月终，不定期出版，前后共刊行5卷。版面为大开本，高30厘米，宽24厘米，封面有“寄庵书签”四字。在这5卷中，第一、二卷图画采用铜版印刷，文字则用连史纸印刷，版式稍大；第三至第五卷，图画和说明文字都用连史纸印刷。

① 张伟认为它是在光绪二年(1876)出版的《寰瀛图画》基础上改名而来，参见张伟《沪渎旧影》，上海辞书出版社2002年7月版，第71页。

② 从1877年5月12日首次刊登关于《寰瀛画报》的消息至6月7日出现《瀛寰画图出售》的启事，由于现所见第一卷内容与首次布告的内容，除了部分名称稍加改动外，几乎完全一致，由此可以判断，这一个月的时间主要被用于印刷和装订，而且因为原拟需两个月的工作提早完成，所以画报的出售日期也提前了。

《寰瀛画报》中的所有图画均为英国名画师绘制，在伦敦印刷完成后寄至上海。对于画中原来所附的西文论说，美查找人潜心翻译附以考证，时任申报馆编纂的蔡尔康也曾参与画报的编辑工作。在画报的翻译过程中，似乎由中国人负责对译文进行润色，以符合中国民众的阅读习惯，如将驻英大使写为“钦差”、大使馆为“衙门”等。这些说明多则上千字，少的亦有百字，有些还加上了编辑者的评论。蔡尔康对西画的技艺大为赞赏，认为与中国善图者相比，西方绘画工艺“双通之勾勒分明，渲染工细，虽李龙眠之白描高手，殆不是过。是册首绘英国故宫，规模宏壮，已非凡手所能”[①]。由于图画精美、通俗易懂，而且洋一角的售价相比之前售卖的西洋画便宜了一半，因此《寰瀛画报》第一卷的销售情况似乎不错。第二卷的待售告白中提到第一卷共有一万余部，“现已售去无数，甚蒙购者嘉许，兹本报馆又续绘画八幅，仍托申报馆发卖”[②]。

《寰瀛画报》内图：土耳其首都君士坦丁堡

① 铸铁生志《〈寰瀛画报〉小叙》，《寰瀛画报》第一卷。
② 《〈寰瀛画报〉第二次来华发卖》，载《申报》，1877年11月3日。

从内容上来看，《寰瀛画报》描绘的都是海外社会风情，能使“阅之者于列邦之风土人情恍若与接为构，不仅如宗少文之作卧游计也”[①]。不过，作为当时大英帝国的一家媒体，我们从中也能够窥见他们的新闻敏感度以及当时所关注的问题，如对1877年爆发的俄土战争的报道、1876年至1879年间郭嵩焘大使之行中轶事的记录。虽然出自英国人之手，但显然他们关注的不仅仅只是英国本身。在下表所列统共53张图画中，除了5张是关于英国的，其余都是聚焦他国的社会情况，包括欧洲的德国、法国、俄国、土耳其等，亚洲则有日本、印度以及中国。

《寰瀛画报》各卷目录表

卷　数	出版时间（据封面题记）	图画目录
第一卷	光绪三年四月[②]（1877年）	英国古宫名温色加士之图、英国女子游历火船名哦士办之图、日本新易衣服之图、日本女士乘车游览之图、印度秘加普王义白系恩陵寝之图、英巾帼时新装饰之图、印度所造不用铁条之火车图、火轮车行山洞中之图等。另有中国天坛大祭图一幅，由于篇幅太大，所以采用附章出版。
第二卷	光绪三年九月（1877年）	英太子游印度（2图），土耳其戛士镇，俄罗斯国皇图，土耳其国王图，德而大火船图，土耳其肯思但提挪白京都图，中国钦使郭刘二公图。
第三卷	光绪四年正月（1878年）	俄皇亲观攻险要图，印度饥荒弃孩图，遇荒牛死垂尽图，布那城赛舟图，土赴前敌征军图，土军攻俄已夺之炮台图，俄国隆冬客赴赏雪夜宴图，俄军赴援图，短兵相接图，俄君臣聚位图，乘气球前赴北极图，俄围险之炮台图。
第四卷	光绪五年四月（1879年）	俄国太子与土耳其国用兵时督战图说，山西饥荒出卖小儿图说，中国钦使在卡旦地方阅高顿将军图说，自以士兰地方送俘兵至夏瓦地方图说，秘那地方战阵图说，兵艘至马耳大地方纪略，马打拉子爵那必耳小像，俄土议立和约图说，海狗峰图说，印度国防倍地方土兵图说，跑船图说，俄柏拉岛图说。
第五卷	光绪六年二月（1880年）	德宫赘婿图，罗马第十三教皇图，土军家室望远图，阿非利加土人与办兵交战图，俄土军大战于泊拉姆城图（2幅），法京博物院图，拉姆江死将图，败兵葬尸图，土耳其国回教堂图，土耳其国新宫图，土耳其京城西海岛图，法国病民图。

① 《申报馆书目》，上海申报馆印，光绪三年夏五月。

② 《寰瀛画报》主人启：“今拟创设《寰瀛画报》，定于华四月廿五日先出第一号……”，《〈寰瀛画报〉出售》，载《申报》，1877年6月7日。

这些图画中，有3幅是与中国有关的，它们分别是第2卷《中国钦差》、第4卷《山西饥荒出卖小儿图说》以及《中国钦使在卡旦地方阅高顿将军图说》。其中《中国钦差》描绘的是光绪二年（1876）冬，出任驻英大使的郭嵩焘及其副使刘锡鸿。对于这位中国历史上首任驻英大使，英国人的评价是：为人有才能，其容仪雍和，最为英国的爵士及民众所喜欢；认为刘锡鸿为人有才学，英人亦很敬重。在英国，郭、刘两人觐见了英国国王，参观了英国议会。值得我们注意的是，在文字说明最后，叙述了这么一件事：曾经中国使馆的一名仆役在伦敦遭醉酒之人袭击，"其帽被击下"，袭击之人被判监禁3个月加做苦工，可见英国人对中国人的友好。其评论则明显带有倾向性："现众人佥以为若中国于三四百年前，如别国早已设钦差衙门于英国，则从前不合意及动兵之事，早已可免矣。"

此外，《寰瀛画报》以较大篇幅介绍了发生于1877年到1878年的俄土战争。[1] 美查认为，人们之所以能"阅之者真如亲入阵云、观大敌之当前"，得益于随军的战地记者和"随营流寓，亲临其境"的绘画者，而他本人对此也称赞不已。[2] 也许《寰瀛画报》这种报道的方式也激发了美查派遣战地记者、追求新闻时效性和真实性的念头，他在光绪十年（1884）法越战争时也曾雇佣访员亲赴前线采访消息。

虽然《寰瀛画报》只发行5卷就停刊了，但是在这短短3年时间内，它仍然为近代中国带来了西方别样新奇的新闻方式，也为后来《点石斋画报》的成功创办进行了一次先期尝试。

---

① 如前表所示，从第三卷直至第五卷有相当多的篇幅介绍此次战争情况。
② 尊闻阁主《〈寰瀛画报〉序》，《寰瀛画报》第三卷。

五、地图

1.《中华民国新地图》

民国以后，各种民间地图和地图集版本很多，但多为私营书商所出的营利性小册子，现代化的综合性、专门性地图不多，其中以申报馆出版的《中华民国新地图》为最佳。该地图集由地质学专家丁文江发起提议，史量才资助出版。史量才在序言中提及自己赞许丁的建议“微意尤别有在”，因他长期执教，认为史地二科对人生观的确立、爱国心的养成甚为关键，“而地理尤负特殊使命，盖文与理二大科别，得此不啻置邮而通之也”。图集编辑制绘工作实际系曾世英主持，翁文灏担任顾问参谋。自 1930 年冬始编，其间且编且制版，至 1933 年冬始告完成，1934 年 4 月 20 日正式出版，由申报馆发行。

在卷首史量才、翁文灏的序言和曾世英所写的编纂例言中，详细叙述了中国地图编纂的历史、概况、方法等。该图集有不少创新之处，共有地图 53 幅，总图采用亚尔勃斯投影法，分图多用圆锥投影法，采用了一千多个经纬点，地貌采用等高线及分层设色法表示。所用参考资料大半借助于地质调查所图书馆所藏，前后参考共达七八千幅地图，新旧数据几经考订，整理校正，耗时较长，所费甚巨。

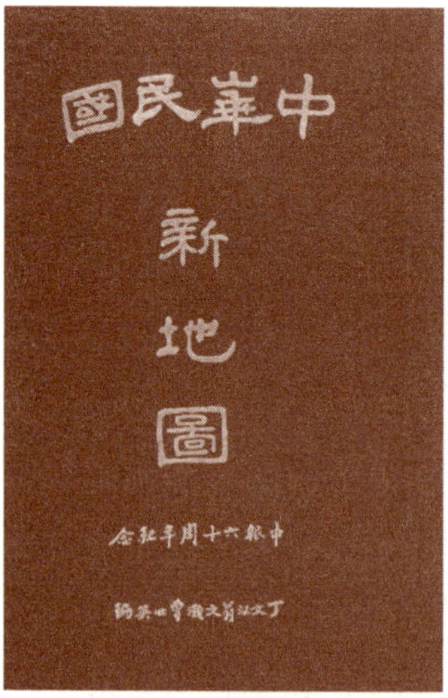

《中华民国新地图》封面

图集中 1—7 幅为全国总图，包括政区、地文、交通、气象、重要城市及农户分布、语言区域、矿产、农产分布图等；8—51幅为各省分区图，包括人文、地文详图各一幅；52—53幅为重要城市图。书后另有按笔画排列的地图地名索引162页、四角号码检字、罗马字国语拼音以及铁路里程表。

该书为8开羊皮精装，因当时国内地图印刷技术不佳，大部分在日本制版印刷。因图画清晰美观、内容详明、较为精准，故而流传甚广。在之后的20年中，很多图集、图册皆以它为蓝本，或受它的影响。

2.《中国分省新图》

因《中华民国新地图》图集版幅较巨，发行价格较贵，为普及之便，让学校、青年和一般民众都能使用，编者集思广益，删繁就简，缩制出版了《中国分省新图》，该图集实为《中华民国新地图》的雏形。丁文江、曾世英、翁文灏编纂，1933年8月发行第1版。因需求量大，华夏神州，风云突变，而后一再改版。战后1948年7月，又发行了最后订正的第5版。该图集在卷首增加了分省图检视表、立体模型图，目录内容及制图方法与《中华民国新地图》大体相当，只是各分省只用一张地图综合表示。初版显示地名较少，再版时增加了地名，对地形图等亦进行增订修正。该图集因定价较廉，传播更为广泛。在1958年《中华人民共和国地图集》出版前，始终为中国最佳的普及性地图集。

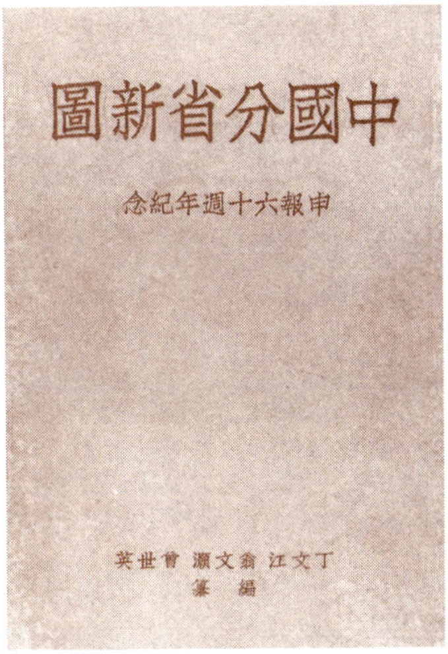

《中国分省新图》封面

第九章 《申报》与上海图书馆

一、上海图书馆所藏《申报》

上海图书馆是我国省市级大型综合性公共图书馆。该馆成立于1952年7月22日，此后在政府的大力支持下，馆藏文献不断充实完善，先后接收与合并了多家图书馆的书刊。如1955年2月，上海图书馆按照上海市文化局的指令接管亚洲文会图书馆。1956年，上海市文化局根据军管会的命令，接管徐家汇耶稣会神学院藏书楼（亦称徐家汇天主堂藏书楼），使之成为上海图书馆的组成部分，1957年1月对外开放。1958年10月，为加强上海市公共图书馆事业的发展，上海市文化局决定将上海图书馆、上海市科学技术图书馆、上海市报刊图书馆、上海历史文献图书馆四馆合并，组建新的上海图书馆，形成藏书量达320万册的大型图书馆。上海图书馆经过数十年来的不断采购、获捐、交换、征集、调拨等，馆藏文献与日俱增，至2011年底已达5200万册（件）。其中晚清至民国期间出版的图书报刊特色鲜明，驰誉学界。

徐家汇藏书楼今貌

上海图书馆所藏中国近现代（1862—1949年）中文报纸3500余种，是我国此类收藏数量最多的图书馆之一。特别是徐家汇藏书楼所藏的报纸，不仅品种丰富，而且完整率较高，是中外著名的近现代文献宝库，其中《申报》的收藏尤为令人瞩目。

上海历史研究专家胡道静在1935年出版的《上海图书馆史》中写道："徐家汇天主堂藏书楼收藏著名报纸杂志亦很完备：《申报》、《新闻报》、《时报》、《东方杂志》、耶稣会所出各种期刊以及关于教育方面的多种杂志，都保存着自创刊日起。中国的现代新闻纸，这藏书楼是眼见着他们降生和成长的，并且替他们好好的保存了可贵的史迹。"① 上海是中国近现代出版中心，丰富的出版资源为收藏创造了物质基础，而作为教会图书馆，徐家汇天主堂藏书楼特别重视中国出版物的收集与保存。由于该馆仅对教会内人士开放，文献阅览的流通率较低，这使得所藏文献资料得以较好地保存。1948年屠诗聘在《上海市大观》中介绍徐家汇藏书楼的特点时，其4个特点中的第二个

① 胡道静《上海图书馆史》，《胡道静文集·上海历史研究》，第43页。

《申报》书库报架

就是"《申报》自创刊号起都保存着"[①]。

关于徐家汇藏书楼所藏《申报》的状况，已故的上海图书馆文献专家葛伯熙曾作过专门调查，对所藏三套《申报》的来源、存报数量有完善的介绍。他指出："这三套《申报》也不是一张不缺，其中第一套《申报》比较全，第二套则稍有残缺，第三套就残缺甚多了。"[②]具体情况介绍如下：

徐家汇藏书楼所藏的第一套《申报》是国内外现存《申报》中残缺最少、最接近完整的一套，此套《申报》为徐家汇藏书楼原藏，是上海书店《申报》影印本的工作底本。此套《申报》在建国前曾进行过逐日逐张查对补配。当时申报馆的孙恩霖[③]等

《申报》阅览区报架

① 屠诗聘主编《上海市大观》中篇，中国图书编译馆、中国图书杂志公司1948年4月版，第91页。

② 葛伯熙《记上海图书馆徐家汇藏书楼的三套〈申报〉》，《图书馆杂志》1984年第3期。

③ 孙恩霖，原申报馆记者、编辑，建国后曾任上海图书馆《全国报刊索引》编辑部第一任组长。

人征得原藏书楼主管司铎徐宗泽的同意，对所藏《申报》作了全面清点，将从澄衷学堂找来的一部分旧《申报》用以拾遗补缺。然后将清末出版的《申报》全部用灰色硬纸面按月活页装订成册，1912年起出版的民国《申报》部分用定制的灰色硬纸盒盛放。当时的赵邦鑅还做了一份《申报检查纪录》和一册影印《申报》样本。

第二套《申报》是原申报馆资料室旧藏。1949年5月27日上海解放后，《申报》停止出版，申报馆资料室所藏被移交给建国初期（1949年12月15日）成立的上海新闻图书馆。1955年上海新闻图书馆与鸿英图书馆合并，成立上海报刊图书馆。1958年上海四馆合并时，这套《申报》移交上海图书馆，藏于徐家汇藏书楼。这套《申报》的来历还有一个故事，申报馆自开办以来，年长日久，人事更变，馆内所藏资料难以完善保留，连本馆所出的《申报》存报也是残缺不全的。史量才接办《申报》后，感到必须为《申报》40年的历史留下完整的资料，所以，“他上任伊始的第一把火就是下决心以重金征收全份旧《申报》”①。于是史量才在1913年3月19日至26日、4月4日至6日、4月26日、4月30日直到11月30日，在《申报》的“本馆白”上共117次反复刊登《征收全份旧申报》启事：“本馆现在有人托购自开办日至民国元年为止之申报一份，如有完备者或所缺不多者，请来本馆接洽，自有相当价值为酬。”虽然申报馆的启事多次载之报端，但“久久海内外无应者”。史量才锲而不舍地求购《申报》之举，终于感动了一位《申报》老读者。有一位居住于上海南市的张仲照见报后，把自己收藏的自创刊号起至清末为止的《申报》悉数捐赠申报馆。申报馆将此全部装订成册，采用硬布面烫金，并在合订本第一册上加印了一版“申报老友张仲照君”的肖像和“海上半闲人清河仲照氏笙香谨

① 庞荣棣《申报魂：中国报业泰斗史量才图文珍集》，上海远东出版社2008年版，第51页。

启”。照片用铜版印在该版的中上部，铅印的启文如下：

清同治十有一年，岁在壬申，海上创设申报馆。每出报一纸为一号。是年三月二十三日刊布第一号。自一号至四号，间一日出报。五号而后，除星期日外，每日出报。自光绪五年己卯闰三月起，星期日亦出报矣。八年壬午正月，始添附张。至二十六年庚子十二月，年例停报之日，恰满万号。是报于中外情事，记载详备，立言纯正，秉暇披览，殊长见闻。余夙爱而藏之，每月装订成册。窃念是报日出一号，日月无尽，报亦无尽，不可得而结束也。爰将万号汇为一集，续至宣统三年辛亥止，裒藏者盖已四十载。会申报总理史量才君访求全份申报，久久海内外无应者。余乃以藏报始末为史君告。史君欲得之綦切。余殊有所靳弗忍割焉。既念余年耆矣，不幸一旦淹忽，儿孙辈安必其持之恒而藏之慎？与其以遗散放失，贻他日虑，孰若举而归之，俾与该报同永之为得也。用是乃慨然诺。史君索余小影，云将书其事，揭诸报端，以谂当世而志弗谖。余愧不敢当也。虽然称四十年之劬，而中外之治忽兴亡，文物之源流迁变胥于焉如指诸掌，亦可谓大观也已。中华民国二年岁次癸丑芙月下浣海上半闲人清河仲照氏笙香谨启。

在此段题词中，张仲照概述了《申报》的源流和特点，并发表了自己的评论，把申报馆征报的因果也作了说明。10年之后，当《申报》创办50周年时，在大型纪念文集《最近之五十年》的首页左下方也刊登着张仲照的照片和题词，与右上方的创办人美查并列一页，以示“俾与此报同永”。《申报》的创办者与收藏者具有同等的地位，由此可见史量才对这套得之不易的《申报》的重视程度。

申報老友張仲照君

清同治十有一年歲在壬申海上創設申報館每出報一紙爲一號是年三月二十三日刊布第一號自一號至四號間一日出報五號而後除星期日外每日出報自光緒五年己卯閏三月起星期日亦出報癸八年壬午正月始添出附張至二十六年庚子十二月年例停報之日悉滿爲號是報於中外情事記載詳備立言純正秉暇披覽殊長見聞余夙愛而藏之每月裝訂成冊竊念是報日出一號日月無盡報亦無盡不可得而結束也爰將萬號彙爲一集續至宣統三年辛亥止裒藏者蓋已四十載會申報總理史量才君訪求全份申報久久海內外無應者余乃以藏報始末爲史君告史君欲得之甚切余殊有所惭弗忍恝爲既念余年老矣不幸一旦淹忽兒孫輩安必其持之恒而藏之慎與其以遺散放失貽他日憂孰若舉而歸之俾與該報同永之爲得也用是乃慨然諾史君索余小影云將書其事揭諸報端以念當世而誌弗諼余愧不敢當也雖然積四十年之物而中外之治忽興亡文物之源流遷變皆於焉如指諸掌亦可謂大觀也已

中華民國二年歲次癸丑癸月下浣海上半閒人清河仲照氏年齊識

《申报》合订本第一册（申报馆藏本）封面

本報之老友

張仲照君

左爲張君仲照小像。當本報發行滿四十周年時，以歷年報紙，庋藏不全，懸格訪求，初無應者。久之，張君乃以所輯本報全分，自始創至宣統三年辛亥止見贈。君隱於滬南，初未相識。既舉以慨贈，且題辭曰，「是報記載詳備，立說純正。日月無盡，報亦無盡。吾年老矣。不幸一旦淹忽，兒孫輩安必持之恒而藏之慎。與其遺散放失，貽他日憂，孰若舉而歸之，俾與此報同永。」君誠愛吾報者，微得此影，珍而藏之，且以祝君萬歲焉。

《最近之五十年》首页，张仲照旧照片与题词

这套原藏申报馆的《申报》除张仲照捐赠部分外，另外自清同治十一年（1872）三月至 1926 年 10 月，每册一号，合计编为 462 号，多为硬面烫金精装。从 1926 年 11 月起，至 1949 年 5 月止，均为活页包装，现已改用盒装。

第三套《申报》包括上两次补配第一套《申报》时剩下的残缺零张和 1958 年四馆合并后从报刊图书馆移交原鸿英图书馆的馆藏《申报》。这套《申报》虽不全，但其数量仍不少于其他图书馆的《申报》收藏规模。①

由此可见，《申报》作为中国发行时间最长的中文报纸，在 78 年间，几经沉浮，历经多变的时代大潮，其发行量潮起潮落，在各个时期多少不一。如创刊第一年，发行量不足千份，1877 年达到 5000 份，1912 年为 7000 份。史量才接办《申报》后发行才逐年上升，1917 年超过 2 万份，1920 年达到了 3 万余份，1928 年已有 14 万订户。发行范围从上海扩大至各地。由于《申

① 鸿英图书馆所藏《申报》，计有清同治十一年 5—11 月；十二年 10—12 月；十三年 1、4—12 月；清光绪元年 1—4 月；二年 1—12 月；三年 1—2、4—12 月；四年 1—2、4—5、7—12 月；五年—六年；七年 1—7 月；八年 11 月；九年 3—12 月；十年—13 年；十四年 7—12 月；十五年 1、4、7、10—12 月；十六年 3—5 月；清宣统元年 1—12 月；二年 1、7、11、12 月；1923 年 3—8、11 月；1924 年 1—10、12 月；1925 年 1 月—1926 年 12 月；1927 年 1—5、7—12 月；1928 年 1 月—1937 年 12 月；1938 年 3 月—1945 年；1946 年 1 月—1949 年 5 月 26 日。（1912 年以前的月份是旧历。）

报》时间跨度大，在人们的收藏意识不强、收藏条件欠佳的时代，完整保存全套《申报》实非易事。尽管国内众多图书馆藏有《申报》原件，但均残缺甚多，而上海图书馆所拥有的相对完整的《申报》得益于丰富的馆藏来源，如徐家汇天主堂藏书楼、申报馆资料室、鸿英图书馆。因此，上海图书馆是我国收藏《申报》数量最多、连续性最长的收藏机构，为学术研究、文献服务与出版创造了良好的物质条件。[①]

二、《申报》的影印出版

《申报》编辑发行的时代正是中国处于三千年未有之剧变的阶段。在这期间发生了一系列重大历史事件，如中法战争、中日甲午战争、戊戌变法、义和团运动、八国联军侵华、辛亥革命、五四运动、北伐战争、土地革命、抗日战争、解放战争。举凡这个阶段中上海与中国各地的社会、政治、经济、军事、文化、外交等状况，中国近代中文报纸中没有哪一种能像《申报》那样作了如此长期而全面的报道，它所蕴藏的历史价值是不言而喻的。所以，对于这座巨大的文献资料宝库的开发利用，深受人们的高度关注。

《申报》的影印出版工作在20世纪40年代就已开始。从1946年6月2日的启事和合订本订单广告判断，当时的订户为

① 关于上海报刊图书馆所藏《申报》来源另有一种影响较大的说法。陶菊隐在《出版史料》第一辑（学林出版社1982年12月版，第127页。）上发表《忆舒新城先生》一文，其中说："上海解放后市政府成立'报刊图书馆'，设于淮海中路乌鲁木齐路附近，所存报刊（其中包括《申报》）全部是中华书局图书馆转让过来的。不久报刊图书馆奉令撤销，所存报刊移往徐家汇藏书楼。"另一个故事是说1941年太平洋战争爆发后，日本军队占领了上海租界，申报馆被日本海军报道部接收。得知《申报》记者孙恩霖去过延安采访，日本人即把他调到资料室工作。一天他与原申报馆总经理马荫良一起在静安寺附近散步，遇到也从事新闻工作的中共地下党员恽逸群。恽逸群告诉他俩申报馆所藏整套《申报》很重要，要设法转移到徐家汇天主堂藏书楼保管，免遭日军劫掠。于是马、孙二人与徐家汇天主堂藏书楼司铎徐宗泽联系，把《申报》分批运到了藏书楼储藏，后划归上海图书馆。以上两说均不确。

便于收藏《申报》，已有购买《申报》合订本的需求。启事云：

> 本报自五月一日起不惜牺牲发行美术影印版，一则减轻重量、节省航报邮费，再则便利装订藉供随时参考。发行以来，时将匝月，承各地读者一致赞许，纷纷惠订，不胜荣幸。所备五月份合订本三千本早已预约足额，后至者咸抱向隅，深为歉仄。六月份起，当扩充合订本数额一千本，以公同好，即日开始预约（近日各项开支一致飞涨，但为优待合订本定户起见，售价照旧每册仅收国币五千元，外埠另外邮费五十元，航空寄递另加航空费一千八百元），额满不收，欲订从速，此启。

此发行启事刊登在报上。在1946年8月7日的启事中，增加了“本馆发售之合订本内附每日大事索引更便查考”，但售价已调整为“每册仅收成本国币一万元，外埠另加邮费一百元”。此合订本类似于我们现今报纸的缩印合订本，开本为原大的四分之一。这种影印本报纸只是一种“现报”的收藏缩印本，不是对“过报”的整理影印本。从其3000本以上的发行量来看，确实受到了当时订户的欢迎。

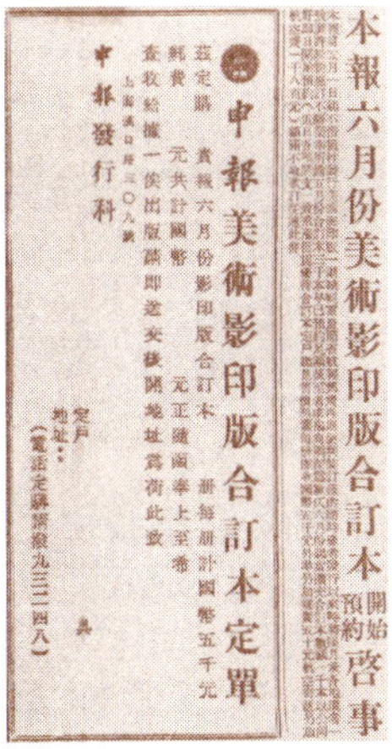

《申报》合订本广告

《申报》合订本

新中国成立以后，中央和上海的宣传部门领导在20世纪50年代曾提出影印《申报》的要求。当时，出版家舒新城曾向毛泽东建议办两件事：一是修订旧版《辞海》（1957年秋，毛泽东同意把这一任务交给上海）；第二件事是影印全套《申报》。1957年12月文化部党组织经中共中央宣传部同意将此任务交北京中华书局负责，后因上海图书馆所藏的《申报》较全，在1958年7月将此任务转给中华书局上海编辑所。该所编辑阮渊澄等人于1958年8月6日至1959年12月24日对藏于徐家汇藏书楼的《申报》又进行了全面检查，着手影印出版的前期准备，并仔细做了《申报检查纪录》，标明了该套《申报》缺藏情况。共缺全天的有1908年10月8日14版、10月9日12版、10月11日14版和1909年10月17日4天。1961年6月2日，上海图书馆葛伯熙将此残缺记录抄录备案。1965年11月，上海图书馆据此缺藏记录刻写油印作了补配工作，仅缺1909年10月17日一天的《申报》。后因当时财力、物力的制约，此事被搁置。

1964年，上海出版文献资料编辑所接办此项工作，并对《申报》进行了初步整理，选择了1919年、1920年若干天报纸进行缩小影印，先期开展了《申报索引》编制的研究。后因"文革"而再次停止了《申报》的影印出版。

此时在台湾，吴相湘主编的《中国史学丛书》之十七将《申报》纳入其中，根据台湾"中央图书馆"馆藏《申报》底本影印，于1965年出版了同治十一年至十三年、光绪元年至九年间发行的《申报》，精装40卷，由学生书局出版，但受底本限制，残缺较多。

1978年上海各出版社恢复编制开展工作（上海出版文献资料编辑所没有恢复），上海市出版局又一次提出影印《申报》之事，因该出版工程浩大，需大量经费投入，一时未能具体落实。直到80年代，《申报》影印出版又一次被提到议事日程中。

当年参与协调《申报》影印出版工作的上海书店俞子林向我们介绍了与上海图书馆合作出版《申报》的情况。现将这段口述历史记录如下：

问：上海图书馆与上海书店的相互合作有着悠久的历史。上海图书馆几十年来从上海书店采购了大量的古籍和近现代文献，为上海图书馆的历史文献资源建设做了大量的服务工作。多年来，你们也从上海图书馆发掘资料，影印出版了一大批晚清民国时期的珍稀书刊，揭示和扩大了上海图书馆馆藏文献的价值和影响。《申报》的影印出版应该是其中最大的项目吧？

俞子林：是的，不仅在上海书店出版史上，《申报》是最大的出版物，而且在中国当代出版史上，它也是一部规模最大的单品种出版物，在20世纪80年代可谓是空前之举。这是文献收藏机构与出版发行单位合作的成功典范。

问：请您介绍一下当时出版方面的情况。

俞子林：1981年，上海书店的毕青、丁之翔、郭小丹等领导和出版发行业务人员反复研究讨论，认为可以由上海书店承接此项任务，于是决定向上级主动请战。上海市委宣传部、上海市出版局立即批准了上海书店影印《申报》的请示，并表示可以给上海书店一定额度的贷款支持。

我们上海书店为了全面落实本项工作，于1982年成立了“申报影印组”，成员除书店工作人员洪志、陈云才、周幼瑞、王定娟、章慧珍、倪百贤、于力一、施国瑜等外，还聘请了一部分富有出版工作经验的已退休的出版界老同志，如陆梦生、沈百民、严长庆、徐才章、杨庚福等。他们既有分工，有的搞报纸整理，有的搞材料、印刷，有的搞宣传、征订、发行，回到组里又互相合作，哪里工作需要就到哪里去。郭小丹同志于此用力尤多，实总其成。我与林国

华等也参与了出版的协调工作。

问：影印《申报》的底本你们是如何选定的？

俞子林：《申报》出版发行时间跨度长达77年又27天，编号多达25599号。这么一份大跨度的报纸如果没有良好的收藏环境，是难以保存至今的。而上海图书馆恰恰具备了这种条件，尤其是徐家汇藏书楼，积累和保存了大量的近现代报刊文献。根据我们的前期调研情况得知，上海图书馆所藏《申报》是当时国内完整度最高，书品状况上品，最适宜作为影印使用的底本。而且上海图书馆为配合《申报》的影印出版做了大量的基础整理工作，作了相应的准备。

问：当时双方是如何合作进行《申报》影印出版工程的？

俞子林：对此，我们应该特别感谢上海图书馆老馆长顾廷龙先生的大力支持，多年来，顾老始终关心《申报》的影印出版，给予了很多指导和帮助。1982年4月上海书店与上海图书馆签订了借用《申报》的协议。为了配合影印，上海图书馆专门组织人员对《申报》进行了整理、交接、核对，做了大量细致的基础性工作，确保了《申报》的影印出版。

当年曾参与这项工作的上海图书馆成员大多已退休，这些老同志们对于那段难忘的岁月至今记忆犹新。为了加强与上海书店“申报影印组”的合作，上海图书馆抽调专人从事相关工作。蒋啬芬是全程参与《申报》印前资料整理的上海图书馆人员，当时她已退休，因工作需要又特别予以返聘，从1982年起直至《申报》影印工程结束。她回忆道：

那几年，我把《申报》从头至尾，每一张都翻了一遍。

我和《申报》是有感情的，我是建国初进入上海新闻图书馆工作。当时《申报》停办后，申报馆所藏资料转入了新成立的上海新闻图书馆，其中就有《申报》，之后与鸿英图书馆合并建立上海报刊图书馆，再后来与上海图书馆合并，我是跟着《申报》一起进入上海图书馆的。来到上海图书馆后，我在《全国报刊索引》编辑部从事编辑工作。我这一生一直是与报刊打交道。

问：那时您已退休一年多，请您来参与《申报》的整理工作真是再合适不过的了。您那时是如何做这件事的？

蒋啬芬：我在徐家汇藏书楼为此工作了5年多。每天从书库将需要出版的《申报》取出，每页清点，检查破损与缺失情况，然后按照出版进度分批将其移交上海书店。当出版社将《申报》送回时，我们就一张张验收。

问：在整理过程中发现问题是怎样解决的？

蒋啬芬：《申报》年代久远，虽然经过多次整理、装订，但在影印前查阅《申报》的读者还是较多的，因此，在整理中还是会发现次序颠倒、纸张破损、字迹模糊等现象，我们尽量予以调换、更新、修补。工作虽然单调，但我感到责任重大，很有乐趣。

现已87岁的蒋啬芬回忆起那五年为《申报》出版而操劳的情景时，仍然显得很兴奋，很有荣誉感。

俞子林：当年正是改革开放初期，我们大家都是按老传统办事。上海图书馆对我们的支持是不讲代价的，工作人员帮我们一张张整理点交，我们用过后再点清归还。图书馆的同志都是以不计报酬的观念，很认真地对待这件事。最后我们给图书馆的微薄报酬只够工作人员做一件工作服而已。

问：《申报》的出版历时5年，你们是如何进行印刷工作的？

俞子林：在工作流程上我们上海图书馆密切配合，发现底本上有油迹、墨污等情况，都设法校正，如采取复印，再描绘或用白粉修除。在整理中最终确定需补配13天16张《申报》，其中汉口版1天、香港4天。我们发信或派人向各地图书馆和大专院校调查访求，终于从桂林图书馆、南京图书馆、常熟市图书馆和北京清华大学图书馆的藏报中配补齐全。为了保证《申报》影印本的印刷质量、印刷进度和节约成本，我们专门选择上海印刷七厂为合作伙伴。他们为此专门建立了一条静电制版生产线，根据底本情况，分别采用纸质版直接印刷和软片制版两种方法。上海书店“申报影印组”专门派出驻厂人员，对下线的每一张制版执行质量检查，认为合格后即签字付印。因为工程浩大，上海书店自办的影印厂也参与了部分印刷工作。

为了使《申报》影印本能长期保存和使用，上海书店通过与上海造纸公司联系，委托上海长江造纸厂定制55克高木浆专用纸，并对纸张的白度作了特殊规定。影印本封面所用纸版是当时最好的辽阳纸板厂产品，布料是哈尔滨生产的优质亚麻布，均属环保产品。

《申报》影印本

俞子林先生说起当年《申报》影印工作如数家珍，神采飞扬。他表示如果没有上海图书馆完整的《申报》作底本，上世纪80年代的《申报》影印几乎难以开展，或者说印前工作量要增加几倍。1987年《申报》影印本出版全部完成，开本为原报缩小一半，每套8开精装400册，全套正文329648页，41206印张，一套用纸量即达41.2令，重逾一吨，堪称空前巨大的纸质印刷出版物。原计划印刷550套，实际完工量为578套，使藏之于上海图书馆的《申报》真正实现了化一为百、传布社会、惠利学术的目标。

三、《申报索引》的编制

报纸是一种定期出版物。在纸质媒体时代，因其信息更新速度快，成为人们的主要信息来源。报纸出版的连续性特点决定了其所载信息日益庞大无序而难以利用，所以编制索引将有助于信息的检索查阅。在一定周期内将所刊载的全部资料或重要的资料作为检索对象而编纂的报纸索引是国际上重要报纸的通行惯例。如著名的《纽约时报》有《纽约时报索引》、英国《泰晤士报》有《泰晤士报索引》等。《申报》作为中国近代中文第一报，为其编制索引也是几代人的愿望。

1929年1月，戈公振[①]环球考察国外新闻事业结束回沪，被史量才聘为总经理助理。戈公振根据国外办报经验，在1929年5月创办了申报图书资料参考部，建立了一套《申报》剪报室的资料积累、管理制度，成为当时我国报馆中唯一完备的报纸资料室。不仅如此，戈公振最早开始尝试《申报索引》的编制，但只进行了一年，后因“九一八事变”而中止。建国后，新成立的上海新闻图书馆与上海报刊图书馆经恽逸群建议，第二次计划开展编制《申报索引》，也因故而变更未办成功。到20世纪60年代，上海出版文献资料编辑所在筹备影印《申报》时，也制定了《申报索引》的工作计划，特邀了新闻出版界人士徐铸成、

① 戈公振所著《中国报学史》手稿藏于上海图书馆中国文化名人手稿馆。

尚丁、何满子、庄晴勋等人参与其事，又因十年动乱而停顿。如此三起三落正说明了编纂《申报索引》的众望所归和工作的艰难曲折。

当上海书店在1982年10月开始《申报》影印工程后，即于次年5月成立了《申报索引》工作组。工作组成员积极开展调研，探讨索引编制的工作方法。他们北上中国社科院新闻研究所、中国人民大学书报资料社，在沪走访了上海图书馆《全国报刊索引》编辑部、大百科全书上海分社《中国百科年鉴》编辑部等单位，请教了叶圣陶、唐弢、顾廷龙、徐铸成、马荫良、孙恩霖等文化前辈，一边整理分析了原上海出版文献资料编辑所拟定的《申报索引》编纂资料。上海书店多次组织专家讨论索引的编制方法，其难点主要集中在体例上是采用分类法还是主题法、索引条目的收录范围如何选择和控制、索引的标引方法如何表示。1985年上海书店联合上海图书馆《全国报刊索引》编辑部、中国大百科全书出版社上海分社《中国百科年鉴》编辑部、华东师范大学图书馆学情报学系、上海大学文献信息管理系、上海师范大学图书馆有关专家学者组成《申报索引》编辑委员会。编委会名单如下：

顾问：徐铸成、马荫良、钱亚新。

编委：黄恩祝、罗友松、路倧、葛永庆、陆惠鸿、卢正言、黄秀文、陆祖耀。

参加编辑《申报索引》的单位，就是上述参加编辑委员会的6个单位，之后增加了华东师范大学图书馆、上海教育学院图书馆两个单位和上海人民出版社、浙江人民出版社的部分编辑人员（包括几位资深编辑）。总计参加编辑《申报索引》的人员有百余人，其中包括部分在校大学生、研究生，因此，通过编制《申报索引》的实践培养了一支索引工作队伍。90年代初在上海成立的“中国索引学会”，其中不少成员就是上述参加编辑《申报索引》的单位和个人。

黄恩祝是上海图书馆《全国报刊索引》编辑部的文献专家，对《申报索引》编纂工作在理论与方法上均发挥了主要作用。1985年1月17日，上海市出版局主持召开了申报索引编纂工作会议。黄恩祝在会上作了专题发言，对《申报索引》采用分类法的可行性进行了论证，引起了很大反响。我们向当年主持这项工作的上海书店经理俞子林和上海图书馆的黄恩祝等人访谈时，他们对参与编纂这项中国有史以来规模最大的索引工具书而感到荣幸，可以说这是中国手工编纂大型索引的最后巨作，如今都采用计算机辅助编制。

俞子林：究竟采用何种体例编《申报索引》是争论的焦点。当时形成两种观点，一是黄恩祝先生为主的分类法，另一种是苏州大学潘树广教授为主的主题法。经过反复讨论，上海书店最终确定《申报索引》采用分类关键词法，由黄恩祝先生起草制订了《申报索引编纂工作方法》、《申报索引分类表》作为工作规范指导各方实施《申报索引》的编纂。

黄恩祝：《申报索引》编纂方法与《申报索引》分类表是在深入研究《申报》特点和总结报刊索引工作实践基础上产生的，它主要有如下特点：

第一、《申报索引》采用的分类表是自行设计的。

（一）清朝和民国的部分类目分立。由于索引是按年序编纂的，分类表应与此相适应，使把清朝和民国的类目截然分开，使入类和查检都比较方便。

（二）中央和地方的部分类目分立。为便于检索，中央和地方的资料在政治、外交两类中完全分立，其他各类则不加区分。

（三）中国和外国的类目分立。从A类到G类全部用作类分中国资料，只有H类用于国外资料，但涉及中外关系的资料，在中国相应类目中设置一些中介性质的类目，

如在“军事类”下设“中外军事关系”、在“经济类”下设“中外经济关系”，“中外政治关系”入“外交类”。这里收纳的是那些中外友好往来或难以区别其性质的资料。如系侵略性质的，则集中在“帝国主义对华的侵略”一大类下再按政治、经济、文化等细分。

第二、资料的集中采用分类主题相结合的方法。分类要求资料按主题性质各入其类，而专题要求按历史事件的性质加以集中，所以分类与专题相结合是矛盾着的两种要求的统一，它是一条方便读者检索旧报史料的捷径，是变索引款目不可读性为可读性的方法。

第三、在索引的标引上，对那些题不切文或有文缺题的标题进行适当的改写和补充。其方法是：

（一）尽可能保持原标题的结构。

（二）凡题不对文、标题过繁过简、用词古奥难懂、包含两个不相干主题者均需重新标引。

（三）以简单句型即短句标引新标题。

（四）新闻中未被标题揭示的重要主题加拟新标题。

（五）同一版面论述同一主题的多条标题可重拟一概括全貌的新标题，它被称为归纳标引法；两个不相干的主题并列的标题可重拟两个新标题，它被称为分析标引法。

第四、准确辨析和标引新闻中的人名。

（一）人名的收录既要按照“人名收录范围”收录，又要衡量具体的人物在该条资料中有无价值，两者要辨证考虑才能达到收得准。

（二）重视人名的上下文，避免由于语法错误造成张冠李戴。

第五、要掌握新闻对人物姓名的习惯称法。旧时代报纸常以姓代名，如以“曹”代“曹锟”、“吴”代“吴佩孚”、“孙”代“孙中山”。但同姓的名人不少，所以很容易误标，关键的办法需结合地点与时间进行分析。

这些特点的概括，文字虽不多，它却是中国应用索引学理论的创新和大型索引编纂方法与实践的经验总结，是众多专家多年探讨的结果，是上海图书馆数十年报刊索引编纂工作的理论升华与实践能力的再超越，体现了我们图书馆工作者揭示文献、为读者服务的职业使命。

李文：《申报索引》的编纂正是顾廷龙老馆长的愿望之一。顾老长期以来非常重视书目索引的编纂，一生中主持策划了多部重要的工具书。我原来在鸿英图书馆工作，随着与上海新闻图书馆的合并进入到上海报刊图书馆，不久即调到了上海历史文献图书馆，在顾老手下工作，四馆合并后进入上海图书馆工作。当时鸿英图书馆的大量装订成册的《申报》剪报几乎装了一个车皮调拨到北京收藏。有一天，顾老主持的《中国丛书综录》刚结束，就指示我参与《中国近代期刊篇名汇录》的编纂，那时候我理解到了顾老为什么不辞辛劳编制书目索引的良苦用心，因为他的胸中始终在为读者着想。在顾老的精神感召下，我做了几十年的报刊索引工作。我与图书馆的其他同志一起利用业余时间参加《申报索引》的编纂，那时，我们根本没有计较报酬。

1919年《申报索引》

俞子林：上海图书馆为主制定的申报索引分类表是对《申报索引》编纂工作的重要贡献，不仅如此，上海图书馆的许多同志还参与了具体的索引编纂工作。关于编辑《申报索引》的步聚安排，原则上采用先易后难、急用先编的办法。相对来说现代史资料比近代史资料需要更迫切，因此决定先编1919年至1949年的部分，1872年至1918年的部分放后一些。为了进一步统一认识，也是为了“练兵”，由六个参编单位先合编一册《1919年申报索引》，作为试编和示范。1987年正式出版了第一本《申报索引》即《1919—1920年申报索引》，至1991年共出版五本即《1919—1928年索引》（每两年合为一本）。上海图书馆的编纂人员在其中发挥了重要作用，直到2008年4月全套《1919—1949申报索引》30卷最终出版。

《申报索引》全套30卷

上海图书馆的黄恩祝、张贤俭、李文、夏祖德、刘学林、蒋浩、王俊伟、秦民华、薛维椿、薛伟平参加了《申报索引》的编纂。《申报索引》目前仍然是一个未竟的项目，从1872年至1918年间的《申报》仍未进行索引编制。虽然大型报纸的累积索引是一项艰苦的编纂工作，但它的作用是有目共睹的。在国际上，跨年度的报纸累积索引很受重视，问世了一批成功而著名的作品，如《纽约时报》自出版了1851—1912年的15卷累积索引后，在1976年又出版了1851—1974年的《纽约时报人名索引》，《泰晤士报》也曾出版过长达123年的累积索引。我们殷切地展望在大型报纸数字化大力推进的当下，能充分利用计算机全文检索的技术，进一步完善《申报》的索引检索，为全面利用这座历史资料宝库提供便捷的工具。

参考文献

基本史料

《上海市私立申报新闻函授学校讲义丛书》。

《申报》(影印本),上海书店,1983年。

申报流通图书馆编《申报流通图书馆第二年工作报告》,1935年版。

《申报流通图书馆读书指导部过去一年的工作和今后一年的计划》,载《读书生活》1935年3月第十期。

《量才流通图书馆馆刊》,第八期,1937年3月。

《申报流通图书馆图书目录汇编》,1935年版。

《申报流通图书馆一周年纪念册》,1934年版。

徐忍寒编著《申报七十七年史料》,上海文史馆,1962年版。

张静庐辑注《中国近代出版史料初编》,上海书店出版社,2003年版。

著作

方汉奇著《报史与报人》,新华出版社,1991年版。

胡道静著《报坛逸话》,世界书局,1940年版。

李文绚著《报章血痕》,福建人民出版社,1999年版。

陈彤旭著《出奇制胜——旧中国的民间报业经营》，福建人民出版社，1999 年版。

周海波、杨庆东《传媒与现代文学之间》，中国社会科学出版社，2004 年版。

忻平著《从上海发现历史：现代化进程中的上海人及其社会生活》，上海人民出版社，1996 年版。

中共湖南省委党史研究室、湖南省中共党史人物研究会编著：《二十世纪湖南人物》，湖南人民出版社，2001 年版。

陈昌凤著《蜂飞蝶舞——旧中国著名报纸副刊》，福建人民出版社，1999 年版。

周瘦鹃著《姑苏书简》，新华出版社，1995 年版。

裴芹《〈古今图书集成〉研究》，北京图书馆出版社，2001 年版。

杨郁编《胡山源研究》，江苏文艺出版社，1999 年版。

张伟著《沪渎旧影》，上海辞书出版社，2002 年版。

文娟著《结缘与流变：申报馆与中国近代小说》，广西师范大学出版社，2009 年版。

曹正文、张国瀛著《旧上海报刊史话》，华东师范大学出版社，1991 年版。

鲁迅著《鲁迅全集》（第十卷），人民文学出版社，1958 年版。

陈伯海、袁进主编《上海近代文学史》，上海人民出版社，1993 年版。

上海市地方志办公室编《上海名镇志》，上海社会科学院出版社，2003 年版。

屠诗聘主编《上海市大观》中篇，中国图书编译馆，中国图书杂志公司，1948 年版。

朱庆祚主编《上海图书馆事业志》，上海社会科学出版社，1996 年版。

马光仁主编《上海新闻史（一八五〇——一九四九）》，复旦大学出版社，1996年版。

《上海新闻志》，上海社会科学院出版社，2000年版。

史梅定《上海租界志》，上海社会科学院出版社，2001年版。

宋军著《申报的兴衰》，上海社会科学院出版社，1996年版。

申报馆《申报概况》，1935年。

尊闻阁主辑《申报馆书目》，上海申报馆印，光绪三年夏五月（1877）。

庞荣棣著《申报魂：中国报业泰斗史量才图文珍集》，上海远东出版社，2008年版。

王进珊《申报文艺副刊编校丛录》，徐州师范学院学报编辑部，1994年版。

庞荣棣著《史量才：现代报业巨子》，上海教育出版社，1999年版。

上海市松江县地方史志编纂委员会编《松江县志》，上海人民出版社，1991年版。

姜德明主编，杨义选编《唐弢书话》，北京出版社，1997年版。

陈玉申著《晚清报业史》，山东画报出版社，2003年版。

周振鹤《晚清营业书目》，上海书店出版社，2005年版。

鲁迅著《伪自由书》，人民文学出版社，1980年版。

陈平原《文学史的形成与建构》，广西教育出版社，1999年版。

曹聚仁著《我与我的世界》，人民文学出版社，1983年版。

王灿发著《现代报纸副刊专刊透视——30年代〈申报〉副刊研究》，远方出版社，2005年版。

李欧梵著《现代性的追求》，三联书店2000年版。

钱征、蔡尔康《屑玉丛谭初集》，申报馆刊。

《新闻报三十年纪念·纪念文》，新闻报社，1923年。

梅兰芳口述《许姬传记录·舞台艺术四十年》(一集)，中国戏剧出版社，1961 年版。

蔡晓滨著《中国报人》，新星出版社，2010 年版。

戈公振著《中国报学史》，上海古籍出版社，2003 年版。

朱锦翔、吕凌柯著，吕乃岩审定《中国报业史话》，大象出版社，2000 年版。

汪家熔辑注《中国出版史料·近代部分》(第一卷)，湖北教育出版社；山东教育出版社，2004 年版。

上海图书馆编《中国丛书综录》，上海古籍出版社，1982 年版。

陈正祥《中国地图学史》，商务印书馆香港分馆，1979 年版。

孟昭毅著《中国翻译文学史》，北京大学出版社，2005 年版。

朱健华著《中国近代报刊活动家传论》，贵州民族出版社，1998 年版。

方汉奇编著《中国近代报刊史》，山西人民出版社，1981 年版。

蒋晓丽著《中国近代大众传媒与中国近代文学》，巴蜀书社，2005 年版。

(美)韩南著，徐侠译《中国近代小说的兴起(增订本)》，上海教育出版社，2010 年版。

北京市艺术研究所、上海艺术研究所编著《中国京剧史》(上卷)，中国戏剧出版社，1990 年版。

冯并著《中国文艺副刊史》，华文出版社，2001 年版。

韩南著《中国近代小说的兴起》，上海教育出版社，2004 年版。

范伯群著《中国现代通俗文学史(插图本)》，北京大学出版社，2007 年版。

钱理群、温儒敏、吴福辉《中国现代文学三十年》，北京大学出版社，1998 年版。

朱栋霖、丁帆、朱晓进主编《中国现代文学史：1917—1997》（上册），高等教育出版社，1999年版。

方汉奇主编《中国新闻事业通史》第一卷，中国人民大学出版社，1992年版。

方汉奇主编《中国新闻事业通史》第二卷，中国人民大学出版社，1996年版。

申报馆编《最近之五十年》，上海申报馆，1923年版。

胡道静《上海图书馆史》，载《胡道静文集·上海历史研究》，上海人民出版社，2011年版。

论文

王灿发《30年代〈申报〉副刊〈春秋〉性质、风格及贡献探讨》，载《新闻传播与研究》2005年第1期。

王灿发《30年代〈申报〉副刊研究》，中国社会科学院博士论文2004年。

颜琳《报刊的出现与连载小说的兴起》，载《怀化师专学报》，2000年第3期。

陈大康《报刊文学与商业交换规则——以〈瀛寰琐纪〉的出版史为分析个案》，载《学术月刊》，2006年第5期。

潘建国《从〈申报〉所刊三则小说征文启事看晚清小说观念的演进》，载《明清小说研究》，2001年第1期。

杨丽君《〈点石斋画报〉晚晴社会缩影》，载《出版史料》，2010年第2期。

马雅红《动荡年代的〈申报·自由谈〉》，载《纵横》，2004年第9期。

茅盾《多事而活跃的岁月》，载《新文学史料》，1982年第3期。

曹红军《〈古今图书集成〉版本研究》，载《故宫博物院院刊》，2007年第3期。

李建中《关于申报流通图书馆》，载《图书馆杂志》，1982年第3期。

李永春《郭嵩焘追诉〈申报〉事始末》，载《百年潮》，2004年第11期。

葛伯熙《记上海图书馆徐家汇藏书楼的三套〈申报〉》，载《图书馆杂志》，1984年第3期。

刘力《近代报刊媒介：传统社会大一统公权体系之外的“第四种权利”——以〈申报〉对“杨乃武案”的关注为中心的讨论》，载《宁夏社会科学》，2011年第1期。

张艳红、谢丹《近代媒体舆论推促司法公正个案分析》，载《新闻法制研究》，2008年第3期。

刘耿生《历史档案中的杨乃武与小白菜》，载《炎黄春秋》，1995年第8期。

方维保《论报纸副刊连载体式与张恨水小说章回体选择的关系》，载《池州学院学报》，2011年第1期。

康咏秋《论黎烈文的民主爱国思想》，载《湖南科技大学学报（社会科学版）》，2008年第5期。

邓伟《论晚晴报章体与文言发展》，载《山西师大学报（社会科学版）》，2007年第34卷第2期。

伍野春等《民国时期的集团结婚》，载《民国档案》，1996年第2期。

李贞刚《〈申报〉百年号外见证中法福州马尾海战》，载《收藏》，2009年第3期。

杜新艳《〈申报〉的过渡时代》，载《汉语言文学研究》，2011年第2期。

姚小鸥、陈波《〈申报〉的戏曲广告与早期海派京剧》，载《现代传播》，2004年第1期（总第126期）。

邵志择《〈申报〉第一任主笔蒋芷湘考略》，载《新闻与传播研究》，2008年第5期。

王长顺《〈申报〉对近代文学的影响》，载《渭南师范学院学报》，2005 年第 20 卷第 6 期。

唐雪莹《〈申报〉对梅兰芳沪上演出的报道》，载《新闻爱好者》，2011 年 8 月下半月。

鲁道夫·瓦格纳著，魏泉译《申报馆早期的书籍出版（1872—1875）》，载陈平原等编《晚明与晚清——历史传承与文化创新》，湖北教育出版社，2002 年版。

肖边《申报年鉴》，载《年鉴信息与研究》，1996 年第 2 期。

白翔《〈申报年鉴〉的价值与局限性》，载《山西大学学报（哲学社会科学版）》，1985 年 4 月。

刘永文、王景龙《〈申报〉与晚清小说传播》，载《上海师范大学学报（哲学社会科学版）》，2003 年第 32 卷第 6 期。

徐运嘉《申报与杨乃武案》，载《文史精华》，1994 年第 1 期。

鲁湘元《〈申报〉与中国近代报刊文学》，载《中国现代文学研究丛刊》，2001 年第 2 期。

程彩萍等《史量才办报设馆的历史启示》，载《图书馆理论与实践》，2003 年第 5 期。

谢丽佳、陶喜红《史量才时期〈申报〉的经营理念对当今报业的启示》，载《湖北省社会主义学院学报》，2002 年第 1 期。

李勇军《试论晚清新闻媒体的社会舆论作用》，载《江西师范大学学报（哲学社会科学版）》，2008 年 2 月第 41 卷第 1 期。

刘镇涛《试探〈昕夕闲谈〉的译者身份》，载《华侨大学学报（哲学社会科学版）》，2009 年第 1 期。

徐瑞兵、郑娟《王进珊与〈申报〉文艺副刊》，载《新文学史料》，2003 年第 1 期。

黄志伟《我国最早的画报——〈寰瀛画报〉》，载《图书馆杂志》，1986 年第 3 期。

彭倩《犀利峭拔的冷血体——陈景韩及其时评研究》，暨南大学硕士学位论文2010年。

王立璋、顾旭娥《雅俗共赏的〈点石斋画报〉》，载《山西师大学报(社会科学版)》，2007年第4期。

陈祖声、夏晓林、王凤超《也谈号外的来历》，载《新闻研究资料》，1980年第3期。

葛伯熙《〈寰瀛画报〉考》，载《新闻与传播研究》，1988年第1期。

许凤才《郁达夫与〈自由谈〉》，载《许昌师专学报(社会科学版)》，1987年第1期。

王樊逸《在“救世”与“游戏”之间——王钝根编辑思想刍议》，载《苏州科技学院学报(社会科学版)》，2007年5月。

王儒年等《早期〈申报〉广告价值分析》，载《史林》，2004年第2期。

谷辛:《中国新闻史上连续时间最长的冤案报道》，载《新闻与写作》，2010年第6期。

刘莉《周瘦鹃主编时期〈申报·自由谈〉小说研究》，复旦大学博士论文2004年。

范伯群《周瘦鹃年谱》，载《新文学史料》，2011年第1期。

后　记

本书是上海图书馆历史文献中心为纪念《申报》创刊140周年、史量才接办《申报》100周年而编撰的著作。这是我们近年来开展历史文献专题研究、展览、出版“三位一体”（即一部研究专著、一个馆藏文献展览、一套资料丛书）项目以来，继老上海漫画、江南制造局翻译馆、上海电影之后的又一专题系列成果。与本专题相配套的“《申报》创刊140周年馆藏文献展”和“《申报丛书》选刊”已先行举办和问世。本书是一部集体合作的产物，书中所附的与《申报》相关的文献图片均选自馆藏书刊报纸之中。本书在写作过程中，除综述了相关研究成果外，还采用口述历史的方法向当年参与《申报》影印出版和《申报索引》编制的同志作了访谈。在此向上海书店俞子林、上海图书馆退休专家黄恩祝、李文、蒋啬芬同志致谢。同时向对本书稿提出修订意见的复旦大学邹振环教授表示感谢。

本书作者撰写情况如下：导言、第九章黄显功，第一章黄嫣婉，第二章计宏伟、李卉卉，第三章李卉卉、计宏伟、陈蕾、刘明辉，第四章黄薇，第五章解舒匀、王曼隽，第六章吴敏，第七章樊兆鸣，第八章邓昉、李琼。

全书由黄显功、黄嫣婉统稿，并由黄嫣婉编写汇总了附录参考文献。

编　　者

2012 年 10 月